Elisabeth Dägling

Gehirn und AD(H)S

Psychologische Studien

Band 2

Gehirn und AD(H)S

Ein systemtheoretischer Ansatz zur Arbeitsweise
des Gehirns und zur Ursache der
AufmerksamkeitsDefizitHyperaktivitätsStörung

Elisabeth Dägling

Centaurus Verlag
& Media UG 2008

Zur Autorin:

Elisabeth Dägling, geb. 1946, staatl. geprüfte Erzieherin, ist seit 1985 tätig in der sozialpädagogischen Familienhilfe des Deutschen Kinderschutzbundes (DKSB) im Raum Traunstein mit dem Schwerpunkt Aufmerksamkeitsdefizit-Hyperaktivitäts-störung, kurz ADS oder AD(H)S. Daneben leitete sie 15 Jahre lang eine Selbst-hilfegruppe für Eltern betroffener Kinder und führte u.a. Lehrerfortbildungen durch. Seit 1999 arbeitet sie auch wissenschaftlich zum Thema.

Veröffentlichung von mehreren Zeitschriftenartikeln sowie des Buches „Vom Ge-wahrwerden zum Bewusstsein" (Norderstedt, 2004).

Die Deutsche Bibliothek – CIP-Einheitsaufnahme

Bibliographische Information der Deutschen Bibliothek:
Die deutsche Bibliothek verzeichnet diese Publikation in der
Deutschen Nationalbibliographie; detaillierte bibliographische Daten
sind im Internet über http://dnb.ddb.de abrufbar.

ISBN 978-3-8255-0710-7   ISBN 978-3-86226-835-1 (eBook)
DOI 10.1007/978-3-86226-835-1

ISSN 1434-7423

© *CENTAURUS Verlags KG, Kenzingen 2008*

Lektorat: Peter Albertz
Satz: Vorlage der Autorin
Umschlaggestaltung: Jasmin Morgenthaler

Inhaltsverzeichnis

Vorwort

Als ich im Herbst 1999 zur Entdeckung der Ursache der sogenannten AufmerksamkeitsDefizit-HyperaktivitätsStörung, kurz AD(H)S kam, war ich bereits 14 Jahre lang im Deutschen Kinderschutzbund im Raum Traunstein in der Familienhilfe mit diesem Thema befasst. Neben meiner Arbeit mit betroffenen Familien hatte ich eine Selbsthilfegruppe gegründet, die ich 15 Jahre lang leitete, denn das Thema war und ist für mich auch mit einem großen persönlichen Interesse verbunden. In dieser Zeit habe ich an Fortbildungen und Fachtagungen teilgenommen, organisierte Podiumsdiskussionen, Vorträge und eine Fachtagung. Ich hielt selber Vorträge zum Thema, führte Beratungsgespräche mit Eltern betroffener Kinder und mit betroffenen Erwachsenen, hatte drei Artikel zum Thema für die Verbandszeitschrift des Kinderschutzbundes verfasst und führte Lehrerfortbildungen durch.

Nach der Entdeckung der *Existenz zweier mentaler Geschlechter* – oder zweier verschieden arbeitender menschlicher Gehirne – als eigentlicher Ursache der vermeintlichen Aufmerksamkeitsstörung begann ich nun auch wissenschaftlich über das Thema zu arbeiten. Zunächst waren es empirische Beobachtungen mit betroffenen Erwachsenen, um Kriterien zu eruieren, anhand derer sich die Ursache beschreiben ließ. Später kamen dokumentierte Beobachtungen mit Kindern hinzu. Mit einer ersten Zusammenfassung meiner Ergebnisse wandte ich mich 2001 an einen wissenschaftlichen Mitarbeiter der Universität Bamberg, Herrn Dr. Tim Tisdale, ehemals aus dem Stab Herrn Prof. Dietrich Dörners. Herr Tisdale war inzwischen an einen Lehrstuhl gewechselt, an dem auch das Thema AD(H)S Forschungsgegenstand war. Trotz anfänglicher Skepsis zeigte er Interesse an meiner Entdeckung – es war der Beginn einer langen, fruchtbaren und bereichernden Zusammenarbeit. Ein Hinweis von ihm, der sich für die weitere Arbeit als äußerst wertvoll erwies, war der Anlass, mich nun auch an Herrn Dörner zu wenden. Der Hinweis betraf eine Regel, von der es zwei Varianten gibt. In einer von ihnen sah ich die Verbindung zum Verhalten von AD(H)S-Personen. Herr Dörner erkannte, worauf ich gestoßen war - ich selber wusste es zu diesem Zeitpunkt noch nicht -, denn er fragte mich nach der Integrationsformel, die ich nicht vorweisen konnte. So wies er mich schließlich auf die Theorie der prädikativen vs. funktionalen Art logischen Denkens von Frau Prof. Inge Schwank vom Institut für Kognitive Mathematik der Universität Osnabrück hin, nicht ohne sich zuvor in einer kleinen Untersuchung mit neun von AD(H)S betroffenen Erwachsenen von der Solidität meiner Annahme überzeugt zu haben.

Nachdem Frau Schwank und ich feststellen konnten, dass wir auf unterschiedliche Weise und vor einem ganz anderen Hintergrund zu nahezu identischen Ergebnissen gekommen waren, beschlossen wir die Durchführung eines Projekts. Dies unter der Voraussetzung, dass ich dafür die Gelder und eine ausreichend große Zahl an Kindern als Probanden zusammenbekommen könnte. Mit diesem Projekt wollten wir die Funktionalität im Denken von AD(H)S-Kindern nachweisen. Ich bekam die Gelder und die Kinder zusammen - Frau Schwank unterstützte uns unentgeltlich - und wir begannen im Sommer 2003 mit den beiden ersten Untersuchungen, die wir an Schulen im Landkreis Traunstein durchführten. Sie brachten allerdings entgegen unseren Erwartungen keine verwertbaren Ergebnisse, da wir zu diesem Zeitpunkt einen wesentlichen Faktor nicht kannten und ihn deshalb beim Versuchsaufbau nicht berücksichtigt hatten: er hing mit Herrn Dörners Frage nach der Integrationsformel zusammen. Diese beschäftigte mich unentwegt, zumal Herr Tisdale mit dem Hinweis auf Ockhams Rasiermesser darauf insistierte, es müssten zwei unterschiedliche Denkstile sein, die Frau Schwank und ich entdeckt hätten. Da ich aber jenseits aller Zweifel sicher war, dass die Ursache des Verhaltens nicht auf unterschiedliche Denkstile zurückgeführt werden konnte, suchte ich nach Faktoren, an denen sie sich festmachen ließ. Zu diesem Zeitpunkt hatte ich bereits die Vorstellung, dass sie mit der Arbeitsweise des Gehirns zusammenhängen musste, konnte sie jedoch nicht greifen. In einem der vielen Gespräche mit Herrn Tisdale, in denen es um die Vermutung ging, die Ursache könne in irgendeiner Weise mit der Verarbeitung von Informationen im Zusammenhang mit neuronalen Netzwerken zu tun haben, fiel ein Stichwort – es war die lange gesuchte Verbindung zwischen der Regel als Ursache des abweichenden Verhaltens und der als Bindungsproblem diskutierten Frage nach der Zusammensetzung von Form, Farbe und Bewegung eines Objektes zu einem homogenen Ganzen. Ich brauchte zwei Wochen, um diese Vorstellung in eine einigermaßen kommunizierbare Form zu bringen, schickte sie Herrn Tisdale zu und fragte einige Tage später nach, ob nun klar sei, dass es sich nicht um Denkstile handeln könne. Seine Antwort war: „Völlig klar".

Im Frühjahr 2004 fuhr ich nach Osnabrück, um Frau Schwank über diese Ursache zu informieren. Sie stimmte mir zu und legte mir nahe, sie in einem Buch zu veröffentlichen. Ich war mir nicht sicher, dass mir dies zu diesem Zeitpunkt schon gelingen könnte und war mir auch nicht schlüssig, an welche Adressaten das Buch gerichtet sein sollte: wollte ich Betroffene informieren oder meine These präsentieren? Das Buch, welches im Juni 2004 bereits öffentlich wurde, war ein Kompromiss – und ich war mir bewusst, dass irgendetwas fehlte und nicht passte. Dennoch, Herr Prof. Joachim Hoffmann, dem ich ein Exemplar zugeschickt hatte, stimmte meiner Annahme zur Funktion der Aufmerksamkeit zu und bestätigte mir eine, so wörtlich, „grandiose wissenschaftliche Leistung."

Es folgten Bemühungen, über Fachverbände, Selbsthilfegruppen und über das Internet betroffene Personen über die Ursache zu informieren. Letztlich scheiterten alle an der offenkundig jenseits alles Begreifbaren liegenden Vorstellung von zwei verschiedenen mentalen Geschlechtern – als hätte ich versucht, meinen Zeitgenossen zu erklären, dass die Erde eine Kugel sei, während doch unbezweifelt die Auffassung gelte, die Erde sei eine Scheibe. Der Terminus „Denken" im Zusammenhang mit den Begriffen prädikativ und funktional erwies sich als unglücklich, denn die beiden Arten wurden allgemein als Denkstile interpretiert, und so wurde gefolgert, der jeweils andere müsse sich lernen lassen.

Meine Beschreibung der Vorgänge weckte zu meiner Überraschung das Interesse einiger Informatiker – sie erkannten darin ein Programm. Hatte ich die falschen

Wissenschaftler angesprochen? Ich wandte mich an Herrn Prof. Christoph von der Malsburg und er schlug mir vor, es mit einer technischen Arbeit zu versuchen. Der Vorschlag kam mir entgegen, da ich wusste, dass die Anerkennung einer Idee in wissenschaftlichen Kreisen ihre Veröffentlichung in einer Fachzeitschrift erfordert. Während ich an der Beschreibung des „Ablaufs beim Konzepterwerb" arbeitete, führte ich im Rahmen des Projektes mit Frau Schwank weitere Untersuchungen durch, um die Eignung des Diagnoseinstruments und den Einfluss von Variablen auf die Versuchsbedingungen zu testen. Parallel dazu eröffnete ich auf der Internetplattform des Open Business Club (openbc / Xing) einen thread mit der Frage, was unter dem Begriff „Denken" ganz allgemein verstanden wird.

Die inzwischen abgeschlossene Beschreibung des Ablaufs beim Konzepterwerb sandte ich Herrn von der Malsburg zu – er fand meine Arbeit zwar überzeugend, entschied jedoch, sie gehöre in den Fachbereich der Psychologen. Sein Hinweis darauf, dass ich mich nicht festgelegt hätte, ob die Aufmerksamkeit ein Subsystem oder ein Prozess sei, war Anlass, mich noch einmal intensiv mit der Systemtheorie zu befassen. Ich hatte zwar schon in der Familienhilfe systemisch gearbeitet, dennoch betrat ich ein weiteres Mal ein neues Feld.

Parallel liefen auf privater Ebene weitere Untersuchungen mit Kindern im Kindergarten und in der Schule. Wir hatten dazu ein kleines Team gebildet, dem außer mir der Leiter der Erziehungberatungsstelle in Traunstein, eine Grundschullehrerin und das pädagogische Personal eines Kindergartens angehörten. Auf der Basis der Ergebnisse unserer Untersuchungen entwickelten wir Hilfen für die Praxis, die wir zunächst im Unterricht ausprobierten und die ich, nachdem wir feststellen konnten, dass sie tatsächlich hilfreich waren, in Lehrerfortbildungen weitergab.

Im Herbst 2006 fand eine neuerliche Untersuchung im Rahmen unseres Projektes statt, an der 17 Kinder im Alter von 9 bis 14 Jahren teilnahmen. Das Ergebnis dieser Untersuchung stützt nun unsere Hypothese, dass AD(H)S-Kinder zur Gruppe der funktional logisch denkenden Personen gehören. Da die von Frau Schwank entwickelten Kriterien für die funktionale Art des Denkens jedoch nicht mit den Kriterien für die Diagnose AD(H)S übereinstimmen, besteht dennoch die Möglichkeit, dass ein AD(H)S-diagnostiziertes Kind zur Gruppe der prädikativ-logisch denkenden Personen gehört.

Der thread in openbc brachte die Antworten, die ich auch in anderen Diskussionen erhielt – mit einer Ausnahme: mit Herrn Peter Albertz fand ich einen Diskussionspartner, der sich auf meine Gedankengänge einließ und nachfragte. Er war der erste, der außerhalb der wissenschaftlichen Kreise mit meiner Annahme zweier mentaler Geschlechter eine Vorstellung verband, was gemeint sein könnte – wobei ich hinzufügen muss, dass dies bisher auch nur wenigen Wissenschaftlern gelungen ist. Durch unsere Gespräche, die wir nun auch privat weiterführten, erwachte der Gedanke, noch einmal ein Buch zu schreiben. Doch immer noch fehlte etwas – die Beschreibung eines „Programms", um mit ihr den Unterschied zu erklären, war zu unbefriedigend. Zudem war mir durch die Gespräche mit Peter Albertz mehr und mehr klar geworden, dass mit der am reduktionistischen Paradigma orientierten Beschreibung der Vorgänge, welche mit der fehlenden Berücksichtigung des Bewusstseins entscheidende Momente ausklammerte, eine Erklärung nicht gelingen konnte. Ich las Luhmann, Maturana & Varela, von Förster und Simon - um nur einige Systemtheoretiker zu nennen – um zu erkennen: ich war dort angekommen, wo ich ankommen musste.

Nun wollte ich es wissen: im Frühjahr 2006 schickte ich den „Ablauf des Erkennungsprozesses" Herrn Prof. Rainer Mausfeld vom Institut für Psychologie der Christian-Albrecht-Universität in Kiel mit der Bitte, mir zu sagen, welche Chancen bestünden, diesen Ansatz zu veröffentlichen. Die Antwort fiel aus, wie ich sie erwartet hatte: er passe nicht in die derzeitige wissenschaftliche Landschaft. Herr Mausfeld empfahl mir die Lektüre zweier Bücher und erklärte mir, was ich noch hätte spezifizieren müssen.

Dies habe ich nun getan – und mit dem hier vorliegenden Buch endgültig das wissenschaftliche Paradigma gewechselt: vom Reduktionismus zur Systemtheorie.

Einen Rat Herrn Mausfelds habe ich mit dem vorliegenden Buch dennoch nicht befolgt: nicht zu versuchen, meinen Ansatz erklären zu wollen, weil man die Materie kennen müsse, um zu verstehen, wovon ich spreche. Deshalb habe ich hier nicht nur meinen Ansatz dargelegt, sondern auch ein wenig von der Materie mitgeliefert - dies allerdings nicht, um auf ihr aufzubauen, sondern um den bisherigen Modellen, Thesen und Theorien meinen Ansatz entgegenzusetzen.

Zur Darlegung meiner Thesen habe ich aufgrund meiner Erfahrungen aus den obengenannten diversen Diskussionen den Briefstil gewählt. Die direkte Anrede erleichtert das Verstehen einer Idee, die in dieser Weise noch nie zuvor gedacht wurde. Sie gibt mir zudem die Möglichkeit, als Laiin mit der Präsentation eines wissenschaftlichen Ansatzes authentisch zu bleiben. Ich bin sehr dankbar, dass Peter Albertz mir erlaubt hat, ihn als Ansprechpartner zu wählen.

Danksagung

Dieses Buch hätte ohne die Hilfe von Peter Albertz nicht entstehen können. Er hat mein Denken in einer Weise vorangebracht, von der ich nicht geglaubt hätte, dass mir dies je möglich sein könnte. Seine ruhige Gelassenheit gab mir das Vertrauen und den Mut, mich auch mit der Antwort auf Fragen zu beschäftigen, an die ich mich allein nicht gewagt hätte. Die Gedanken, die uns beschäftigten und einen umfassenden Ansatz zur Arbeitsweise des Gehirns erst ermöglichten, habe ich hier eingebracht.

Mein ganz besonderes Dankeschön gilt Elke Stangl für ihre Kommentare und Fragen. Sie waren so wertvoll für mich, weil sie noch einmal neue Einblicke brachten und dadurch mein Denken erweiterten. Eine Hilfe, für die ich Peter und Elke sehr dankbar bin, war, von ihnen auf diejenigen Punkte hingewiesen zu werden, an die ich nicht gedacht und auf die, welche ich zu erwähnen vergessen hatte: wer eine

Leiter empor gestiegen ist, braucht ihre Sprossen nicht mehr und vergisst, dass andere sie zum Verständnis benötigen.

Die Hilfe von Reiner Saunar, allein schon bei der Digitalisierung der Abbildungen und bei meinen diversen Computerproblemen, war mir unendlich wertvoll. Darüber hinaus aber möchte ich ihm danken für seine Geduld, wenn mir wiederholt Pannen und Fehler bei meinen Entwürfen unterlaufen sind. Und ich danke ihm und seiner Frau für den herrlichen Grillnachmittag, an dem wir alles Notwendige besprechen konnten.

Und abermals gilt mein Dank Tim Tisdale für seine fachliche Hilfe. Dass er zudem auch immer die Zeit fand, meine Fragen zu beantworten und meine Texte durchzusehen, soweit sie die fachpsychologischen Themen betraf, war für mich eine unschätzbare Hilfe.

Für alle Fehler, Unstimmigkeiten und Auslassungen, die zweifellos vorhanden sind, bin allein ich verantwortlich. Da die Betrachtung der Arbeitsweise des Gehirns aus diesem Blickwinkel eine völlig neue Sicht präsentiert, sind Irrtümer nicht vermeidbar.

Und schließlich gilt mein Dank meinem Verband, dem Ortsverband Traunstein des Deutschen Kinderschutzbundes, und insbesondere Burgi Lederer, die als Vorsitzende von Beginn an alle meine Vorhaben unterstützt und an das Zutreffen meiner Annahme geglaubt hat. Auch wenn das Thema des vorliegenden Buches dies nicht erkennen lässt - es ist ein Stück Kinderschutzarbeit. Denn es ist höchste Zeit, das Verhalten sogenannter AD(H)S-Kinder (und der von AD(H)S betroffenen Erwachsenen) als das zu sehen, was es ist: ein dem normgerechten Verhalten komplementärer Umgang mit der Wirklichkeit. Ich hoffe, dass mir gelungen ist, dies zu vermitteln.

Hinweis zur Lektüre des Buches

Die Arbeitsweise des menschlichen Gehirns und die Ursache der sogenannten Aufmerksamkeitsdefizit-Hyperaktivitätsstörung sind bislang ungelöste Probleme der Wissenschaft.

Ich stelle in diesem Buch die These auf, dass beide Fragen miteinander zusammenhängen, und zwar so, dass die Lösung der einen Frage die der anderen ermöglicht: die Erklärung des abweichenden Verhaltens der von AD(H)S betroffenen Menschen erfordert und führt auf eine neue Erklärung der Arbeitsweise des Gehirns.

Um diese Erklärung zu ermöglichen, stelle ich einen **neuartigen** Ansatz vor. Er ist der Vorschlag zu einer Beschreibung der Arbeitsweise des Gehirns, die aus meiner Sicht zur Lösung der genannten Rätsel besser geeignet ist, als die bisherigen Ansätze und Theorien in der AD(H)S-Forschung, in den Kognitions- und Neurowissenschaften, der Psychologie und der Bewusstseinsphilosophie. Dieser Ansatz ist jedoch keine umfassende Theorie, die bei einem Gegenstand dieser Größenordnung ohnehin nicht möglich wäre, sondern ich verstehe ihn als Grundlage und

Ausgangsbasis für alle weiteren Erforschungen. Die bisherige Praxis, über die Erforschung immer kleinerer Teile zu einem Verständnis des Ganzen zu gelangen, ist, wie ich nachfolgend ausführen werde, nicht zielführend.

Ich bin mir bewusst, dass ich als wissenschaftlicher Laie meine methodische Vorgehensweise so rechtfertigen muss, dass ich möglichst von Beginn an den Verdacht ausräumen kann, eine „esoterische" oder sonstwie abstruse Theorie vertreten zu wollen.

Im Prinzip ist meine Theorie an die Adresse der Psychologen, aber auch der Philosophen gerichtet. Doch lässt sie sich eindeutig keiner der Disziplinen zuordnen, die sich derzeit mit dem menschlichen Gehirn und seinem Geist beschäftigen.

Zur Entwicklung und Darlegung meines Ansatzes greife ich auf die u.a. von Luhmann, Maturana, von Förster u.a. entwickelte Systemtheorie zurück. Denn es kommt aus meiner Sicht wesentlich darauf an, die Lösung des Problems nicht in experimentell erforschbaren Details zu suchen, sondern zu versuchen, den Gesamtzusammenhang zu verstehen. Meine These ist, dass die Arbeitsweise des Gehirn bzw. die Ursache von AD(H)S durch eine global wirksame Regel verstanden werden kann, von der es, und das ist entscheidend, zwei Varianten gibt. Diese globale Theorie muss natürlich in der Lage sein, die gesicherten Einzelforschungsergebnisse einzugliedern.

Um meinen Ansatz innerhalb der wissenschaftlichen Forschung positionieren zu können, baue ich auf vorhandenem psychologischem und neurobiologischem Basiswissen auf und grenze ich ihn so deutlich wie möglich von den vorhandenen Theorien ab, insbesondere den verschiedenen Erklärungsansätzen zum Gedächtnis, zum Bewusstsein, zur Aufmerksamkeit und zum Thema AD(H)S; ich werde jeweils eigene Vorschläge zu diesen Themen darlegen.

Dass ich den Schlüssel zur Erklärung der Arbeitsweise des Gehirns in einer Regel mit zwei Varianten sehe, bietet zugleich den Ansatzpunkt zu ihrer zukünftigen experimentellen Überprüfung; arbeitet jedes Gehirn, wie ich vorschlage, nach einer Variante dieser Regel, muss sich diese Differenz empirisch aufweisen lassen. Die Erklärung des Verhaltens von AD(H)S-Betroffenen durch eine extreme Ausprägung der einen Regelvariante stellt dafür einen ersten Ansatzpunkt dar.

I. Der systemtheoretische Ansatz

1. Einleitung und erste These - das prädikative und das funktionale Gehirn

Lieber Peter,

zur Darlegung meiner ersten These beginne ich mit der Schilderung ihres Hintergrundes:

Im Februar 1999 fand an der Humboldt-Universität zu Berlin ein internationaler Kongress statt, der den Titel trug: „Hyperaktivität – Aufmerksamkeitsstörung oder Kreativitätszeichen?" Der Titel wurde gewählt, weil er provozieren sollte, denn: „Betroffen sind und waren häufig auch hochintelligente Menschen, die Staunen und Bewunderung über ihre neuen Ideen, überraschenden Lösungen bzw. Entdeckungen auslösten [...] -", erklärte Krista Mertens (2001, S.18) in ihrem Beitrag.

Eine besondere Form der Kreativität gilt als eine der positiven Eigenschaften, die AD(H)S-Personen nachgesagt werden. Diese Behauptung wollte ich im Herbst des gleichen Jahres anhand einer der „Subjektiven Konturen" nach Kanizsa überprüfen – ich habe die Abbildung hier eingefügt.

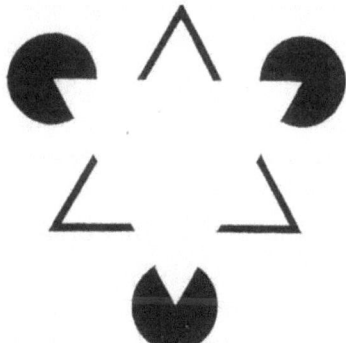

Abbildung 1. *Das nicht sichtbare Dreieck nach Kanizsa*

Ich hatte damals neunzehn erwachsenen Personen, von denen acht zur Gruppe der von AD(H)S-Betroffenen gehören, diese Abbildung mit der Frage vorgelegt, was sie spontan auf den ersten und bei längerem Hinsehen auf den zweiten Blick sehen würden.

Dabei hegte ich die Erwartung, die kreativeren Antworten von den Betroffenen zu erhalten.

Kreative Antworten gaben jedoch durchweg die nicht betroffenen Personen. Sie hatten spontan nicht nur ein Dreieck, sondern auch einen Stern, eine Mickymaus oder einen Ziegenbock gesehen. Die Antworten der von AD(H)S betroffenen Personen dagegen überraschten mich durch ihre Fantasielosigkeit. Sechs dieser Personen reagierten mit einer Gegenfrage: Worum geht es dabei, worauf wollen Sie hinaus? Diese Reaktion hätte ich eigentlich erwarten müssen. Schon AD(H)S-Kinder fallen durch übermäßig häufiges Nachfragen nach einem Ziel oder Zweck auf. Für von AD(H)S betroffene Personen ist ein solches Verhalten, wie die US-amerikanischen Psychiater Hallowell und Ratey (1996) feststellen, auch nicht ungewöhnlich: „Da heißt es immer <Kommen wir zur Sache>, <Und wie geht es weiter?>, <Was ist der Knackpunkt?>" (S.34)

Die beiden Antworten von AD(H)S-Personen, die keine Fragen waren, fielen ebenfalls aus dem Rahmen. Eine der beiden Personen lieferte eine Beschreibung aller Elemente der Abbildung und schloss mit der Frage, ob für mich nun deutlich geworden sei, was auf dem Blatt zu sehen sei. Auf meine Frage nach dem zweiten Blick suchte sie nicht nach einer weiteren Lösung, sondern begründete ihr Verhalten: die Erfahrung im Berufsleben habe gezeigt, dass man den Leuten alles erklären müsse. Auch wenn die Fakten auf dem Tisch lägen und man eigentlich nur darauf schauen müsse, um zu erkennen, was Sache sei, reiche das nicht aus, weil die Leute trotzdem – so wie ich - nach Offenkundigem fragten.

Die Antwort der zweiten AD(H)S-Person war ein lapidares „Ach, das kenn´ ich, das hat etwas mit optischer Täuschung zu tun" - eine Antwort, die auf meine Nachfrage ergänzt wurde mit: „Kugeln, die von einem Dreieck eingedrückt werden"- und die dann ebenfalls ausführlich begründet wurde, diesmal mit Erinnerungen aus dem Biologieunterricht.

Die Antworten der nicht betroffenen Personen wiesen eine Gemeinsamkeit auf: Sie hatten auf die statischen Merkmale der abgebildeten Elementen fokussiert, sie *spontan* zu in sich geschlossenen zweidimensionalen Konstrukten ergänzt und gedanklich dreidimensionale Objekte konstruiert, um sie benennen zu können: Sterne, Mickymaus, Dreiecke.... Diese Personen hatten sich ausschließlich auf die Abbildung und die Frage konzentriert.

Eine solche Einheitlichkeit war in den Antworten der von AD(H)S betroffenen Personen zunächst nicht auszumachen – wenn man einmal davon absieht, dass die überwiegende Mehrheit nicht geantwortet, sondern nachgefragt hatte.

Nun ist die spontane Konstruktion - im vorliegenden Fall z. B. ein Dreieck zu sehen, welches in der Abbildung selbst nicht enthalten ist - eine Eigenschaft, über die üblicherweise alle Menschen verfügen. Donald Hoffman (2000) beschreibt diese Eigenschaft wie folgt:„Sehen ist nicht nur ein Vorgang passiver Wahrnehmung, sondern ein intelligenter Prozeß aktiver Konstruktion." (Hoffman, S. 10)

Es kann daher angenommen werden, dass alle Personen - die von AD(H)S betroffenen wie die nicht betroffenen – aus den abgebildeten Elementen spontan dreidimensionale Objekte konstruiert hatten. Darauf weist auch die Antwort: „Kugeln, die von einem Dreieck eingedrückt werden" hin, die von einer AD(H)S-Person gegeben wurde. Dennoch: warum und vor allem wonach hatten diese Personen gefragt, welche Information fehlte ihnen, um antworten zu können? Warum machte ihnen Mühe, die einfache Frage in einer Weise zu beantworten, wie dies den nicht betroffenen Personen ohne Schwierigkeiten gelungen war? Und wie sollten die

Antworten der beiden anderen AD(H)S-Personen eingeschätzt werden? Dies waren die Fragen, die mich daraufhin beschäftigten.

Auch wenn eine Gemeinsamkeit im Verhalten der Betroffenen nicht offensichtlich ist, Du weißt, es gibt sie: alle diese Personen hatten, um antworten zu können, die Kenntnis des Zwecks der Aktion benötigt. Nach ihm hatten sie entweder gefragt oder sie hatten ihn, wie die beiden Personen, die eine Antwort geboten hatten, spontan generiert. Die Antworten der beiden AD(H)S-Personen hatten sich folglich nicht auf die Abbildung, sondern auf einen Zweck bezogen, den sie, ohne bewusst auf ihn zu reflektieren, der *Aktion* unterstellt hatten. Mit ihrer Begründung lieferten sie diesen Zweck. Nach einem solchen Zweck hatten die anderen AD(H)S-Personen direkt gefragt: „Worum geht es dabei? Worauf wollen Sie hinaus?" Eine dieser Personen hatte auf meine Nachfrage geantwortet: „Kreisflächen und Dreiecke, bei denen was fehlt. Und? Weiter?"

Es war folglich nicht die Aufgabe selbst, nicht der Kern der Sache, auf den sie sich konzentriert hatten, im Gegensatz zur Mehrheit der befragten Personen. Diese hatten sich wie erwähnt ausschließlich auf die Abbildung und die Frage konzentriert, und ihre Antworten hatten sich unmittelbar darauf bezogen. Während also die nicht betroffenen Personen mit der Konstruktion eines Dreiecks den *Zustand* der abgebildeten Elemente erfasst hatten, interessierte die betroffenen Personen ein *Geschehen*, in welches das generierte Objekt eingebunden werden konnte, um über dieses einen Zweck der Aktion erfassen und auf die Frage antworten zu können.

Die unterschiedlichen individuellen Antworten von Betroffenen, die ich in späteren Befragungen erhielt, weisen darauf hin, dass der Zweck, der spontan generiert wird, von individuellen Erfahrungen geprägt ist und vom jeweiligen Geschehen abhängt, in welches die betreffende Person gerade aktuell eingebunden ist. Die zentrale Bedingung, auf welche nicht betroffene Personen fokussieren, wird dabei in einen individuell unterschiedlichen Kontext eingebettet und als eine Komponente im Gesamtzusammenhang wahrgenommen. Eine wesentliche Rolle spielen hier, neben einer zentralen, die peripheren Bedingungen, solche, auf die sich die Aufmerksamkeit nach allgemeiner Ansicht jedoch nicht richten sollte. Um in dieser Weise wahrzunehmen, werden von den betreffenden Personen daher offenbar schon apriorisch situative Bedingungen berücksichtigt. Der Bereich, dem Aufmerksamkeit gewidmet werden muss, wird ausgedehnt, so dass die Aufmerksamkeit auch diese Bedingungen erfassen kann.

Diese Betrachtung wirft, wie ich meine, ein neues Licht auf das Verhalten von AD(H)S-Personen. Unter diesem Aspekt ist das Verhalten zunächst einmal *nicht* Ausdruck einer Störung der Wahrnehmung oder der Aufmerksamkeit, sondern es ist eine andere Art des Umgangs mit der Wirklichkeit. Dies bedeutet: es gibt zwei deutlich zu unterscheidende Arten des spontanen „Wahrnehmens", zwei verschiedene und komplementäre Blickwinkel, aus denen sich Sachverhalte den Personen darstellen. Von der jeweiligen Art der Betrachtung hängt das Verhalten zur Lösung eines anstehenden Problems ab: nicht von AD(H)S betroffene Personen fokussieren auf den Kern eines Sachverhaltes und achten auf die ihn konstituierenden Beziehungen. Betroffene Personen beobachten vorrangig die sich stetig ändernden, im

Fluss befindlichen Randbedingungen und achten auf Wechselwirkungen zwischen Randbedingungen und zentraler Variable.

Nun ist die Erkenntnis, dass AD(H)S-Personen anders wahrnehmen, nicht neu. Ihr Wahrnehmungsstil wird als „oberflächlich abtastend, überhüpfend" (Neuhaus, 1993) bezeichnet, die Daueraufmerksamkeitsspanne - der Zeitraum für eine hinreichende und konzentrierte Beschäftigung mit einem aktuell relevanten Gegenstand - gilt als zu kurz. Nach der oben beschriebenen Erfahrung sah es nun aber so aus, als wäre die andere Art der Aufmerksamkeit nicht das Symptom einer Störung, sondern tatsächlich „eine andere Art, die Welt zu sehen", wovon bereits der Autor Thom Hartmann ausging, dessen Buch im Deutschen diesen Titel trägt. Nur erklärt diese Feststellung noch nicht, worauf sich die Aufmerksamkeit dieser Personengruppe deshalb richtet, und worin sie sich von der erwarteten normgerechten Art der Wahrnehmung und Aufmerksamkeit unterscheidet.

Hier nun fällt auf, dass nicht nur Studien fehlen, in denen untersucht wurde, worauf denn eigentlich AD(H)S-Personen achten - bislang liegen auch keine Untersuchungen vor, aus denen hervorgeht, worauf sich die Aufmerksamkeit nicht betroffener Personen richtet und in welcher Weise sie wahrnehmen. Das Diagnostische und Statistische Manual psychischer Störungen (DSM IV) und ebenso die ICD 10 der Weltgesundheitsorganisation liefern zwar anhand von Kriterien relativ detaillierte Beschreibungen der Symptome der Betroffenen[1]. Diese betreffen jedoch nur die Defizite im Unterschied zu Personen mit normgerechtem Verhalten. Die Formulierung „Der Betroffene kann oftmals seine Aufmerksamkeit nicht auf Details richten..." gibt keinen Hinweis auf die Merkmale und die Art der Details, auf die sich die Aufmerksamkeit nicht richtet, und sie liefert auch keinen Hinweis, worauf sich die Aufmerksamkeit denn richten sollte.

Anhand eines Beispiels versuchen Lauth und Schlottke (1997) die normgerechte Art eines aufmerksamen Vorgehens zu erklären. Bei diesem Beispiel handelt es sich um den Vergleich zwischen einer vorgegebenen Figur und sechs weiteren, die sich bis auf eine Figur in je einem Detail von der vorgegebenen unterscheiden. Es gilt, aus diesen sechs Figuren diejenige zu ermitteln, die mit der vorgegebenen in allen Details exakt übereinstimmt. Dabei komme es laut Aussage der Autoren darauf an, sowohl die vorgegebene Figur als auch die sechs anderen sorgfältig und systematisch zu mustern, um beim Vergleich entweder durch Übereinstimmung der Details oder durch Ausschluß mangels fehlender Übereinstimmung diejenige Figur zu ermitteln, die der vorgegebenen in allen Details gleicht. Dieser Beschreibung ist zwar zu entnehmen, welche Kriterien für ein normgerechtes Verhalten gelten, sie enthält aber keine Hinweise, auf welche Detailmerkmale sich denn die Aufmerksamkeit nun richten soll, d.h., nach welchem Kriterium eigentlich (relevante) Details als solche bestimmt werden. Damit fehlt eine Möglichkeit, die beiden Arten zu vergleichen und auf Unterschiede hin zu untersuchen.

Um dies zu erkunden und damit zu einer These zu kommen, habe ich mehrere kleinere Untersuchungen mit von AD(H)S betroffenen Erwachsenen und nicht be-

---

[1] Die Diagnosekriterien aus dem DSM sind im Anhang unter AD(H)S – ein Überblick aufgelistet.

troffenen als Kontrollgruppe durchgeführt. Ich habe diese Beobachtungen zwar schon in meinem Buch „Vom Gewahrwerden zum Bewusstsein" beschrieben, aber ich füge eine von ihnen hier noch einmal ein: in dieser Beobachtung erhielten die Personen die Aufgabe, schriftlich Kugelschreiber und Bleistift miteinander zu vergleichen. Sie erhielten Papier sowie mehrere Schreibgeräte - Kugelschreiber und Bleistifte - zur Auswahl und wurden aufgefordert, mindestens fünf bis sechs Sätze in einem Zeitraum von zehn Minuten zu schreiben. Einen Zweck für den Vergleich hatte ich nicht genannt. Im Ergebnis zeigte sich, dass die nicht betroffenen Personen in erster Linie auf statische, invariante Merkmale der Eigenschaften der beiden Objekte geachtet hatten, auf solche, die sich auf die äußere Erscheinung bezogen. Solche Sätze lauteten beispielsweise: „Bleistifte sind aus Holz, Kugelschreiber sind meist aus Kunststoff". Merkmale, die mit der Funktion der Stifte verbunden waren, z. B. „Mit Bleistift Geschriebenes kann man radieren", waren ebenfalls, wenn auch nachrangig aufgelistet worden. Diese Eigenschaften der Gegenstände waren mit der Auflistung in einen Zusammenhang gebracht worden: es waren zunächst Beziehungen zwischen Objekt und Merkmal hergestellt und anschließend die das Objekt charakterisierenden sensorisch wahrnehmbaren Merkmale relational verbunden worden. Dieses Vorgehen ist zweckdienlich: Indem Eigenschaftsmerkmale von Objekten sinnstiftend zueinander in Beziehung gesetzt werden, lassen sich Objekte in ihrer spezifischen Eigenart identifizieren.

Die AD(H)S-Personen hingegen hatten nur sehr wenige dieser invarianten Merkmale genannt. Von ihnen waren sie offenbar als weniger bedeutsam eingestuft und deshalb auch nur beiläufig in maximal zwei, drei Sätzen abgehandelt worden. Eine Person schrieb z. B: „Der Bleistift ist aus Holz, der Kugelschreiber nicht." Es fehlt als Merkmal die materielle Beschaffenheit eines Kugelschreibers. Bei diesen Antworten fiel wieder auf, dass ihnen auf den ersten Blick nichts augenfällig Gemeinsames zu entnehmen war. Zwei dieser Personen – ein Mann und eine Frau, beide von unterschiedlicher Herkunft und Bildung - hatten aber unabhängig voneinander geschrieben, dass amtliche Schriftstücke nicht mit Bleistift unterschrieben werden dürfen. Damit hatten diese AD(H)S-Personen den Schwerpunkt zur Ausführung der Aufgabe anders gesetzt und indirekt einen Zweck generiert: Welchen Zweck hat der Vergleich zweier Schreibgeräte, wozu könnte er dienen? Ein solcher Zweck lässt sich aus den sensorisch erfahrbaren Merkmalen der Stifte nicht erschließen. Dagegen ist hier die Kenntnis ihrer Funktion hilfreich. Sie sagt etwas über die Verwendungsmöglichkeiten der Objekte aus. Wenn es daher einen Zweck für einen Vergleich der Schreibgeräte geben sollte - beispielsweise das Faktum, dass mit Bleistift Geschriebenes radiert werden kann und urkundliche Schriftstücke deshalb nicht mit diesen Stiften unterschrieben werden dürfen -, dann kann er nur mit den funktionellen Eigenschaften der Utensilien verbunden sein und dem, was durch diese Eigenschaften bewirkt wird.

Daraus lässt sich die Annahme ableiten, dass der Fokus der Aufmerksamkeit von AD(H)S- Personen nicht auf dem Gefüge von Beziehungen zwischen einem Objekt und seinen Merkmalen, sondern auf dem Gefüge von Wirkungen liegt, im vorliegenden Fall auf den Wirkungsweisen der Stifte und den Auswirkungen bei ihrer Verwendung im Alltag. Dass diese Annahme zutrifft, zeigte sich auch in den Antworten der anderen betroffenen Personen: Eine von ihnen lieferte einen Aufsatz ab, in dem sie auf die unterschiedlichen Wirkungen einging, die mit den jeweiligen Stiften erzielt werden können, eine andere erklärte, sie habe sich die ganze Zeit gefragt, worauf ich mit diesem Vergleich eigentlich hinaus wolle. Diese Teilnehmerin hatte, weil, wie sie später sagte, für sie ein Zweck nicht zu ermitteln war, willkürliche Sätze geschrieben, die in keinem Zusammenhang mit der Anforderung standen.

Wenn man nun das Verhalten der betroffenen und nicht betroffenen Personen vergleicht und zu verallgemeinern versucht, dann stellt man fest, dass für die nicht betroffenen Personen die Konzentration auf perzeptuelle, sensorisch wahrnehmbare Reize vorrangig ist. Für betroffene Personen hingegen ist das Konzept vorrangig, die *Wirkung* von Eigenschaften, die mit den Dingen verbunden sind. Die Unterscheidung verschiedener Arten der Aufmerksamkeit bedeutet nicht, dass auch ein Unterschied in der *Qualität* vorliegt. Im Gegenteil handelt es sich bei ihnen um zwei qualitativ gleichwertige Formen der Aufmerksamkeit, da sie ihren Fokus nur jeweils anders gewichten. Je nach der Art ihrer Aufmerksamkeit setzen Personen daher im Hinblick auf die Wichtigkeit und Vordringlichkeit einen anderen Schwerpunkt, um Objekte und Sachverhalte identifizieren und erkennen zu können.

Zu einer nahezu identischen Entdeckung war dreizehn Jahre vor mir bereits die Mathematikerin Inge Schwank (1986) gelangt. Ihr war aufgefallen, dass es zwei fundamental unterschiedliche Arten gibt, in denen sich Wahrnehmungs- und Denkprozesse bei Menschen ausprägen. In einem Experiment konnte Schwank (1998) diesen Unterschied bereits bei Kleinkindern aufzeigen: Sie baute für zweijährige Kinder eine geschlossene Holzeisenbahnstrecke mit einer Brücke. Unter der Brücke befand sich ein Glockenspiel. Zu dieser Anlage gab es zwei Lokomotiven, eine graue und eine bunte. An der Unterseite der bunten Lokomotive befand sich ein Hebel. Fuhr nun der Zug mit der grauen Lokomotive über die Brücke, geschah nichts. Fuhr dagegen die bunte Lokomotive über die Brücke, ertönte das Glockenspiel. Interessiert hat sich Schwank nun dafür, auf welche gedächtnisrelevanten Merkmale die Kinder geachtet hatten. Es zeigte sich, dass die Mehrheit der Kinder, als sie die Lokomotive aus der Kiste heraussuchten, um den Klangeffekt zu wiederholen, auf die Farbe der Lokomotive geachtet hatte. Eine Minderheit der Kinder hatte sich zwar ebenfalls für die bunte Lokomotive interessiert, diese aber erst einmal untersucht – also nach einer Ursache für die Töne geforscht. In beiden Fällen waren die Kinder in der Lage, die Lokomotive, welche Klingeltöne erzeugt, zu identifizieren. Im ersten Fall geschah dies über die Beachtung zweier sensorisch erfahrbarer Eigenschaften, des Details der Farbe und des akustischen Merkmals, welche zueinander in Beziehung gesetzt worden waren. Bei dieser Art der Aufmerksamkeit ist der Unterschied zwischen den beiden Objekten durch bloßes Anschauen und Beachten auszumachen. Allerdings kommt man mit einer Beachtung, bei welcher der Schwerpunkt vorrangig auf sensorisch wahrnehmbaren Merkmalen liegt, nur zu einer Identifikation des Objekts. Eine Einsicht in die Ursache für die Töne gelingt so noch nicht. Für die kleinere Gruppe der Kinder war die Beachtung der invarianten Details von nachrangiger Bedeutung, obwohl auch sie zunächst auf die Farbe geachtet haben mussten, um die richtige Lokomotive herauszusuchen. Bei ihnen stand jedoch die Erforschung der Objekte im Vordergrund, um durch diese zu einer Einsicht in funktionale Zusammenhänge zu kommen. Um in dieser Weise erkennen zu können, muss agiert werden: der Hebel, der die Töne verursacht, ist durch bloßes Schauen und Beachten nicht zu entdecken. Dieses oftmals zerstörerische Verhalten (für die Untersuchung wird ein Gegenstand häufig irreparabel zerlegt oder diversen zweckfremden Prüfungen unterzogen) findet man extrem ausgeprägt bei so genannten AD(H)S-Kindern.

Während also die größere Gruppe auf ein invariantes (und nicht kausal relevantes) Eigenschaftsmerkmal - die Farbe - geachtet und dieses in eine Beziehung zu den Tönen gesetzt hatte, hatte sich die kleinere Gruppe der Kinder zu diesem Zweck auf Wirkungen konzentriert, also auf die Verbindung von Ursache und Effekt geachtet. Es zeigt sich, dass es auf beide Arten möglich ist, zu einem Wiedererkennen eines Objekts zu kommen.

Aus Schwanks Untersuchungen geht hervor, dass es sich hierbei nicht bloß um unterschiedliche Denkstile handeln kann. Auch lässt die Spontaneität, in der das Handeln auf den Reiz hin erfolgt, fundamentalere Ursachen vermuten. Zur Unterscheidung und Benennung der beiden Arten führte Schwank die Begriffe „prädikative und funktionale Art logischen Denkens" ein. Der Vergleich unserer Ergebnisse zeigte, dass wir unabhängig voneinander und auf unterschiedliche Weise zur selben Entdeckung gelangt waren. Da wir von derselben Sache sprechen, habe ich die Begriffe „prädikativ" und „funktional" mit dem Einverständnis von Frau Schwank (persönliches Gespräch am 23. März 2004) übernommen.

Nun ist der Begriff „Denken" leicht missverständlich. Robert J.Sternberg (1997) unterscheidet bei seinen „Thinking Styles" zwischen Fähigkeiten und Denkstilen. Nach ihm sind Denkstile bevorzugt verwendete Denkweisen. Sie sind die Art und Weise, in der wir unsere Fähigkeiten nutzen. Daher verfügen wir über ein ganzes Profil verschiedener Denkstile. Aus Sternbergs Beschreibungen geht hervor, dass, auch wenn uns nicht bewusst ist oder wir uns nicht bewusst machen, welchen Denkstil wir in welcher Situation gerade verwenden, es sich hierbei um ein Tun handelt, welches Bewusstheit voraussetzt.

Du wirst Dich erinnern, dass sich in diversen Diskussionen - die wir teilweise auch öffentlich geführt haben - zeigte, dass der Begriff „Denken" zumeist als eine spezifisch menschliche Tätigkeit verstanden wird, die mehr oder minder bewusst und mehr oder minder beabsichtigt geschieht: Tagträumen gehört ebenso dazu wie die konzentrierte Beschäftigung mit einem Problem; die Gedanken, die sich in einem Gespräch, einer Diskussion oder auch beim Lesen der Tageszeitung einstellen ebenso wie die Entwicklung von Strategien und das Planen des Handelns. Auch der unsortierte Strom an Gedanken, wie ihn James Joyce im letzten Kapitel seines „Ulysses" beschreibt oder das beiläufige gedankliche Kommentieren der eigenen Handlungen – „hoffentlich hab` ich jetzt nichts vergessen", „das klappt so nicht" -

gelten als Denken. Denken wird auch nicht als eine rein rationale Tätigkeit emp-
funden, wie sich im Sprachgebrauch zeigt: Wir sagen, wir hätten „aus dem Bauch
heraus" geantwortet, „intuitiv" entschieden oder „Böses geahnt" und beziehen uns
damit auf die Gedanken, die uns in diesen Momenten durch den Kopf gehen. Ganz
allgemein wird Denken als an Sprache gebunden verstanden; dann vollzieht sie
sich in Form von Urteilen oder Aussagen und ist begriffliches Denken, sachver-
haltsbezogen und an ein „Ich" gebunden.

All dies ist nicht gemeint, wenn von prädikativem und funktionalem Denken die
Rede ist. In der Verbindung mit dem Begriff Denken sind „prädikativ" und „funktional" Bezeichnungen, um die Mechanik des Gehirns zu beschreiben. Sie sind die
grundlegenden Mechanismen des Denkens, grundlegend, weil sie die Bedingungen
darstellen, durch die überhaupt Erfahrung möglich ist. Auf dieser transzendentalen
Ebene wurde, wie Du sagtest, bislang nicht zwischen zwei verschiedenen Denkmechanismen unterschieden. Diese Mechanismen betreffen das Geschehen auf der
neuronalen Ebene, die Art und Weise, das Wie und Wodurch, in der das Gehirn
Muster erzeugt und unsere bewussten Denkoperationen hervorbringt. Diese bewussten Denkoperationen – ob man sie nun Denkstile, Denkweisen oder Denkmus-
ter nennt - sind allerdings Bestandteile unseres Bewusstseins, sie gehören also zu
einem anderen System als es das neuronale Geschehen bildet – ich werde in weiteren Briefen darauf zurückkommen.

Darüber hinaus stehen die Begriffe prädikativ und funktional für die Art und
Weise, in der Wissen in den Kopf gelangt. Die Muster, welche nach prädikativem
oder funktionalem Schema auf neuronaler Ebene erzeugt werden, sind Darstel-
lungsinhalt und -form zugleich. Sie sind das neuronale (elektrophysikalische) Gegenstück zu den von uns bewusst erlebten Objekten und Ereignissen, mit denen sie
daher identisch sind. Schwank (1986) beschreibt dies: „There exist two cognitive
structures, in which the thinking processes are expressed: One structure is built up
by predicates (relations) and the other one by functions (operations)." Da es sich
um zwei verschiedene Arten handelt, in denen vom Gehirn sogenannte Repräsentationen als Stellvertreter von in der Außenwelt vorhandenen Sachverhalten hervorgebracht werden, unterscheiden sich die Strukturen in ihrem Aufbau, je nachdem,
in welcher Weise ein Gehirn arbeitet – in der prädikativen oder in der funktionalen
Art. In dieser je unterschiedlichen Weise wird unser Wissen über die Welt in Form
von entweder prädikativen Beziehungen- oder funktionalen Wirkungenmustern
konstruiert.

Wenn wir die Antworten auf die Dreiecks-Aktion betrachten und dabei die Fragen nach dem Zweck einmal außer Acht lassen, so fällt auf, dass schon die apriori-
sche Wahrnehmung eine andere ist. Dies sollte im Prinzip nicht mehr überraschen.
Denn dass der Begriff „Wahr"-nehmung täuscht, da er suggeriert, die Leistungen
unseres Gehirns und unserer Sinnessysteme würden zu wahren Vorstellungen über
die Beschaffenheit der Welt führen, diese Erkenntnis wurde im Laufe der Zeit zum
integralen Bestandteil unseres Allgemeinwissens. Wir akzeptieren, dass unsere
subjektive Wahrnehmung beispielsweise eines allabendlichen Untergangs der Son-

ne hinter den Rand einer Erdscheibe Illusion ist, obwohl die Wahrnehmung des Ereignisses diese Annahme nahelegt. Die überraschendste Erkenntnis der Wahrnehmungsforschung jedoch ist, wie Hoffman ausführt, dass Wahrnehmung nicht einfach geschieht. Sie ist kein passiver Akt, sondern ein konstruktiver Prozess, der zum Umgang mit in der Umwelt vorhandenen Reizen befähigt.

Dennoch: die Idee, dass zwei verschiedene Weisen angenommen werden müssen, in denen dieser Konstruktionsprozess erfolgt, mutet sehr fremd an. Deshalb erweist es sich auch als so schwierig, diese Annahme zu vermitteln. Und ohne eine konkrete Bestimmung, in welcher Weise sich zwei verschiedene Arten der Wahrnehmung und des Denkens manifestieren könnten, bleibt die These der Existenz zweier verschiedener mentaler Geschlechter bzw. zweier verschiedener Gehirne, vorstellungslos und bedeutungsfrei.

Dies aber ist meine erste These:

> Es gibt analog zur physischen Geschlechtlichkeit eine mentale, was bedeutet, es existieren zwei verschiedene menschliche Gehirne, ein funktional-logisch arbeitendes und ein prädikativ-logisch arbeitendes Gehirn.

Wie aus den Untersuchungen von Schwank und aus meinen Beobachtungen hervorgeht, erfolgt die Art des Zugriffs ebenso wie die Konstruktion interner Muster auf zweierlei Art und Weise. Im prädikativen Fall ist er statisch greifend, im funktionalen Fall dynamisch greifend. Dabei meint statisch greifend das Erfassen statischer, invarianter Merkmale von Eigenschaften und die Art und Weise, in der diese Eigenschaften zueinander in Beziehung gesetzt werden. Dynamisch greifend meint hingegen das Erfassen der Merkmale von Eigenschaften in der Art ihrer funktionalen, einen Effekt erzielenden Veränderbarkeit. Steht im prädikativen Fall die Beachtung von Invarianten und ihren relationalen Beziehungen im Vordergrund, sind es im funktionalen Fall die dynamischen Ereignisse, ihre Prozesshaftigkeit und Funktionalität, auf welche sich die Aufmerksamkeit richtet. Schwank (1998) beschreibt die beiden Arten folgendermaßen:

> „Im *prädikativen* Fall, in dem es unter Anwendung von charakterisierenden Eigenschaften und relationalen Beziehungen um (komplexe) Strukturanalysen geht, ist als [...] Wort-Überschrift *"Denken in Beziehungen"* [gegeben]. Es kommt darauf an, die Dinge abstrakt in ihren Kerneigenschaften zu packen und für ein geordnetes Nebeneinander zu sorgen. Im *funktionalen* Fall, in dem es nicht auf statische, relationale Nachbarschaften ankommt, sondern auf das Aufeinander-Einwirken unter Berücksichtigung der Konsequenzen, ist als [...] Wort-Überschrift *"Denken in Wirkungsweisen"* [gegeben]." (Kap. 8, S. 3).

Die Neigung zu einer detaillierten und sorgfältigen Auflistung der invarianten Eigenschaften der Schreibutensilien, wie sie von den nicht von AD(H)S betroffenen Personen in meinem oben beschriebenen Versuch vorgenommen wurde, resultiert somit nicht primär aus erlernten Strategien. Sie entspringt vielmehr der Anlage des prädikativen Gehirns, aus den vielfältigen in der Umwelt vorhandenen Reizen intern relationale Konstrukte zu bilden, um die Dinglichkeit der Welt erfassen und in ihr agieren zu können. Invariante Merkmale von Eigenschaften werden von einem prädikativ arbeitenden Gehirn in der Art ihrer möglichen *statischen* Veränderbarkeit wahrgenommen, um sie sinnstiftend zueinander in Beziehung setzen zu können. In dieser Weise wird möglich - wie auch das Beispiel von Lauth & Schlottke zeigt -, Objekte und Sachverhalte auf Gemeinsamkeiten und Divergenzen hin zu untersuchen, um vergleichen und unterscheiden zu können.

Gleiches gilt für das Verhalten der betroffenen Personen, beispielsweise bei der Reaktion auf die Aufforderung, Schreibgeräte miteinander zu vergleichen. Auch Menschen, deren Gehirn funktional arbeitet, achten also auf invariante Merkmale. Diese werden jedoch vorrangig in der Art ihrer *dynamischen* Veränderbarkeit wahrgenommen. Wie die Antwort einer der beiden AD(H)S-Personen beim Kanizsa-Dreieck zeigte, wird in dieser Art des Wahrnehmens Details Aufmerksamkeit gewidmet, die prozesshafte Charaktereigenschaften besitzen: Wenn Kugeln in einer Weise wahrgenommen werden, als würden sie von einem Dreieck eingedrückt, dann wurden vom Gehirn dieser Person aus den vorhandenen Elementen nicht nur ein Dreieck und drei Kugeln, sondern darüber hinaus auch ein Geschehen konstruiert: das Dreieck wirkt auf die Kugeln – die aus den Kreisflächen konstruierten dreidimensionalen Objekte – ein, womit der Effekt des Eindrückens erzielt wird. Das bedeutet: in dieser Art des Wahrnehmens werden Vergangenheit und Zukunft in der gegenwärtigen Situation spontan und apriorisch mit berücksichtigt.

Im Unterschied dazu wurde von nicht betroffenen Personen die Veränderbarkeit von statischen Merkmalen beachtet: Linien, die ergänzt, verlängert, usw. werden können, Merkmale also, aus denen sich unterschiedliche dreidimensionale Konstrukte erzeugen lassen: die Frage nach dem zweiten Blick erzeugte ein anderes Objekt. Sah eine Person auf den ersten Blick einen Stern, so wurde auf den zweiten Blick aus denselben Elementen eine Mickymaus. Dazu wurden die Elemente jedoch nur in anderer Art zueinander in Beziehung gesetzt. Ein mögliches Geschehen, ein Prozess zwischen diesen Elementen, mit dem eine zeitliche Folge berücksichtigt worden wäre, fand nicht statt. Diese Art des Wahrnehmens entspricht einer Feststellung von Dörner, Hofinger & Tisdale (1999) zu Schwierigkeiten im Umgang mit komplexen Problemen: „Das menschliche kognitive System ist `auf Gegenwart angelegt´, hat Schwierigkeiten mit Vergangenheit und Zukunft [...]." (S.1)

Nun ist der Konstruktionsvorgang selbst auch beim prädikativen Denken ein Prozess. Doch zeigt sich hier im Vergleich der beiden Arten ein weiterer Unterschied zur funktionalen Art der Wahrnehmung: im prädikativen Fall werden die Merkmale der abgebildeten Elemente durch den Konstruktionsprozess zu einem Objekt zusammengesetzt, das sich in einem bestimmten Zustand befindet – im Zustand eines Dreiecks, eines Sterns oder einer Mickymaus. Im funktionalen Fall werden die invarianten Merkmale zwar ebenfalls durch diesen Prozess in einen Zustand überführt, der als solcher wahrgenommen wird. Der Fokus liegt jedoch nicht auf den Zuständen selbst, sondern auf dem Prozess, der sich zwischen den Zuständen der Elemente, der „Kugel" und dem „Dreieck" abspielt. Mit anderen Worten: er liegt auf dem Geschehen oder der Geschichte des Prozesses, im vorliegenden Fall dem „Eindrücken", und beschrieben wird der momentane Endzustand des Geschehens.

Damit wird, wie ich meine, deutlich, dass die Aufmerksamkeit sowohl im prädikativen wie im funktionalen Fall *nicht* auf die Merkmale oder Details eines Objekts gerichtet sein *kann*, obwohl das Beispiel von Lauth und Schlottke dies suggeriert. Sie kann sich nur *entweder* auf die Beziehungen bzw. Relationen *oder* auf Funktionen bzw. Wirkungsweisen richten, welche die einzelnen Merkmale miteinander verbinden bzw. miteinander verketten. Diese Ausrichtung der Aufmerksamkeit macht die Flexibilität unserer Denkoperationen aus, im prädikativen Fall ebenso wie im funktionalen. Mit einer Aufmerksamkeit, die sich entweder auf Relationen oder auf Wirkungsweisen richtet, wird es möglich, Schemata, also Strukturen mit Leerstellen, zu bilden, in denen, wie Anderson, J.R. (1996) es nennt, unser kategoriales Wissen gespeichert sei. In die Leerstellen der Schemata können neue Merkmale eingetragen werden, ein Ball kann somit sowohl die Eigenschaft „rot" als auch „blau" oder „bunt" haben. Die Verbindungen, mit denen Merkmale an ein Objekt gebunden werden, haben daher eine Struktur: sie sind, wie Schwank es beschreibt, entweder in Form von Prädikaten (Relationen) oder in Form von Funktionen (Wirkungsweisen) aufgebaut.

Die Unterschiede in der Art der Wahrnehmung sind Indizien für die jeweilige Art der Flexibilität, in der Sachverhalte intern dargestellt sind. Sie sind zudem Präferenzen für eine Orientierung. Beim prädikativen Gehirn ist dies eine Orientierung an Zuständen, beim funktionalen eine Orientierung an Verläufen und Prozessen. Schwank (2003c) stellt mit dem Hinweis auf das besondere Interesse - einerseits für Invariantes, andererseits für Werdendes – fest, dass diese differenten Arten, die Welt zu sehen, immer wieder zu Konfrontationen geführt haben. Ob „alles fließt" oder alles nur Varianten eines immer Gleichen sind und sich folglich nichts verändert, ist daher möglicherweise vor allem Ausdruck und Ergebnis der Arbeitsweise des jeweiligen Gehirns.

Die Beschreibungen dieser Wahrnehmungsakte zeigen, wie schwierig es ist, zu trennen zwischen Verhaltensweisen, die ihren Ursprung in der transzendentalen Denkmechanik haben welche dem Bewusstsein nicht zugänglich ist, und den darauf aufbauenden Denkoperationen, für die Bewusstheit Voraussetzung ist. Die Art, in der die Arbeitsweise des jeweiligen Gehirns die Wahrnehmung bestimmt und in der interne Darstellungen von außerhalb des Systems existierenden Sachverhalten konstruiert werden, prägt die zum Bewusstsein gehörenden Denkoperationen. Das Bewusstsein wirkt dabei auf die Abläufe auf neuronaler Ebene ein. Dieses wechselseitige Aufeinander-Einwirken der beiden Systeme könnte einer der Gründe dafür sein, weshalb die Existenz der beiden Arten des Denkens so lange unentdeckt geblieben ist. Auch die Zuordnung einer Verhaltensweise oder einer bestimmten Funktion zu einem der beiden Systeme wird durch die Rückkopplungen erschwert. Es sind jedoch unterschiedliche Funktionen, die dem jeweiligen System zugeordnet sind. Ihre Vermengung führt zu Missverständnissen wie beispielsweise der Annahme, man könne die jeweils andere Art des Denkens *lernen*. Gelernt werden kann die strategische Vorgehensweise zur Lösung beispielsweise einer Interpolationsaufgabe, wobei sich die Vorgehensweise an der Arbeitsweise des anderen und nicht des eigenen Gehirns orientieren kann, aber nicht muss. Nicht gelernt werden kann die Art und Weise, in der diese Aufgabe wahrgenommen, d.h. unmittelbar aufgefasst wird. Die Arbeitsweise des jeweiligen Gehirns determiniert ebenso die Wahrnehmung wie den Aufbau der internen Muster, die identisch mit den von uns (vom Bewusstsein) erlebten und erinnerten Sachverhalten sind.

Dennoch bereitet es offenbar beträchtliche Schwierigkeiten, sich von der Art zweier verschiedener Mechanismen ein Bild zu machen. In der Regel wird, wie erwähnt, angenommen, es handele sich beim prädikativen und funktionalen Denken um Denkstile. Schwank (1996; 1998/2002) spricht gelegentlich ebenfalls von einer Präferenz für eine der beiden Arten und erklärt, dass „Menschen dazu tendieren, bevorzugt eine prädikative bzw. eine funktionale Brille aufzusetzen". Diese Formulierungen legen die Annahme nahe, es seien zwei verschiedene Denkstile gemeint. Schwank geht dennoch von fundamentaleren Gegebenheiten aus. Dies geht aus Aussagen wie den folgenden hervor (1986): "The prefered internal cognitive structure must be distinguished from the prefered cognitive strategy [...] This level of cognitive strategy is working on the cognitive structures." Auch wenn diese Beschreibung der Abläufe, wie ich nachfolgend zeigen werde, so nicht zutrifft, macht sie doch ebenso wie die folgende deutlich, dass mit den Begriffen grundlegend anderes gemeint ist:„Die stabilen funktionalen oder prädikativen Verhaltensweisen unserer VP legen es nahe, dass das Gehirn die Augen entsprechend seines Interesses steuert [...]". (Schwank, 2003 /3; S.74)

Den Unterschied über die Beschreibung der Verhaltensweisen zu erfassen und ihn anhand von Beispielen zu erläutern, wäre daher ein Unterfangen, das nur sehr eingeschränkt erfolgreich sein kann, da nicht ausgeschlossen werden kann, dass auch bewusste Prozesse dabei eine Rolle spielen. Erfahrungen aus dem AD(H)S-Alltag zeigen zudem, dass Beschreibungen und Beispiele ein Verhalten zwar anschaulich machen, jedoch nicht erklären können. Darüber hinaus bergen sie das Risiko von Fehlinterpretationen und unqualifizierten Zuweisungen. Es ist daher notwendig, herauszuarbeiten und zu klären, welche Verhaltensweisen welchem Bereich bzw. System zugeordnet werden müssen. Der Einblick in die Arbeitsweise des Gehirns und in die Mechanismen des Denkens liefert die Voraussetzungen für eine solche Zuordnung und Unterscheidung. Aus der Entdeckung zweier verschiedener menschlicher Gehirne ergibt sich deshalb die Notwendigkeit, die bisherigen Annahmen zur Arbeitsweise des Gehirns – des prädikativen wie des funktionalen - sowie die Vorstellung von verschiedenen Phänomenen, darunter die Aufmerksamkeit, zu überdenken.

2. Der systemtheoretische Blickwinkel

Lieber Peter,

lange diskutieren wir nun schon über das Thema der Arbeitsweise des menschlichen Gehirns. Nein, ich korrigiere mich – ich meine natürlich die Arbeitsweise der *beiden* menschlichen Gehirne.

Du kennst meinen Ansatz und weißt daher, dass ich behaupte, es existieren zwei in sich homogene menschliche Gehirne oder, wie es wohl richtiger heißen muss: es gibt analog zur physischen Geschlechtlichkeit zwei mentale Geschlechter. Ich nenne sie das prädikative und das funktionale Geschlecht. Ferner gehe ich davon aus, dass die Personengruppe, die derzeit als von der Aufmerksamkeitsdefizit-Hyperaktivitätsstörung betroffen gilt, dem funktionalen Geschlecht angehört, und dass in der Zugehörigkeit zu diesem mentalen Geschlecht die wesentliche Ursache des abweichenden Verhaltens zu suchen ist.

Du weißt auch, dass ich davon ausgehe, dass unser physisches Geschlecht und unser mentales in keinem ursprünglichen Zusammenhang stehen. Auch das zahlenmäßige Verhältnis ist beim mentalen Geschlecht ein anderes als beim physischen – die Gruppe prädikativer Menschen ist sehr viel größer als die Gruppe der funktionalen Menschen und bestimmt daher die gesellschaftliche Norm. Und schließlich behaupte ich, dass sowohl unser mentales Geschlecht als auch die Ursache der AD(H)S ihren Ursprung in der Arbeitsweise unseres Gehirns haben.

Ich habe aber auch immer wieder darauf hingewiesen, dass es im Rahmen der derzeitigen wissenschaftlichen Vorgehensweisen nicht möglich ist, diese Annahmen in einem Ansatz plausibel zu präsentieren. Das heißt, die Begrenzungen und die Ausrichtung, die das naturwissenschaftlich-reduktionistische Paradigma der Forschung auferlegt, verhindern eine solche Erklärung, auch wenn fälschlicherweise angenommen wird, es obliege den Neurowissenschaften, das Problem eines Verständnisses der neuronalen und mentalen Abläufe und der Entstehung von Bewusstsein zu lösen. Die Gründe dafür liegen dabei neben der Sichtweise selbst auch in den Mitteln zur Erforschung von Gehirn und Bewusstsein. In einigen wesentlichen Punkten konnte ich meinen Ansatz und die Gründe für diesen erforderlichen Wechsel des Blickwinkels aber noch nicht hinreichend deutlich machen. Zum Verständnis des Verhaltens der von AD(H)S betroffenen Menschen und seiner gerechten Beurteilung ist die Kenntnis der Arbeitsweise des Gehirns als dessen Ursprung unabdingbar. Deshalb möchte ich Dir in einer Reihe von Briefen meinen Ansatz und die Notwendigkeit der systemtheoretischen Sichtweise noch einmal in der erforderlichen Ausführlichkeit darlegen.

Ich beginne mit dem derzeitigen wissenschaftlichen Paradigma:
In seinem „Discours de la méthode" empfahl Descartes als wissenschaftliche Methode die des Zerlegens und Zergliederns, um mit ihr zu Einsichten und Erkenntnissen zu gelangen. Mit diesem Vorschlag: „[...], jedes Problem, das ich untersuchen würde, in so viele Teile zu teilen, wie es angeht und wie es nötig ist, um

es leichter zu lösen" (S.31), schuf er die Grundlage zu einer wissenschaftlichen Vorgehensweise in den Naturwissenschaften, der Methode des Messens im Unterschied zur hermeneutischen Methode des Sinnverstehens in den Geisteswissenschaften.

Die cartesische Methode, die wir in den Naturwissenschaften und der experimentellen Psychologie bei der Erforschung des menschlichen Gehirns verwirklicht finden, hat, wie der Wissenschaftshistoriker Ernst Peter Fischer anmerkt, den Nachteil, dass die Teile, die man dann erhält, aus noch kleineren Teilen zusammengesetzt sind, die man ebenfalls fragmentieren kann, so dass dieser Prozess sich fortsetzen lässt, ohne dass abzusehen ist, wann er mit dem Erhalt einer Lösung beendet sein könnte.

Die Grenzen dieser Vorgehensweise zeigen sich bei der Erforschung zweier komplexer Systeme: des Universums und des (menschlichen) Gehirns. Das Problem wird deutlich, wenn man es so betrachtet, wie es der Systemtheoretiker Heinz von Förster (2006) beschreibt:

> „Ist ein Problem zu komplex, um verstanden zu werden, dann wird es in kleinere Stücke zerlegt. Sind diese immer noch zu komplex, werden auch sie zerkleinert, und so geht es weiter, bis die Stücke schließlich so klein sind, daß zumindest eines davon verständlich ist. Das Wunderbare an diesem Prozeß, an dieser Methode der Reduktion, am „Reduktionismus" ist, daß sie unweigerlich zum Erfolg führen. Leider befinden sich die 'soft sciences'[2] nicht in einer ähnlich glücklichen Lage. [...] Würden sie die komplexen Systeme, mit denen sie sich befassen, also die Gesellschaft, die Psyche, die Kultur, die Sprache usw., in derselben Weise so reduzieren, daß sie sie zur immer genaueren Untersuchung in immer kleinere Teile zerlegen, könnten sie schon nach wenigen Schritten nicht mehr behaupten, daß sie es noch mit dem System zu tun haben, mit dem sie sich ursprünglich beschäftigen wollten." (von Foerster, S. 24).

Inzwischen zeigt sich aber, dass trotz ihrer Erfolge auch die Naturwissenschaften an ihre Grenzen stoßen. Sie werden zunehmend mit Problemen konfrontiert, die sich innerhalb ihrer naturwissenschaftlich-reduktionistischen Landschaft nicht mehr lösen lassen. Zu diesen Problemen zählt neben der Frage nach der Ursache der sogenannten Aufmerksamkeitsdefizitstörung vor allem die nach der Arbeitsweise des menschlichen Gehirns, mit der Fragen nach der Entstehung von Bewusstsein und der Freiheit des Willens verbunden sind.

Wir haben überlegt, ob die Philosophie eine Antwort auf die Frage nach der Arbeitsweise des Gehirns geben und ob sie Erklärungen liefern könnte für die Existenz des Bewusstseins, wenn man dieses nicht auf neuronale Prozesse reduzieren will. Nach meinem Dafürhalten sind Bewusstsein und die Arbeitsweise des Gehirns untrennbar miteinander verbunden und können nur unter dem systemtheoretischen

---

[2] Gemeint sind die Geistes- und Gesellschaftswissenschaften (Anmerk. v.d. Verf.)

Blickwinkel untersucht und erklärt werden. Du präferierst einen philosophischen Ansatz, der ontologische Annahmen vermeidet, da, wie Du sagtest, jeder Versuch, Bewusstsein aus Nicht-Bewusstsein zu erklären, in einem Zirkelschluß enden muss: Bewusstsein müsse immer vorausgesetzt werden, um es erklären zu können.

Aus meiner Perspektive aber ist es sinnvoll, das Gehirn unter dem genannten Aspekt zu betrachten und zu untersuchen: als ein System, welches als Ganzes mehr ist und neue, qualitativ andere Eigenschaften aufweist als die Elemente, aus denen es besteht. Deshalb kann nach meinem Dafürhalten nur die Systemtheorie eine Erklärung liefern. Und ich meine und behaupte, dass mit diesem Wechsel auch die Notwendigkeit, Bewusstsein voraussetzen zu müssen, kein Problem mehr darstellen wird.

Warum die Untersuchung eines Systems, dessen Teile miteinander vernetzt sind und die in Wechselwirkungen und Wechselbeziehungen zueinander stehen, unter diesem Blickwinkel sinnvoll ist, macht die folgende Aussage von Fritz Simon (2006) deutlich: „Untersuchungsgegenstand sind [...] Strukturen und Funktionen, d. h. die Beziehungen und Positionen von Elementen zueinander innerhalb eines Gesamtgefüges, die Regeln ihrer Interaktion und Kommunikation sowie die Gesetzmäßigkeiten der Stabilisierung und Veränderungen von Systemzuständen und – strukturen." Mit diesem Wechsel von einer spezialisierenden zu einer systemorientierten Sichtweise verschiebt sich, wie Simon weiter ausführt, das „Erkenntnisinteresse [...] von den Dingen oder Objekten und ihren Eigenschaften hin zu den Mustern ihrer funktionellen Koppelung und den damit verbundenen emergenten, d.h. neu entstehenden, nicht auf die Eigenschaften der Elemente zurückführbaren, Eigenschaften. Das Ganze erweist sich nicht nur als mehr, sondern als etwas qualitativ anderes als die Summe der Teile." (Simon, S. 16).

Unter diesem Aspekt bin ich an die Aufgabe herangegangen, das Gehirn und seine Arbeitsweise zu betrachten. Denn nur so wird es schließlich möglich, die Ursache der AD(H)S und mit ihr das Verhalten der Betroffenen zu erklären.

Die Frage, um die es mit der Entscheidung für eine systemtheoretische Erklärung der Arbeitsweise geht, lautet: wenn wir das Gehirn als selbstorganisierendes, autopoietisches System betrachten, wie arbeitet dann dieses System, um die in der Umwelt vorhandenen Reize intern zu verarbeiten? Denn unter der Annahme, es gebe zwei verschiedene mentale Geschlechter, kann, was sie unterscheidet, nur mit der Arbeitsweise des jeweiligen Gehirns zusammenhängen. Darauf werde ich im folgenden Brief eingehen.

Die Frage nach der Arbeitsweise des Gehirns betrifft nicht die neuroanatomischen Zustände oder physikalisch-chemischen Gegebenheiten. Es geht zunächst einmal nur darum, eine Vorstellung davon zu erhalten, wie das Gehirn als System arbeitet, um dann über diese Antwort zu einer auf die grundsätzliche Frage zu kommen: Wie kann aus den Prozessen im Gehirn die Vielfalt unseres Erlebens hervorgehen und wie geschieht dies auf prädikative im Unterschied zur funktionalen Weise?

Welchen Beitrag kann die Systemtheorie zur Lösung dieser Probleme liefern? Nun gibt es streng genommen „die" Systemtheorie nicht, sondern, wie Luhmann

(2006, S. 41) anmerkt, verschiedene systemtheoretische Ansätze. Dennoch existiert eine Begriffswelt, die, wenn die verschiedenen Termini auch fachbedingt etwas unterschiedlich beschrieben werden, doch zumindest für eine bestimmte Klassse von Systemen gilt – und das sind die, die für meinen Ansatz von Interesse sind: die selbstorganisierenden autopoietischen Systeme. Von diesen sagt Bernd-Olaf Küppers (2000): „Selbstorganisierende Systeme sind dadurch ausgezeichnet, dass in ihnen die Dynamik des Systems ständig auf die Anfangsbedingungen zurückgewirkt und diese modifiziert. Dies geht allerdings nur unter bestimmten physikalischen Voraussetzungen. So kann ein derartiger Rückkopplungsmechanismus nur wirksam werden, wenn das System im thermodynamischen Sinn offen ist, da das System ansonsten in einen stabilen Gleichgewichtszustand übergeht [...]." (Küppers, S. 14) Nun ist das Gehirn zwar ein selbstorganisierendes System, doch es soll hier nicht in Begriffen von Temperatur und Druck beschrieben werden, sondern in Anlehnung an Luhmann und Maturana in Begriffen, die teilweise bereits gebräuchlich sind, aber eine andere Bedeutung haben, sowie in Begriffen, die neu eingeführt wurden, um Systeme beschreiben zu können. Es ist daher sinnvoll, wenn ich vorab auf einige dieser Begrifflichkeiten eingehe, da ich sie in den folgenden Briefen zur Erklärung meiner Thesen verwenden werde. In der Art und Weise, in der ich sie hier vorstelle, beziehen sie sich auf Systeme im Allgemeinen, auch wenn ich immer wieder den Bezug zum Gehirn als System herstelle. Ich nehme also hier schon einiges vorweg, das ich erst in meinen nächsten Briefen an Dich ausführlicher darlegen werde.

Der Terminus Systemtheorie stammt von dem Biologen Ludwig von Bertalanffy. Um Systeme formal beschreiben zu können, verwendete er Begriffe wie „Selbstorganisation", „organisierte Komplexität" und „Rückkopplung" und postulierte ihre allgemeine Gültigkeit. Mit dem Begriff Selbstorganisation ist eine Form der Entwicklung von Systemen gemeint, die von den Elementen des Systems - durch die Art und Weise, in der sie sich gegenseitig beeinflussen - bewirkt wird. Eine zentrale Eigenschaft selbstorganisierender Systeme ist ihre dynamische Entwicklung, welche unabhängig ist von äußeren Einflüssen. Durch diese Unabhängigkeit sind selbstorganisierende Systeme autonom. Sie verhalten sich, wie Simon ausführt, „[...] *immer und ausschließlich* aufgrund ihrer aktuellen internen Strukturen und Prozesse. Sie sind selbstbezogen und innengesteuert. Darin besteht ihre Autonomie." (Simon, 2006, S. 53) Organisierte Komplexität beispielsweise liegt dann vor, wenn in einem System Wechselwirkungen zwischen Elementen stattfinden, welche Bestandteile des Systems sind, und wenn durch diese Wechselwirkungen ein komplexes Interaktions-Netzwerk entsteht. Eine solche Art der Organisation lässt sich nicht mehr linear-kausal beschreiben, da hier die Auswirkungen durch Rückkopplung auf die Eingangsbedingungen zurückwirken und diese beeinflussen. Es kommt zu einer zirkulären Kausalität, und diese ist wie die Komplexität ein Kennzeichen selbstorganisierender Systeme.

Die Palette der Begrifflichkeiten wurde insbesondere von Niklas Luhmann, Humberto Maturana & Francisco Varela und George Spencer Brown erweitert.

Begriffe wie Autopoiesis, Selbstreferenz und Reentry wurden von ihnen eingeführt oder erhielten eine zusätzliche Bedeutung, wie beispielsweise auch die Begriffe der Anschlußfähigkeit, der Kommunikation und der Differenz. Sie alle sind für ein Verständnis meines Ansatzes grundlegend. Von besonderer Bedeutung ist die Figur der Beobachtung, und in diesem Zusammenhang sind es auch die Begriffe der strukturellen Kopplung und der operativen Geschlossenheit. Bevor ich nachfolgend darauf eingehe, noch ein paar Anmerkungen zum Systembegriff:

Zu ihm gibt es unterschiedliche Beschreibungen, aber im großen und ganzen wird ein System als „[...] eine Ganzheit betrachtet, deren Elemente in einem Netzwerk von Wechselbeziehungen miteinander verbunden sind, in denen jedes die Bedingungen aller anderen mitbestimmt." (Simon, 2006, S.16) Ähnlich sieht es Norbert Bischof (1995): „Das Gemeinsame an allen ´Systemen` ist, daß an ihnen *Elemente* unterscheidbar sind, und daß diese Elemente in irgendeinem *sinnvollen Zusammenhang* stehen." (S.12). Bischof verweist hier darauf, dass damit „recht heterogene Inhalte" bezeichnet werden. Luhmann (1991/2 –2006) geht auf diese verschiedenen Definitionen wie folgt ein: „Normalerweise werden Systeme mit einer Mehrzahl von Termini beschrieben. Also etwa: Systeme sind Relationen zwischen Elementen. Oder: Ein System ist ein Verhältnis von Struktur und Prozess, eine sich in den eigenen Prozessen steuernde Einheit." (S.77) Und Maturana (zitiert nach Simon, 2006, S. 33) führt aus:

> „Es gibt eine Klasse mechanistischer Systeme; jedes Element dieser Klasse ist ein dynamisches System, das als Netzwerk von Prozessen der Produktion seiner eigenen Bestandteile definiert ist; diese Bestandteile wirken zum einen durch ihre Interaktionen in rekursiver Weise an der ständigen Erzeugung und Verwirklichung eben dieses Netzwerkes von Prozessen der Produktion mit, das sie selbst produziert hat, und konstruieren zum anderen dieses Netzwerk von Prozessen der Produktion von Bestandteilen als eine Einheit in einem Raum, den sie (die Bestandteile) dadurch definieren, dass sie seine Grenzen verwirklichen."

Der Systembegriff hat für meinen Ansatz die folgende methodische Bedeutung:

Auf das Gehirn bezogen gehe ich von verschiedenen autonomen Systemen aus. Ich betrachte das Gehirn also nicht unter dem Aspekt, es sei nur ein einzelnes komplexes System. Vielmehr sehe ich es als eine Einheit aus verschiedenen Systemen und Subsystemen, welche durch ihr Zusammenwirken alle die Leistungen, Eigenschaften und Fähigkeiten hervorzubringen vermögen, deren wir fähig sind. Diese Systeme bestehen ihrerseits aus Elementen und Teileinheiten, die im jeweiligen System als Operationen vorkommen können. Zu ihnen gehören beispielsweise geistig-seelische Phänomene wie die Aufmerksamkeit, der mit diesem Ansatz als Subsystem eine besondere Funktion im Geschehen zukommt. Aber auch die zu Verbänden, Modulen oder Ensembles organisierten Nervenzellen mit ihren spezifischen Funktionen, die in ihrer Gesamtheit ebenfalls ein System bilden, lassen sich als Elemente eines Systems bestimmen. Und schließlich können auch die Interaktionen zwischen den soeben genannten Elementen als Teile eines Systems aufgefasst werden.

Die Bestimmung eines Systems als Differenz stammt von George Spencer Brown und wurde von Niklas Luhmann als Unterscheidung bezeichnet, einem Begriff, in dem zum Ausdruck kommt, dass es sich hier um eine Operation und nicht um die Beschreibung von Zuständen handelt. Zustände ließen sich beispielsweise charakterisieren, wie sie der Hirnforscher Frank Rösler beschreibt:

> "Angenommen, zu einem bestimmten Zeitpunkt t seien an einem Übergang des Systems Gehirn von einem Zustand zum nächsten zehn Prozent des Gesamtsystems beteiligt. Ein naturwissenschaftlicher Beobachter, der den Zustand zum Zeitpunkt t erkennen und den zum Zeitpunkt $t+1$ voraussehen möchte, müsste nicht nur gleichzeitig die Aktivität von 10^{11} Neuronen (100 000 000 000) registrieren, sondern auch die Übergangsregeln kennen, mit denen aus diesem Neuronenzustand der nächste extrapoliert werden kann." (Gehirn & Geist, 2004, S. 32)

Der Fokus liegt hier nicht auf den Prozessen selbst, sondern nur auf der jeweils aktuellen *Situation*, bzw. auf dem Zustand, in dem sich das Gehirn zu diesem Zeitpunkt sowie dem, in dem es sich zum darauffolgenden Zeitpunkt befindet.

Anders sieht es aus, wenn man ein System als Differenz sieht. In dieser Sichweise beginnt es mit einer Operation. Diese Operation ist die Unterscheidung. Mit ihr unterscheidet sich das System von dem, was es nicht ist und dies heißt: es muss sich selbst, seine eigenen Prozesse beobachten, um sich von anderem unterscheiden zu können. Mit der Beobachtung wird eine Unterscheidung getroffen zwischen einem Innen - dem, was bezeichnet wird -, und einem Außen, welches (zunächst) unmarkiert bleibt. Beobachten ist, wie Luhmann es beschreibt, das Handhaben einer Unterscheidung zur Bezeichnung der einen und nicht der anderen Seite. (Luhmann, S.143)

Auf dieser Bestimmung eines Systems als Differenz basiert mein Ansatz. Sie ist grundlegend für das Verständnis der Arbeitsweise des Gehirns: während mit den zuvor genannten Beschreibungen der Fokus auf die Elemente und ihre Beziehungen gerichtet ist und daher den *Zuständen* Priorität einräumt, liegt der Fokus einer Bestimmung des Systems als Differenz auf den *Prozessen*. Zu einem Verständnis der Arbeitsweise des Gehirns sind weniger die Zustände von Bedeutung, in denen sich das Gehirn befindet. Wesentlich ist das Verständnis der *Abläufe* und das, was durch sie bewirkt wird. Dies wird hoffentlich bei der Darlegung meiner Thesen noch deutlicher werden.

Ein revolutionäres Bild von Systemen lieferten Maturana & Varela mit der Erkenntnis, dass die am weitesten entwickelten Systeme die Elemente, denen sie ihr Bestehen verdanken, selbst erzeugen. Die Autoren prägten für diesen Vorgang den Begriff Autopoiese, den sie wie folgt beschreiben: „Unser Vorschlag ist, daß Lebewesen sich dadurch charakterisieren, daß sie sich - buchstäblich – andauernd selbst erzeugen. Darauf beziehen wir uns, wenn wir die sie definierende Organisation *autopoietische* Organisation (griech. *autos* = selbst; *poiein* = machen) nennen." (Maturana &Varela 1987; zitiert nach Simon, 2006, S. 51) Auch das menschliche Gehirn gehört daher zu dieser Kategorie von Systemen, denn es besitzt die Fähigkeit zur Erzeugung neuer Nervenzellen und neuer Verbindungen zwischen den Zellen. Autopoietische Systeme sind selbstorganisierend, das heißt, sie bringen über ihre Wechselbeziehungen qualitativ neue Eigenschaften hervor, deren Entstehen nicht auf die Eigenschaften der Elemente zurückgeführt werden können, denen sie ihr Bestehen verdanken. Sie haben die Eigenschaft, dass sie „[...] zu unterschiedlichen Funktionen fähig sind, sie durchlaufen Entwicklungs- und Wachstumsphasen, die nicht zufällig, sondern regelgesteuert sind, und die meisten – nicht alle – sind in der Lage, sich fortzupflanzen. [...] Während bei Selbstorganisationsprozessen [...] ein System seine vorgegebenen Elemente zu einer *Struktur* ordnet (besser gesagt, in dem die Elemente sie zu einer Struktur ordnen), organisieren autopoietische Systeme nicht nur ihre eigenen, internen Strukturen, sondern sie produzieren auch die *Elemente*, aus denen die Strukturen gebildet werden." (Simon, S. 32)

Die Ereignisse, die in solchen Systemen stattfinden, bedingen sich gegenseitig, indem, wie Simon schreibt, ursächliche und bewirkte Ereignisse dergestalt miteinander verknüpft sind, dass Ursache und Wirkung aufgrund des zirkulären Prozesses zusammenfallen. Von der Zirkularität in solchen Systemen sagt von Glasersfeld (1990), dass sie „nicht wie in den meisten herkömmlichen Systemen der abendländischen Philosophie eine unvorhergesehene Entgleisung darstellt, sondern im Gegenteil eine absichtlich gewählte Grundbedingung [ist], die sich direkt aus dem theoretischen Modell der Autopoiese ergibt." (S.1) Etwas in den Hintergrund gedrängt wird mit diesen Beschreibungen, dass all diese Prozesse nicht willkürlich oder zufällig, sondern *regelgesteuert* ablaufen – ich komme darauf zurück.

Du weißt, wir hatten eben diese Besonderheit unter dem Gesichtspunkt diskutiert, dass man die Entstehung eines Systems mitdenken müsse, wenn man es als Voraussetzung ansieht, um durch sein Vorhandensein Phänomene zu erklären. Oder, anders formuliert: dass immer etwas vorausgesetzt werden müsse, dessen Entstehung selbst wieder offen bleibe. Für mich stellt sich dieses Problem insofern nicht, als ich die Auffassung von Spencer Brown zugrunde lege, nach der ein System mit einer Operation beginnt, und diese Operation als

Beobachtung

verstehe. Ein selbstorganisierendes System wird zu einem solchen System durch die Figur der Beobachtung. Darunter ist nach Ansicht einiger Autoren zu verstehen, dass eine Operation, um an eine andere anschließen zu können, die vorhergehende zuvor beobachtet haben muss. Luhmann unterscheidet hier zwischen Beobachtung und Beobachter: „Wir beschreiben eine Operation, die nur ereignishaft, in einem bestimmten Moment, vorkommt, und wir verwenden einen Terminus für das, was entsteht, wenn diese Operation sich verkettet und zu einer Differenz zwischen System und Umwelt führt." Eine Beobachtung wie die oben beschriebene ist folglich eine Operation, mit der die Anschlussfähigkeit gewährleistet wird, sie kommt nur in diesem Moment vor, in dem der nächste Prozess auf den vorhergehenden folgt. Der Beobachter dagegen ist ein System, welches zwar auch als Operation vorkommt aber „[...] sich bildet, wenn solche Operationen nicht nur Einzelereignisse sind, sondern sich zu Sequenzen verketten, die sich von der Umwelt unterscheiden lassen."

Wir haben es also mit zwei Formen des Beobachtens zu tun, der prozessualen Selbstreferenz – ich komme darauf zurück – und der Beobachtung durch den Beobachter : „[...] Einerseits beobachtet der Beobachter Operationen, aber um das zu tun muss er selbst operieren können. Wenn er nicht beobachtet, dann beobachtet er eben nicht. Und wenn er es tut, dann muss er es tun. Insofern ist er innerhalb der Welt, die er in der einen oder anderen Weise zu beobachten oder zu beschreiben versucht."(Luhmann, S.142)

Für die Vorgänge im Gehirn kommt dem Beobachter im jeweiligen System eine besondere Funktion zu. Da wir es mit verschiedenen Subsystemen zu tun haben – ich komme im Verlauf der nächsten Briefe auf diese Systeme zurück -, sind es auch verschiedene Beobachter, die konstitutiv für das jeweilige System sind. Der Beobachter ist dabei zwar selber Teil des Systems und damit eine Operation. Er beobachtet jedoch - und dies unterscheidet ihn von der oben genannten Beobachtung - die internen Prozesse, ohne selbst an sie anzuschließen. Die Funktion des Beobachters, seine Beobachtung als Operation, ist deshalb von den aneinander anschließenden Prozessen zu unterscheiden.

Diese Form der Beobachtung ist kein Versuch, mit dem Beobachter als System einen Homunkulus zu postulieren: Denn mit der Unterscheidung der Beobachtung als Operation wird bislang nur die Innenseite des Systems markiert, welches durch sie gebildet wird – etwas, das Luhmann beschrieb als „etwas ist eingeschlossen". Bestimmt wird, was erkannt ist, was festgestellt wird. Damit ist es unterschieden von dem, was es nicht ist, der Außenseite des Systems - dem Ausgeschlossenen, seinen Umwelten.„Man [...] (macht einen Unterschied =. markiert einen Raum) und gibt [ihr] (ihm) einen Namen (bezeichnet ihn durch ein Signal)" (Simon, a.a.O., S. 63).

Wir haben es hier mit einer Beobachtung zu tun, einem System als Beobachter 1. Ordnung, welcher die eigenen Operationen beobachtet. Simon schreibt dazu:„Ein Beobachter 1. Ordnung[vollzieht] interne Unterscheidungen und arbeitet mit ihnen. Der Beobachter startet den Aufbau seiner Welt [...] damit, dass er Unterscheidungen vollzieht und sich mit der Unterscheidung konfrontiert sieht. [...] Mit Fortschreiten des Prozesses werden Unterscheidungen an Unterscheidungen gefügt, bis irgendwann eine differenzierte Struktur entstanden ist, die sich als Eigenstruktur durch die Fortsetzung der sie bildenden Prozesse erhält." (Simon, S.60).

Mit dieser Verkettung von Prozessen und ihrer Beobachtung wird ein System als eine Einheit bestimmt, die sich durch ihre internen Operationen von ihrer Umwelt unterscheidet. Mit der Beobachtung der eigenen internen Operationen, die von einem Beobachter vollzogen wird, haben wir bislang jedoch keine Vorstellung, in welcher Weise es zu einer Verbindung zwischen den systeminternen Vorgängen - in unserem Fall denen im Gehirn - und denen in der Umwelt kommt. Denn mit der Beobachtung nur der eigenen internen Prozesse ist über eine Verbindung zwischen dem System und seiner Umwelt nichts ausgesagt. Mit anderen Worten: den Beobachter 1. Ordnung, der die Anschlussfähigkeit der Operationen auf neuronaler Ebene sichert, interessieren die Interaktionen zwischen System und Umwelt(en) nicht. Die Lösung für dieses Problem sehen Maturana & Varela in dem Konstrukt eines Beobachters, der „eine Einheit betrachtet, die mit ihrer Umwelt interagiert [...]. Für diese Perspektive, in der der Beobachter Beziehungen zwischen bestimmten Eigenschaften des Milieus und dem Verhalten der Einheit feststellen kann, ist die innere Dynamik der Einheit irrelevant." (Maturana & Varela, S.148.). Damit kommt eine weitere Form der Beobachtung ins Spiel. Es gilt nun, nicht nur zu unterscheiden zwischen dem Beobachten als Operation und dem Beobachter, der diese Operation beobachtet. Registriert und beobachtet werden nun auch die Veränderungen, die durch von außen kommende Reize die internen Prozesse „stören". Diese Beobachtungsfunktion obliegt dem Beobachter 2. Ordnung.

Mit dem Konstrukt des Beobachters 2. Ordnung ergibt sich die paradoxe Situation, dass sich dieser Beobachter 2. Ordnung selbst als Teil dessen sieht, das er beobachtet. In diese Situation gerät er, indem er Veränderungen im System feststellt, die durch die von außen eindringenden Störungen (Reize) ausgelöst werden. Über diese Beobachtung der Veränderung stellt der Beobachter 2. Ordnung den Kontakt zwischen System und Umwelt her und er tut dies, indem er „[...] Korrelationen herstellt. Er ist es der feststellt, daß die Struktur des Systems seine Interaktionen determiniert, indem er spezifiziert, welche Konfigurationen des Milieus Strukturveränderungen in ihm auslösen können." (Maturana & Varela, S.148). Diesen Punkt müssen wir festhalten, denn mit ihm ist ausgesagt, dass das System festlegt, wie Reize von außerhalb beschaffen sein müssen, um Veränderungen auslösen zu können. Die Funktion des Beobachters 2. Ordnung besteht daher auch darin, selektiv nur auf solche Veränderungen zu reagieren oder genauer: nur solche Reize (als Störungen) zu registrieren, die für eine Weiterentwicklung des Systems relevant sind.

Da ich nun mehrfach sowohl den Begriff Umwelt aber auch den Begriff Außenwelt genannt habe, sollten wir festhalten, dass bezogen auf das Gehirn, dieses aus mehreren Systemen besteht, von denen jedes für die anderen Umwelt ist. Sie alle bilden aber gemeinsam das System Gehirn, das sich als Gesamtsystem von der Außenwelt, also der Welt, in der wir leben, differenziert.

Mit der Einführung eines Beobachters 2. Ordnung wird nun auch die Außenseite markiert, da der Beobachter als Teil des Systems diese Spezifikation vornimmt. Er muss aufgrund und anhand der Veränderungen Rückschlüsse ziehen. Es scheint daher, als gerieten wir hier in einen Konflikt mit Forderungen, die für die Wissenschaften unerlässlich schienen, um zu objektiven Annahmen und Aussagen über die Wirklichkeit zu kommen: „Die [...] Forderung ist, dass das, was wir wahres Wissen nennen möchten, grundsätzlich von dem erkennenden Subjekt unabhängig sein soll." (von Glasersfeld, 1990, S.2)

Um zu objektiven Annahmen zu kommen, war folglich notwendig, das beobachtende Subjekt aus den zu beobachtenden Vorgängen zu eliminieren. Diese Forderung lässt sich nicht mehr aufrecht halten: derjenige, der beobachtet, nimmt gewissermaßen mit der Art, in der er seine Beobachtungen vornimmt, Einfluß auf das Verhalten des beobachteten Gegenstandes. Das heißt, er stört die Prozesse innerhalb des Systems nicht, sondern garantiert ihre Anschlußfähigkeit und gewährleistet den Kontakt zur Um- bzw. Außenwelt. Doch kann er sie nur unter dem Aspekt beobachten, den er selbst festlegt. Dem trägt die Systemtheorie Rechnung mit der Figur der Beobachtung 2. Ordnung. In dieser Funktion wird derjenige, der dies tut, zum Teilnehmer im Geschehen, er tritt gleichsam in den Prozess des Geschehens wieder ein.

Diese Form, die Beobachtung 2. Ordnung nannte George Spencer Brown *Reentry,* den Wiedereintritt in die Form.

Dieser Wiedereintritt ist eine abermalige Unterscheidung, nach welcher Luhmann (2006) fragt: „Ist die Unterscheidung, die eingeführt wurde, noch dieselbe oder nicht?" (S.167). Und er beantwortet sie: „Das würde auch heißen, dass es jeder erkenntnistheoretische Konstruktivismus oder jede erkenntnistheoretische Anleitung mit einem Paradox zu tun hat, über das man nur hinauskommt, wenn man eine Unterscheidung einsetzt. Dann sagt man, dass man die physikalischen Instrumente von der Beobachtung unterscheidet oder die Kommunikation [...] von dem System, das vorher und nachher der Fall ist. So kommt man wieder auf den Boden der Beobachtung von Phänomenen mithilfe von Unterscheidungen." (Luhmann, S. 167)

Diese Situation verliert ihren paradoxen Charakter, wenn wir sie mit der Vorstellung einer Selbstreflexion, einer Reflexion auf das eigene Verhalten in Zusammenhang bringen. Wir finden sie beispielsweise vor bei einem Kleinstkind, welches sich mit einem ihm unbekannten Gegenstand auseinandersetzt. Durch die Handhabung beobachtet es zum einen den Gegenstand aus unterschiedlichen Positionen und die Veränderungen, welche durch die Manipulation hervorgerufen werden können – oder auch nicht hervorgerufen werden. Mit der Handhabung erwirbt das Kind aber zugleich auch ein internes Wissen um das Objekt, indem es Annahmen bildet und diese überprüft. Durch den wiederholten Umgang werden diese Annahmen entweder bestätigt - Piaget nannte diesen Vorgang, bei welchem die äußeren Bedingungen an die intern gebildeten Schemata angepasst werden, Assimilation. Oder die Annahmen werden verworfen und müssen, um zu den neuen Erfahrungen zu passen, verändert werden. Diesen Vorgang der Anpassung des eigenen Verhaltens an die (geänderten) Bedingungen nannte Piaget Akkomodation. Zudem erfährt und erkennt das Kind über diese Manipulationen nicht nur das Objekt, sondern es erfährt über sie auch sich selbst als handelndes Subjekt. Mit dieser Erfahrung seines Selbst tritt das Individuum in den Prozess des Erkennen wieder ein, es stellt damit den Zustand eines inneren Gleichgewichts (Äquilibration) wieder her.

Letztlich ist, von einer höheren Warte aus betrachtet, auch Wahrnehmung eine Form der Beobachtung, und hier zunächst einmal nur die Beobachtung von „etwas", die von einem Organismus, einem Individuum als Beobachter vollzogen wird. Erst mit seiner Reaktion, seinem Handeln und der Reflexion auf sein Verhalten tritt er in das Geschehen ein.

Simon (2006) beschreibt dieses Reentry wie folgt: „Gemeint ist damit, dass der Beobachter eine Unterscheidung vollziehen kann, indem er beispielsweise zwischen innen und außen in Bezug auf sich selbst unterscheidet, d.h., zwischen *Selbst* und *Umwelt*. Da die Unterscheidung zwischen innen und außen (*Selbst/ Umwelt*), mit der er intern operiert, von ihm selbst gebildet wird, ist sie in die Unterscheidung (d.h. auf der Innenseite) eingeführt worden. Die Außenseite der Unterscheidung (Umwelt) kann nunmehr auf der Innenseite (d.h. innerhalb des Systems) lokalisiert und beobachtet werden [...]." (S.66)

Ich bin mir bewusst, dass ich auch mit dieser Form der Beobachtung noch nicht die Antwort auf die Frage geliefert habe, in welcher Weise denn unter systemtheoretischem Aspekt vereinfacht ausgedrückt „die Welt ins Gehirn" kommt. Hier muss ich Dich noch um etwas Geduld bitten, da ich zunächst auf zwei weitere Eigenschaften selbstorganisierender Systeme eingehen möchte. Eine von ihnen ist die *Selbstreferenz*. Sie hatte ich bereits angesprochen.

Luhmann unterscheidet hier drei Formen der Rückbezüglichkeit. Für meinen Ansatz wesentlich sind die Selbstreferenz des Systems und die prozessuale Selbstreferenz. Beide sind wiederum Formen der Beobachtung. Mit der prozessualen Selbstreferenz beobachtet eine Operation sich selbst, um an die vorangegangene anschließen zu können. Es handelt sich folglich um die oben genannte Operation der Beobachtung eines vorangegangenen Prozesses durch den nachfolgenden. Im Zusammenhang mit den Prozessen im Gehirn beschreibt es Simon: „Neuronale Aktivitäten reagieren auf neuronale Aktivitäten, nicht hingegen auf die Außenwelt". (Simon, S.47) Die Neurowissenschaftler Edelman und Tononi sehen darin den Vorgang eines „unablässigen rekursiven Austausch[s] parallel gesendeter Signale zwischen reziprok miteinander gekoppelten Gehirnarealen [...]". (Edelman & Tononi 2004, S. 72)

Mit der Selbstreferenz nimmt ein System Bezug auf sich selbst, es reflektiert sein eigenes Verhalten, wie ich es oben im Vergleich mit den Erfahrungen eines Kleinkindes beschrieben habe. Es grenzt sich damit zugleich erneut gegen seine Umwelt ab, von der es sich bereits mit dem Vorgang der Unterscheidung abgekoppelt hat. Diese Abkoppelung hat den Nachteil, dass, wie Luhmann ausführt: „[...] ein System seine eigenen Operationen nicht benutzen kann, um sich mit der Umwelt in Verbindung zu setzen." Das heißt, Operationen, die ein System konstituieren und die in ihm ablaufen, können von ihm nicht verwendet werden, um in die Umwelt auszugreifen. Mit diesem Charakteristikum selbstorganisierender Systeme hängt das Problem zusammen, welches ich mit der Frage, wie die Welt in den Kopf komme, aufgeworfen habe.Es können nicht die internen Operationen sein, mittels derer das Gehirn in Kontakt mit seinen Umwelten tritt. Denn „[...]. Operationen sind von Anfang bis Ende oder als Ereignisse gesehen immer nur im System möglich, [anderenfalls müssten sie,] wenn die Grenze gekreuzt wird, etwas anderes werden als Systemoperationen." (Luhmann, S.93) Wenn dieses Ausgreifen jedoch nicht möglich ist, und wenn nicht möglich ist, die Außenwelt intern nach von ihr vorgegebenen Mustern abzubilden, wie kommt sie dann in den Kopf? Bevor wir dies klären, müssen wir auf dieses soeben genannte Charakteristikum noch eingehen, auf die Theorie der

Operationalen oder operativen Geschlossenheit
Nachdem Systemoperationen nur innerhalb eines Systems stattfinden und die Grenze des Systems nicht kreuzen können, führt dies zu der von Dir aufgeworfenen Frage, wo denn diese Grenze liege. Maturana und Varela (1987) haben darauf folgende Antwort gegeben, und sie bezieht sich auf die Vorgänge in einer lebenden Zelle. Nach ihnen ist es in einer Zelle „[...] der Zellstoffwechsel [der die] Bestandteile erzeugt, welche allesamt in das Netz von Transformationen, das sie erzeugte, integriert werden. Manche dieser Bestandteile bilden dabei einen *Rand*, eine Begrenzung für dieses Netz von Transformationen. In morphologischen Begriffen ist diese Struktur, die dieses Entstehen im Raum möglich macht, eine *Membran."* (S.53) Mit anderen Worten: welches die Grenzen eines Systems sind, wird bestimmt durch eben die Operationen, die ein System konstituieren - sie definieren die Grenzen des Systems. Wenn man also danach fragt, was ein System ausmacht, dann wird man feststellen, dass hier etwas passiert, dass es nicht der *Zustand,* sondern die *Dynamik* ist, welche das System ausmacht. Das Problem bleibt damit unverändert bestehen, denn operative bzw. operationale Geschlossenheit heißt: es gibt keinen direkten Zugang für das System in seine Umwelten oder von den Umwelten ins System, keine Möglichkeit eines Erkennens, indem in die Umwelten hinausgegriffen werden kann. An dieser Stelle bringt Luhmann den Begriff der Kausalität in die Vorgänge ein, wenn er sagt: „Nun könnte man vermuten, dass dies eine Rückkehr zur alten These der geschlossenen Systeme ist und damit zum Entropieproblem, aber das ist nicht der Fall. Denn innerhalb der Theorie operationaler Geschlossenheit muss man jetzt zwischen Operation und Kausalität unterscheiden." (S.93) Operationen aber seien von der Typik des Systems bestimmt und hätten zunächst nichts mit Kausalität zu tun. Diese sei „[...] ein Urteil, eine Beobachtung eines Beobachters [...]. Formal gesehen, ist Kausalität ein Schema der Weltbeobachtung" (S.94). Dennoch, Luhmann macht hier eine Einschränkung, wenn er sagt, Operationen hätten *zunächst* nichts mit Kausalität zu tun. Dass dies nicht ganz zutreffend ist, werde ich im Verlauf meiner Briefe noch zeigen.

Du hattest angemerkt, dass hier doch von Systemen die Rede sei, die im wesentlichen technischer Natur seien, aber häufig mit dem Sinnbegriff in einen Zusammenhang gebracht werden, der Bewusstsein voraussetze. Luhmann unterscheidet jedoch ausdrücklich zwischen technischen und Sinnsystemen und führt dazu die Theorie der operativen Geschlossenheit als Notwendigkeit an, um zwischen ihnen trennen zu können. Denn technische Systeme seien im Unterschied zu Sinnsystemen kausal geschlossen. Ein Sinnsystem:„ [...] kann nicht operativ, aber sinnmäßig, vom Sinn der Operationen her auf die Umwelt Bezug nehmen, ohne in der Umwelt mit den eigenen Operationen kausale Effekte zu erzeugen, die nur möglich sind, wenn die Umwelt dem selbst entgegenkommt und entsprechende Kausalitäten vorsieht." (Luhmann, S.95).

Operative bzw. operationale Geschlossenheit bedeutet folglich nicht, dass ein solches System komplett gegenüber der Außenwelt abgeschlossen ist, da es ansonsten in den von Küppers genannten Gleichgewichtszustand übergehen würde. Der entscheidende Faktor, mit dem dies verhindert und andererseits die Identität des Systems gegenüber seiner Umwelt durch seine Geschlossenheit gesichert wird ist die

Strukturelle Kopplung.

Hier nähern wir uns nun der Antwort auf die oben gestellte Frage, wenn auch in der Form, dass mit diesem Begriff nur beschrieben wird, in welcher Weise es zu einem Kontakt zwischen System und Umwelten kommt. Denn letztlich können selbstorganisierende Systeme nur unter der Bedingung der Kopplung an eine Umwelt existieren. Unter dem Begriff strukturelle Kopplung ist daher zu verstehen, was Luhmann folgendermaßen beschreibt: „Etwas ist eingeschlossen, und etwas anderes ist ausgeschlossen. [...] Unter diesem Gesichtspunkt kann man sagen, dass strukturelle Kopplung einerseits einen Ausschließungseffekt hat – in diesem Bereich ist das System indifferent – und andererseits eine Kanalisierung von Kausalitäten bewirkt, die das System verwenden kann. [Dies bedeutet, dass] die Spaltung der Umwelt durch die strukturelle Kopplung in Ausgeschlossenes und Eingeschlossenes [dazu tendiert], die relevanten Beziehungen zwischen Umwelt und System zu reduzieren und auf einen schmalen Bereich von Einfluss zuzuschneiden [...]: Hierfür kann man zwei Beispiele nennen. Das eine betrifft die Art und Weise, wie das Gehirn über Auge und Ohr an die äußere Umwelt strukturell gekoppelt ist. Es besitzt so eine sehr schmale Bandbreite von Empfindlichkeiten, die das reduzieren, was man sehen kann, die das Spektrum der Farben begrenzen, und ebenso das reduzieren, was man hören kann." (S.121f).

Die strukturelle Kopplung eines Systems mit der Umwelt schränkt folglich die Bedingungen ein, unter denen System und Umwelt miteinander in Kontakt treten können. Es ist also nicht die gesamte Umwelt, mit der ein System verbunden sein kann, sondern die strukturellen Kopplungen bestimmen den Bereich, in dem ein System mit seinen Umwelten kompatibel ist. Sie sind, wie Luhmann es nennt, „hochselektiv". Diese selektiven Bereiche werden hervorgebracht durch die Operation des Beobachtens, durch den Beobachter des Systems.

Diese Einschränkung eines Kontakts zwischen System und Umwelt hat zwei wesentliche Auswirkungen. Die eine beschreibt Luhmann: „Die strukturellen Kopplungen determinieren den Zustand des Systems nicht. Sie versorgen das System nur mit Störungen [...]." (S.124). Störungen bedeuten, das System ist „gezwungen", zu reagieren. Im Gegensatz zu Vorstellungen, nach denen die Beseitigung der Störung den alten Zustand des Gleichgewichts wiederherstellte, sorgen Störungen in selbstorganisierenden Systemen für deren Weiterentwicklung. Sie werden vom System genutzt zur Erzeugung von Strukturen und zur Umbildung bereits vorhandener Strukturen. Auf das Gehirn bezogen bedeutet dies, dass Reize - und gemeint sind hier beispielsweise Reize aus der Umwelt (Maturana nennt sie Pertubationen, Simon spricht von Irritationen) - nicht als *Stör*größen, sondern als Auslöser für interne Prozesse verstanden werden müssen, die für die genannte Weiterentwicklung des Systems sorgen. Sie gewährleisten die Stabilität des Geschehens auf neuronaler Ebene in dem Sinne, dass das Gehirn auf diese Störungen mit einer Modifikation der internen Gegebenheiten reagiert und auf diese Weise über die Erzeugung elektrophysikalischer Strukturen sein Gleichgewicht wiederherstellt. Mit den Worten Luhmanns: „Störung heißt also, einen Informationsverarbeitungsprozess in Gang zu setzen, der im System operativ gehandhabt werden kann [...]". (S.127) Der Begriff der Störgröße, der hier verwendet wird, um die Infiltration eines Systems durch Einwirkungen von außen zu bezeichnen, ist jedoch irreführend. Auch die Beschreibung, das System sei gezwungen zu reagieren, um seinen inneren (Normal-)Zustand wieder herzustellen ist, - auf das Gehirn bezogen - nicht zutreffend. Die genannten Störungen, Irritationen oder Pertubationen sind die *notwendige* Voraussetzung, um über die internen Prozesse, die durch sie in Gang gesetzt werden, die Wirklichkeit, die wir erleben, zu konstruieren – wie es die Personen anhand der Abbildung des Kanizsa-Dreiecks vollzogen haben – und dadurch das eigene Überleben zu sichern.

Mit dem Begriff der strukturellen Kopplung wissen wir nun, auf welcher „Schiene" die Welt unter systemtheoretischem Aspekt in den Kopf kommt. Doch haben wir uns zugleich ein Problem eingehandelt, welches Maturana wie folgt beschreibt: „Bei diesen Interaktionen (zwischen System und Umwelt, Anmerk. d. Verf.) ist es so, daß die Struktur des Milieus in den autopoietischen Einheiten Strukturveränderungen nur *auslöst,* diese also weder determiniert noch instruiert (vorschreibt), was auch umgekehrt für das Milieu gilt." (S.85). Diese Aussage besagt, was wir oben bereits erfahren haben: Es gibt für das System keinerlei Hinweise oder Vorgaben aus der Umwelt für die Art und Weise, in der die internen Strukturen oder Muster erzeugt werden müssen, um den Gegebenheiten in der Außenwelt zu entsprechen bzw. sie so zu konstruieren, dass sie dem, was außerhalb existiert, soweit nahekommen, dass ein Überleben möglich wird. Wie das Milieu außerhalb beschaffen ist, in welcher Form die Dinge in der Welt außerhalb unserer selbst vorliegen, darüber liegen dem System keinerlei Informationen vor. Auf das Gehirn bezogen bedeutet es, dass bioelektrische Signale - das sind von den Nervenzellen transformierte Reize, die in der Umwelt vorhanden sind - keinerlei Informationen tragen, die als solche im System Gehirn weitergeleitet werden könnten. Denn es sind nur diese Signale, die alle vom gleichen Typ sind, die von Zelle zu Zelle weitergeleitet werden.

Das hier angesprochene Problem lässt sich mit neurobiologischen Erkenntnissen insofern nicht zufriedenstellend lösen, als überhaupt nicht erklärt ist, wie die bereits angesprochene Vielfalt unseres Erlebens aus diesen Prozessen hervorgehen kann. Zwischen den Vorgängen auf neuronaler Ebene und unserem Welterleben klafft eine Lücke. Hier fehlt ein „Mechanismus", der die Verbindung zwischen ihnen herstellt. Maturana & Varela beschreiben dieses Problem wie folgt: „Auf der einen Seite droht die Gefahr, daß wir kognitive Phänomene unmöglich verstehen können, wenn wir eine Welt von Objekten annehmen, die uns informieren, da es in der Tat keinen Mechanismus gibt, der solch eine 'Information' möglich macht." (Maturana & Varela, S. 146). Dieses Problem erkannte bereits Descartes, der deshalb ein Zentrum im Gehirn auszumachen suchte, in welchem alle Informationen zusammenlaufen müssten, um dort beurteilt und bewertet werden zu können. Die Erkenntnisse der Neurobiologie haben mit dieser Vorstellung zwar aufgeräumt, die Frage nach dem 'Mechanismus' aber nicht beantwortet. Mit den Worten Luhmanns: „Es gibt im System nichts anderes als die eigenen Operationen für die Bildung eigener Strukturen: Die Strukturen eines operational geschlossenen Systems müssen über die eigenen Operationen aufgebaut werden. Anders ausgedrückt, es gibt keinen Strukturimport. Das heißt 'Selbstorganisation'." (S.101). Die Sinnesorgane als Kontaktstellen zur Außenwelt vermitteln folglich keine Informationen über die Art der in der Umwelt vorhandenen Sachverhalte. Da es keinen Strukturimport gibt, kann es auch keinerlei Hinweise oder Vorgaben über die Beschaffenheit der Umwelt geben und demzufolge auch keinerlei Hinweise in welcher Weise denn nun konstruiert werden muss, um die Dinge in dieser Welt in den Kopf zu bekommen. Die Veränderungen auslösenden Reize müssen daher von spezifischen Elementen, den Nervenzellen des Gehirns genutzt werden, um Strukturen zu erzeugen, die mit dem „Wahrgenommenen" identisch sind, um so einen Umgang mit der Wirklichkeit zu ermöglichen. Damit sind wir wieder bei der Frage, die von Simon folgendermaßen formuliert: „Wie kommt das Bild der Realität in das erkennende Individuum hinein, wo doch die internen Muster des neuronalen Funktionierens nur als Reaktionen auf interne Muster des neuronalen Funktionierens zu verstehen sind?" (Simon, S.48)

Welche Gewähr haben wir also, dass unsere Konstruktionen des Wirklichen auch nur annähernd den Gegebenheiten in unseren Umwelten entsprechen?

Auch wenn ich mit dieser Frage wieder zum Anfang meines Briefes zurückgekehrt bin und auf sie noch keine Antwort gegeben habe, sind wir doch ein Stück vorangekommen. Denn wir haben nun mit der Begriffswelt der Systemtheorie eine Basis, mit der eine Antwort gegeben werden kann.

Ich kehre noch einmal zu den eingangs genannten Bestimmungen zurück, den unterschiedlichen Auffassungen dessen, was ein System als solches konstituiert. Die Vorstellungen, es sei konstituiert durch seine Elemente, die in irgendeiner Wechselbeziehung zueinander stehen, erfährt mit der Auffassung, es beginne mit einer Operation, nachrangige Bedeutung. So ist ein Baum ein System, weil in ihm Prozesse statttfinden, die ihn zum Baum machen. Es können nicht die Teile sein, aus denen er besteht – seine Wurzeln, sein Stamm, seine Äste, Zweige und Blätter oder Nadeln - denn sie können auch dann noch bestehen, wenn er nicht mehr als Baum und damit auch nicht als System Baum existiert. Daher können es nur die Interaktionen sein, die für die interne Verständigung sorgen, beispielsweise die Registrierung der Abnahme der Sonneneinstrahlung im Herbst, die signalisiert, dass die Zufuhr an Wasser und Nährstoffen aus dem Erdboden allmählich eingestellt werden muss, was wiederum das Verdorren des Blattwerks zur Folge hat und das Überleben des Baumes in der kalten Jahreszeit sichert.

Gleiches gilt für andere Systeme: Eine Familie, ein Kegelclub oder eine Firma sind nur so lange ein System, als es Prozesse, Operationen gibt, durch die sie sich von all denen, die nicht zu ihnen gehören, unterscheiden und die sie als System konstituieren. Die Operation jedoch, durch die sie alle sich unterscheiden von dem, was sie nicht sind, ist ihre interne Kommunikation. Mit ihr unterscheiden sich diejenigen, die zum System gehören, von denen, die nicht dazu gehören. Ohne Kommunikation hört ein System, das durch diesen Typ von Operation gebildet wird, auf zu existieren. Seine Elemente – die Mitglieder einer Familie, einer Firma, eines Vereins – müssen deshalb nicht ebenfalls aufgehört haben zu existieren, sie können dann immer noch anderen Systemen angehören, die ihrerseits gebildet werden durch ihre interne Kommunikation.

Unter diesem Aspekt - der Definition des Systembegriffs als eines durch seine Operationen konstituierten Gebildes - werde ich die Arbeitsweise des Gehirns beschreiben. Denn nur so wird ersichtlich, wie aus diesen Vorgängen unser bewusstes Welterleben entstehen kann.

Die Betrachtung der Vorgänge im Gehirn unter dem systemtheoretischen Blickwinkel bedeutet nun nicht, die Erkenntnisse der Naturwissenschaften als Einzeldisziplinen zu verwerfen. Die Neuorientierung ist vielmehr, um mit Thomas S. Kuhn (1976) zu sprechen, ein Prozess, bei dem „das gleiche Paket Daten wie vorher behandelt wird, die Daten aber in ein neues System gegenseitiger Beziehungen gestellt werden, indem man ihnen einen anderen Rahmen gibt." (S.98)

Mit dem systemtheoretischen Ansatz ändert sich jedoch nicht nur die Sicht auf das Problem, sondern auch die Vorgehensweise, die zum Erkenntnisgewinn führen soll. Simon beschreibt dies so: „Wenn Kybernetik und Systemtheorie es auch nicht erlauben, Ursache-Wirkungs-Beziehungen im herkömmlichen Sinne festzustellen, so ermöglichen sie es doch, logische Verknüpfungen und Gesetzmäßigkeiten (Wenn..., dann..) zu beschreiben [...]." (Simon, S.16) Auch darauf werde ich zurückkommen.

Abschließen möchte ich diesen Brief mit folgendem Zitat, das die Überschrift trägt „Das neue Paradigma":

> „Wenn die Systemtheorie ein neues Paradigma darstellt, was ist dann dessen Essenz? Zunächst müssen wir festhalten, dass komplexe Systeme unsere Vorstellungskraft übersteigen. Sie stellen daher eine Überforderung des Alltagsverstandes dar und ihre Erforschung und Be-

schreibung erfordert neue Wege. Komplexität ist nach der Relativitätstheorie und der Quantenmechanik der dritte Fallstrick für den ´gesunden Menschenverstand`. [...] Wir können komplexe Systeme daher nicht steuern, da sie auf einen Zweck hin funktionieren, also teleonomisch sind; [...] Wie also können wir der Komplexität zu Leibe rücken, und welche neuen Begriffe müssen wir einführen? Als solche haben wir vor allem die Systemeigenschaften kennen gelernt, die Emergenzen. Dies sind völlig neue, oft unerwartete Eigenschaften, die dem Gesamtsystem zugute kommen. Sie können aus den Komponenten nicht abgeleitet werden, stehen also mit diesen in keinem einfachen kausalen Zusammenhang. [...] Da sie dem Gesamtsystem zukommen und nicht von dessen Komponenten abgeleitet werden können, können sie auch nicht weiter hinterfragt werden. Durch reduktionistische Untersuchungen am System können sie nicht erschlossen werden [...] Im Sinne der Systemtheorie ist die Feststellung, eine Eigenschaft sei eine Systemeigenschaft, eine ausreichende Erklärung. Jedoch muss betont werden, dass Reduktionismus kein Widerspruch zur Systemtheorie ist, sondern deren notwendige Ergänzung. [...] Wir benötigen für die Beschreibung von komplexen Systemen eine Reihe von neuen Begriffen, die es in der Welt der einfachen Gegenstände oder Vorgänge nicht gibt. Diese sind vielfach ungewohnt und missverständlich, da sie natürlich aus der Alltagssprache entnommen sind, aber im Bereich der Systeme präzise und neuartige Bedeutung haben." (Schurz, 2006, S.77f)

Diese neuen Begriffe, von denen ich einige hier vorgestellt habe, werde ich im Folgenden verwenden.

3. Grundlagen

Lieber Peter,

im ersten Brief habe ich mit der Präsentation zweier Denkmechanismen die These aufgestellt, das menschliche Gehirn arbeite *entweder* in der einen, der prädikativen, *oder* in der anderen, der funktionalen Weise. Dies impliziert, dass es analog zu den beiden physischen Geschlechtern zumindest beim Menschen auch zwei mentale Geschlechter gibt, also zwei komplementäre Ausprägungen des Geistig-Seelischen, den Ausprägungen im physischen Bereich, männlich und weiblich, analog. Damit stellt sich die Frage, was zwei mentale Geschlechter konstituieren könnte. Es liegt, wie ich meine, auf der Hand, dass die Unterschiede nicht auf divergente Hirnstrukturen oder Transmitterquantitäten zurückgeführt werden können. Unterschiede im Volumen von Hirnstrukturen in der rechten Hemisphäre, wie man sie in einigen Untersuchungen an im Durchschnitt 8 bis 10 Jahre alten AD(H)S-Kindern durchgeführt hat, haben sich nicht durchgängig belegen lassen. Auch eine Präferenz für die

Verarbeitung in bestimmten Hirnregionen bei der Lösung von Aufgaben ist insofern kein eindeutiger Beleg, da in diesem Fall die bewusst getroffene Entscheidung für oder gegen einen Lösungsweg hineinspielen kann. Ebensowenig lassen sich zwei mentale Geschlechter an der Präferenz für eine der beiden Hirnhemisphären festmachen. Denn es müsste auch in diesem Fall gezeigt werden, wodurch eine solche Präferenz zustandekommt, was sie also verursacht. Die Erklärung, sie könne genetische Ursachen haben, wäre hier ebenso wenig befriedigend wie sie es für die Entstehung von AD(H)S ist. Auch sie müssen wieder auf eine Ursache zurückgeführt werden, die diese organischen Ursachen erklärt. Die einzig sinnvolle Antwort kann daher nur lauten, dass der Unterschied in der Art und Weise gesucht werden muss, in der das jeweilige Gehirn seine internen Prozesse und mentalen Abläufe regelt. Und dies kann nur bedeuten: entscheidend sind die Regeln, die diesen Prozessen und Abläufen unterliegen, denn Regeln lassen sich aus nichts Anderem begründen. Regeln sind daher auch ursächlich für das jeweilige mentale Geschlecht eines Menschen.

Die Ableitung dieser Regeln aus den Prozessen ergeben sich im Zusammenhang mit grundsätzlichen Überlegungen zur Kausalität, dem Gefüge aus Bedingen (Ursache) und Bewirken (Effekt). Im Prinzip ist es, wie ich behaupte, *eine* universelle Regel, die den Prozessen zugrunde liegt. Das heißt, prädikatives und funktionales Gehirn arbeiten jedes nach einer spezifischen Variante dieser Regel, die in der neuronalen Verschaltungsarchitektur des Gehirns realisiert ist. Der Regelvariante unterliegen nicht allein die Prozesse im Gehirn, sie ist auch bestimmend für den Prozess der Integration der verteilt und parallel verarbeiteten Signale, sowie für den Prozess der internen Konstruktion, mit der sich die Einheitlichkeit unseres Welterlebens ergibt. Dazu in den nächsten Briefen mehr.

Eine der Fragen, die bislang nicht geklärt sind, ist die nach der Art und Weise, in der neues Wissen ins Gehirn gelangt. Sie ist verbunden mit der Frage, wie Wissen überhaupt angelegt wird, um in irgendeiner Weise so festgehalten zu werden, so dass sein Erinnern ebenso wie die Möglichkeit, es mit neuem Wissen zu verknüpfen (oder es auch zu vergessen) gegeben sind. Untersuchungen zum Gedächtnis, in denen eruiert wird, wie das Gehirn zum Zweck des Erinnerns arbeitet, gehen von bereits vorhandenem, in einer nicht näher beschriebenen Form angelegtem und gespeichertem Wissen aus, welches als Basis für Assoziationen dient. Neu erworbenes Wissen werde mit diesem bereits vorhandenen verglichen und verknüpft, doch über die Art, in der dies geschehen soll, gehen die Ansichten auseinander.

Mir war aber von Anfang an wichtig zu verstehen, wie Wissen überhaupt ins Gehirn gelangt, wie Sachverhalte – etwas, das wir bewusst erleben – intern, also auf neuronaler Basis und damit von sich selbst, dem bewussten Erlebnis, verschieden, angelegt werden, ohne dass bereits auf Erfahrungen zurückgegriffen werden kann, und ohne die Möglichkeit, die neue Erfahrung mit altem, bereits erworbenem Wissen abgleichen zu können. Denn die Schwierigkeiten von AD(H)S-Kindern, an sie gerichtete Anweisungen und Anforderungen zu verstehen, denen nicht betroffene Kinder problemlos folgen können, sollten nach meiner These ihre Ursache in der Art und Weise haben, in der Wissen ins Gehirn gelangt. Dies wird in den folgenden

Briefen zu zeigen sein. Es muss daher zunächst einmal geklärt werden, wie Konzepte überhaupt erworben und angelegt werden, damit sie erinnerbar sind und für Assoziationen zur Verfügung stehen können. Ich habe dazu fünf Thesen aufgestellt, die wir eingehend diskutiert haben. Doch steht noch aus, diese Thesen für einen Ansatz in einen Zusammenhang zu bringen. Dies möchte ich nun nachholen und habe mit meinen vorangegangenen Schreiben auch schon damit begonnen.

In der Annahme einer Existenz zweier Geschlechter, meiner ersten These, sehe ich die elementare Voraussetzung für ein Verständnis der Arbeits- und Funktionsweise des menschlichen Gehirns. Mit dem Postulat einer Existenz zweier Arten wird m. E. erst möglich zu zeigen, wie das Gehirn arbeitet, da sich die Arten eben anhand der Arbeitsweise unterscheiden und somit auch vergleichen lassen.

Ich werde also vorschlagen, es gebe eine universelle Regel, die allen Abläufen im Gehirn implizit ist. Von dieser gibt es zwei Varianten - die prädikative und die funktionale. Diese Regel bzw. ihre beiden Varianten sind Voraussetzung, um überhaupt Erklärungen zur Arbeitsweise des Gehirns und zur Integration liefern zu können. Sie ist für eine Erklärung, in welcher Weise das Gehirn über die internen Prozesse die Wirklichkeit konstruiert, unabdingbar. Intern entsprechen diesen Konstruktionen (elektro)physikalische Strukturen bzw. „Muster", welche mittels der Prozesse auf neuronaler Ebene erzeugt werden. Diese Strukturen, die Aktivitätsmuster von Neuronengruppen, sind mit dem von uns bewusst Erlebten identisch. Wie dies im Detail vor sich geht, werde ich in meinen späteren Briefen noch ausführlich schildern. Vorab nur so viel dazu: Die Strukturen sind nicht statisch, sie verändern sich unablässig. Und sowohl der Aufbau als auch der kontinuierliche Umbau dieser Konstruktionen regeln sich anhand der Variante, mit der das jeweilige Gehirn arbeitet. Das „anhand der Variante" bedeutet, die Strukturen unterscheiden sich zwischen prädikativem und funktionalem Gehirn in ihrem „Muster", auch wenn sie sich im bewussten Erleben nicht erkennbar unterscheiden. Ein bunter Ball beispielsweise wird sowohl von einer prädikativen wie von einer funktionalen Person als bunter Ball erlebt, sonst könnte man sich darüber nicht austauschen. Die Strukturen jedoch, die mit dem Erlebnis „bunt" und „Ball" identisch sind, unterscheiden sich durch entweder ihre Beziehungen- oder ihre Wirkungenstruktur. Auch müssen es nicht stets dieselben Neuronen sein, die an der Erzeugung einer Struktur wie der, die wir als bunten Ball erleben, mitwirken.

Während in den bisherigen Modellen und Theorien zur Arbeitsweise des Gehirns systemtheoretische Sichtweisen – so sie überhaupt berücksichtigt werden – „innerhalb" des naturwissenschaftlichen Ansatzes vorkommen, gehe ich den umgekehrten Weg: Naturwissenschaftliche und psychologische Ergebnisse werden in den systemtheoretischen Ansatz integriert und philosophische Fragestellungen unter diesem Blickwinkel aufgegriffen. Ausgehend von dieser Basis werde ich im Folgenden unterscheiden zwischen

1. dem System der neuronalen Verschaltung als der physischen Grundlage. Es wird gebildet durch die Operationen zur Erzeugung seiner Elemente, den Neu-

ronen und Gliazellen und ihren synaptischen Verbindungen. Die Prozesse in diesem System dienen u.a. der Regelung des Zellstoffwechsels – beispielsweise dem Transport von Proteinen in die jeweiligen Organellen -, der Schaffung neuer Verbindungen und neuer Zellen, der Konsolidierung synaptischer Verbindungen, der Weiterleitung von Signalen,

2. dem System des neuronalen Geschehens zur Verarbeitung der von außen eindringenden Reize (Störungen, Pertubationen), welches u.a. konstituiert ist durch die Operationen zur Erzeugung von Strukturen, die mit dem (mehr oder minder) bewusst Erlebten identisch sind. In der Hauptsache wird uns dieses letztere System beschäftigen.

An späterer Stelle werde ich das Bewusstsein als drittes System nennen, und behaupten, dass es dem System des neuronalen Geschehens komplementär sei.

Die Konstruktionsprozesse im System des neuronalen Geschehens verlaufen innerhalb dreier Perioden. Warum es „nur" drei Perioden sein können, darauf werde ich ebenfalls in späteren Briefen eingehen. Diese Perioden sind Abschnitte, die Dimensionen unseres Gedächtnisses im System des neuronalen Geschehens entsprechen. Innerhalb einer Periode findet eine begrenzte Menge an Prozessen statt - begrenzt durch einen zeitlichen Rahmen und die physische Grundlage in Form von Nervenzellen und deren synaptischen Verbindungen. Das Ergebnis, welches in der jeweiligen Periode erzielt wird, ist determiniert einerseits durch die Bandbreite an chemischen und physikalischen Reizen, für welche unsere Sinnessysteme empfindlich sind und die uns durch sie vermittelt werden. Und es ist andererseits bestimmt durch Gesetzmäßigkeiten, die sich von der Regel herleiten.Für die jeweilige Periode ist festgelegt, welche Art von Ergebnis erzielt werden muss, damit es im Endeffekt zu einem Verstehen kommen kann, welches Voraussetzung ist für ein Erinnern. Als Ergebnis der jeweiligen Periode gelten (für das prädikative Gehirn):

1. Periode - die Gestaltbildung mit der Fähigkeit zur Trennung von Figur und Hintergrund
2. Periode - die perzeptuelle Kategorisierung - das Erkennen anhand sensorisch erfahrbarer Merkmale
3. Periode - die konzeptuelle Kategorisierung – das Verstehen anhand funktioneller, sinngebender Merkmale

Beim funktionalen Gehirn ist die Reihenfolge von zweiter und dritter Periode vertauscht, die konzeptuelle Kategorisierung hat Priorität vor der perzeptuellen. Den Ablauf dieser drei Perioden werde ich dann in späteren Briefen noch detailliert darlegen, wenn ich zur Beschreibung des Gedächtnisses und damit zu der Art und Weise komme, in der das Gehirn die Wirklichkeit konstruiert. Mit dem Ablauf dieser drei Perioden ist ein Gegenstand, ein Sachverhalt vollständig erfasst.

Eine Frage, auf die ich noch zurückkommen werde, ist, warum überhaupt in Perioden unterteilt werden muss, und ob nicht der Prozess, der zum Erkennen und Verstehen führt, stufenlos abläuft. Dass dem nicht so sein kann, darauf weist schon die soeben genannte Vertauschung von zweiter und dritter Periode beim funktionalen Gehirn im Unterschied zum prädikativen Gehirn hin, mit der sich eine Erklärung für das deviante Verhalten der von AD(H)S Betroffenen ergibt. Einen weiteren Beleg liefert die kindliche Entwicklung in der präverbalen Phase – ich komme darauf zurück.

Grundlegend für ein Verständnis der Arbeitsweise des Gehirns ist wie erwähnt die Kenntnis der Regel, nach der das Gehirn arbeitet. Dies bedeutet, dass im Prozess des Konzepterwerbs die universelle Regel bzw. ihre jeweilige Variante *Verfahrensvorschrift* und zugleich *Integrationsmechanismus* ist. Auf ihr basieren daher unsere Konstruktionen der Wirklichkeit. Als Integrationsmechanismus dient die Regel im Konstruktionsprozess der Erzeugung elektrophysikalischer Strukturen, die identisch sind mit unseren Erlebnissen, die das Bewusstsein hat. Strukturen, welche innerhalb einer Periode jeweils zu einer komplexen Struktur zusammengefügt werden, welche am Ergebnis dieser Periode orientiert ist, werden in der darauffolgenden Periode weiter ausgebaut.

Als Verfahrensvorschrift legt die Regel die Folge *sowohl* für den Ablauf der neuronalen Kommunikation - also der „Verständigung" der Nervenzellen darüber, an der Erzeugung derselben Struktur beteiligt zu sein -, *als auch* des Integrationsprozesses für die einzelnen Perioden – ihre Abfolge mit dem Zweck der Erreichung des mit der Periode determinierten Ergebnisse - fest. Sie liefert die Anleitung für den kontinuierlich verlaufenden Aufbau unserer Konstruktionen. Dieser Verfahrensvorschrift wird bereits die Entwicklung des Gehirns während der embryonalen und fetalen Phase gefolgt sein, da Topologie und Anatomie des Gehirns den Ablauf der Prozesse mitbestimmen. Diese könnten nicht regelbeschrieben ablaufen, wenn die Verschaltungsarchitektur dem nicht entgegenkommen würde.

Da die Strukturen unablässigen Veränderungen unterworfen sind, kann auch das Gedächtnis nicht statisch, sondern es muss dynamisch sein. Die Idee eines Speichers, in welchem das Wissen abgelegt werden kann, um bei Bedarf wieder aufgerufen zu werden, wird sich in dieser Form nicht halten lassen. Die Vorstellung von einem dynamischen Gedächtnis wurde bereits u.a. durch Maturana und Varela, durch von Förster und durch von Glasersfeld vertreten. Maturana & Varela (1987) beispielsweise sprechen von einer Falle, in die man geht, wenn man annimmt, „daß das Nervensystem mit *Repräsentationen* der Welt arbeitet [weil dies bedeute], daß wir uns der Möglichkeit berauben, zu begreifen, wie das Nervensystem in seiner Arbeitsweise als determiniertes System mit operationaler Geschlossenheit von Augenblick zu Augenblick funktioniert."(Maturana & Varela, S.146)

Die Frage ist nun, wie man sich ein solches dynamisches Gedächtnis und, damit verbunden, die Art und Weise vorstellen muss, in welcher seine Inhalte angelegt sind. Ich werde deshalb am Beispiel des Konzepterwerbs zeigen, wie die Prozesse ablaufen, nach denen das Gehirn arbeitet, um diese Inhalte anzulegen. Doch nicht nur der Aufbau eines solchen dynamischen Gedächtnisses unterscheidet sich von den bisherigen Vorstellungen, auch die Annahmen bezüglich einer Repräsentation von Sachverhalten lassen sich nicht mehr halten. Neurobiologische Befunde bestätigen dies. Ich werde bei meiner Darstellung der Vorgänge den Begriff „Repräsentation" deshalb vermeiden, da es sich bei unseren Konstruktionen der Wirklichkeit nicht um dauerhafte Strukturen handelt, auch wenn uns dies so erscheint. Jede interne Darstellung eines Sachverhaltes kann, da sie durch Prozesse fortwährend neu hervorgebracht wird, nur im augenblicklich gegenwärtigen Zustand aktuell sein. Sie befindet sich in einem stetigen Wandel, und ist einer permanenten Umstrukturierung unterworfen. Das Beständige an ihr ist ihre Unbeständigkeit. Die Dauerhaftigkeit unserer Erinnerungen beruht nicht auf der Fähigkeit zu einer Datensicherung und auf dem Fassungsvermögen eines wie immer gearteten Speichers, sondern im System der neuronalen Verschaltung zum einen auf der Konsolidierung der synaptischen Verbindungen und zum anderen auf der Häufigkeit, in der sie frequentiert werden. Im System des neuronalen Geschehens basieren sie auf der permanenten Aufrechterhaltung der Strukturen durch die ablaufenden Prozesse, durch die sie erzeugt werden.

Irritierend am Begriff Repräsentation ist zudem das, worauf auch die Philosophin Heidrun Hesse (2005) hinweist: er bezeichnet eher ein Beziehungsverhältnis als eine Struktur, nämlich das Verhältnis zwischen internen Stellvertretern zu außerhalb des Systems vorhandenen Sachverhalten, Bewusstseinserlebnissen und Zuständen - oder Erregungsmustern - des Nervensystems, wobei nicht geklärt ist, was nun wodurch repräsentiert ist.

Priorität hat in meinem Ansatz die Darstellung neuronaler Abläufe, im Unterschied zu der bisher favorisierten Betrachtung der verschiedenen *Zustände*. Doch auch wenn ich zur Beschreibung des Systems Gehirn den Prozessen und Abläufen und damit den ihnen unterliegenden Regelvarianten den Vorzug gebe, habe ich Phänomene berücksichtigt, die derzeit nach dem Prinzip des Reduktionismus isoliert untersucht werden. Wiederholt wird im Zusammenhang mit der Selbstorganisation von Systemen darauf hingewiesen, dass ihre Eigenschaften emergent seien, das heißt, die Eigenschaften eines solchen Systems lassen sich nicht auf die Elemente zurückführen, denen sie ihr Entstehen verdanken: das Ganze ist mehr und qualitativ auch etwas anderes als die Summe seiner Teile.

Da diese „Teile" beim menschlichen Gehirn in das Geschehen eingebettet sind, werden, um einen Einblick in die Arbeitsweise des Gehirns zu bekommen, auch Phänomene wie beispielsweise die Aufmerksamkeit unter dem Aspekt ihrer „Prozesshaftigkeit" betrachtet. Das bedeutet, mich interessiert die Funktion, die der Aufmerksamkeit im neuronalen Geschehen zukommt. Sie isoliert zu untersuchen, wie dies bisher der Fall ist, heißt, sie ohne Kenntnis ihrer Funktion im Gesamtgeschehen zu beurteilen.

Die Aufmerksamkeit gehört insofern zu den Grundlagen, als ihr, wie ich zeigen werde, im Unterschied zu anderen Systemen die Beobachterfunktion zukommt.

Diese Rolle der Aufmerksamkeit ist vor allem auch im Zusammenhang mit dem Verhaltensphänomen AD(H)S von Bedeutung, weshalb ich im Verlauf meiner Briefe immer wieder auch auf diesen Punkt zurückkommen werde.

Zu den grundlegenden Bedingungen gehören zweifellos die Interaktionen der Nervenzellen, deren Organisation durch die Regeln erfolgt, nach denen der Ordnungs- und Integrationsprozess eine weitere – abstrakte - Gliederung erfährt. Die regelabhängige Organisation und die mit ihr verbundenen Prozesse zur Bildung von Strukturen determinieren die Art und Weise, in der das Wissen über die Welt ins Gehirn gelangen kann. Sie hat damit entscheidenden Einfluss auf die Art des Welterlebens, des Lernens und des Verhaltens.

Um noch einmal zu rekapitulieren: der wesentliche Unterschied zwischen den bisherigen Sichtweisen und dem hier präsentierten Ansatz ist die Verlagerung des Erkenntnisinteresses. Unter diesem Blickwinkel stellen sich die Sachverhalte, wie man sie bisher bei der Erforschung des Gehirns gesehen hatte, anders dar. Diese andere Darstellung gründet in der Vorgehensweise, die Fritz Simon, einer der führenden deutschen Vertreter der systemischen Psychologie, mit Blick auf die Entwicklung des systemtheoretischen Modells wie folgt beschreibt: „Die aus ihm erwachsenen Fachgebiete zeigen einen `transdisziplinären´ Charakter. Durch ihre neue Sichtweise überschreiten sie die Grenzen der herkömmlichen Einzeldisziplinen (ohne sie zu missachten) und entwickeln Fragestellungen, die gewissermaßen quer zu diesen Fachgrenzen verlaufen." (2006, S. 13). Damit stellt die Systemtheorie die notwendige Ergänzung zu den Naturwissenschaften dar und ist ihnen komplementär. Der Ansatz auf Basis dieses Blickwinkels, unter dem das Gehirn und seine Arbeitsweise nun im Folgenden von mir beschrieben werden, widerspricht daher nicht den bisherigen *Ergebnissen* der Einzeldisziplinen. Aber er widerspricht zwangsläufig den *Interpretationen*, und das heißt: den Folgerungen, die aus den Ergebnissen gezogen wurden.

Und schließlich werde ich einen weiteren bislang gebräuchlichen Begriff nicht übernehmen, da er nicht mehr zutrifft. Es ist der Begriff „Information". Ich werde zur Beschreibung der Prozesse stattdessen den neutralen Begriff des „Signals" verwenden. Der Terminus Information ist hier irreführend, denn es ist nicht anzunehmen, dass das Gehirn *Informationen* verarbeitet. Die Semantik, die bei der Verwendung des Begriffs diesem häufig implizit ist, existiert auf dieser Ebene schlicht nicht. Bischof (1995) polemisiert gegen die Verwendung des Begriffs, wenn er schreibt: „Die Rede von den Reizen wurde mit zunehmender Unverfrorenheit in einen Kontext eingebettet, der sich physikalistischer Rechtfertigung entzog. Am auffälligsten war das gehäufte Vorkommen des Wortes ´Information` in der Nachbarschaft des Reizbegriffs. [...] Mit anderen Worten: Der Informationsbegriff dient als breites Einfallstor für Argumente, die eigentlich *kognitiver* Natur sind. Nun hatten SHANNON & WEAVER zwar unmißverständlich klar gemacht, daß ihre Theorie eben *nichts* über den *Inhalt* von Signalen auszusagen vermöge, und sie hielten die Erinnerung daran in der Form wach, daß sie das Wort Information nie im Plural verwendeten." (S.314f.) Simon weist im Zusammenhang mit dem Begriff

„Information" zudem darauf hin, dass die Idee des Transports von Informationen problematisch ist, da es keine Qualitätsunterschiede der neuronalen Aktivitäten gibt, welche mit denen unserer Lebenswelt korrelieren.

Ich fasse noch einmal zusammen:

1. Grundlegend für ein Verständnis der Arbeitsweise des menschlichen Gehirns ist das Wissen um die Existenz zweier komplementärer mentaler Geschlechter.
2. Ebenfalls grundlegend ist die Betrachtung dieser Arbeitsweise unter dem systemtheoretischen Blickwinkel. Dazu ist notwendig, zunächst zwei Systeme zu unterscheiden: a) das System der neuronalen Verschaltung, konstituiert durch die Verschaltungsarchitektur der Nervenzellen, und b) das System des neuronalen Geschehens, konstituiert durch Prozesse zur Erzeugung physikalischer Strukturen. Auf c), das Bewusstsein als drittes System werde ich in einem späteren Brief eingehen.
3. Das jeweilige Geschlecht ist konstituiert durch die Regelvariante, die den internen Prozessen implizit ist und die bestimmend ist für die Konstruktion der erzeugten Strukturen. Diese Variante dient als Mechanismus, mit dem die verteilt über die diversen Regionen des Gehirns und parallel verarbeiteten Reize zu einem im Bewusstsein als einheitlich erlebten Bild der Welt integriert werden.
4. Die (elektro-)physikalischen Strukturen sind identisch mit dem, was wir (bewusst) erleben.
5. Phänomene wie die Aufmerksamkeit werden über ihre Funktion im Gesamtgeschehen bestimmt.
6. Die Begriffe „Repräsentation" und „Information" entfallen und werden ersetzt durch „Struktur" bzw. „Muster" und „Signal".

4. Die zweite These: Das neue Paradigma - die universelle Regel

Lieber Peter,

hier trage ich nun meine zweite These vor. Ich beginne mit dem Hinweis auf einen bemerkenswerten Umstand. Er betrifft eine Vorstellung oder eigentlich schon fast eine Überzeugung, die weit verbreitet ist und mit der naturwissenschaftlichen Forderung nach einer kausalen Wirksamkeit von Prozessen und ihrer Messbarkeit zusammenhängt. Die Erfolge der Neurowissenschaften und der experimentellen Psychologie, die diese der empirischen Forschung und ihren analytischen Methoden verdanken, zeitigen nämlich eine bedeutsame Folge: es ist die Annahme, man komme zu einer Einsicht in die Arbeitsweise des Gehirns, wenn man nur intensiv genug materielle oder energetische Entitäten wie Nervenzellen, Aktionspotenziale oder Botenstoffe untersuche. Dazu sei notwendig, dem Vorschlag Descartes´ getreu, den Forschungsgegenstand zu zergliedern und zu zerteilen und die Untersuchung auf immer mehr Spezialgebiete zu verteilen. Irgendwann, so die Vorstellung, habe man dann alle die Teile in der Hand, die vollständig nach den Naturgesetzen funktionieren. In den Annahmen zur Ursache der sogenannten Aufmerksamkeitsdefizitstörung AD(H)S findet man in nicht ganz unerwarteter Weise die gleichen Überzeugungen. Auch hier werden vor allem messbare und auf empirischer Basis gewonnene Ursachen genannt: Anomalien im Neurotransmitterbereich, ein abweichendes Volumen bestimmter Hirnstrukturen, beispielsweise in präfrontalen Regionen und thalamischen Strukturen oder eine genetische Disposition, letztere untersucht vor allem in Zwillings- und Adoptionsstudien.

Mit der Präferenz für die experimentelle Vorgehensweise scheint aus dem Blickfeld geraten zu sein, dass es für ein tieferes Verständnis von fundamentaler Bedeutung ist, die genannten Naturgesetze zu (er-)kennen, die allen *Vorgängen* implizit sind. Goethe könnte davon bereits eine Vorstellung gehabt haben, als er seinen Mephisto sagen ließ:

> „Wer will was Lebendigs erkennen und beschreiben
> Sucht erst den Geist herauszutreiben,
> Dann hat er die Teile in seiner Hand
> Fehlt, leider! nur das geistige Band.“

Als habe er es vorhergesehen, beschreibt Goethe nach meinem Verständnis den Unterschied in den Positionen von Hirnforschung und Bewusstseinsphilosophie: den Versuch der Naturwissenschaftler, sich einem Verständnis der Arbeitsweise des Gehirns mit seiner Betrachtung aus der „objektiven“, der Dritte-Person-Perspektive zu nähern und dazu den „Geist“, das subjektive und bewusste Erleben zu eliminieren.

Von Foerster (1985/2006) formulierte dieses Problem ein wenig anders, als er davon sprach, dass man es mit der Methode des Zerteilens und Zergliederns schon nach wenigen Schritten nicht mehr mit der Erforschung des Systems zu tun habe, das man doch eigentlich untersuchen wolle. Im Kern aber beschreibt er dieselbe Verhaltensweise oder Einstellung, gegen die auch Goethes Mephisto polemisierte. Dass jedoch die materielle Substanz selbst nicht den Schlüssel zum Verständnis liefern kann, darauf weist Luhmann (1991/2 -2006) hin: „[...] wenn die Chemie auf die Kommunikation einwirken könnte, ginge vermutlich jede Kontrolle innerhalb des Kommunikationssystems inklusive der Adressen und Gedächtnisabhängigkeit der Kommunikation verloren.“ (S.124)

Das Problem, um welches es hier geht, ergibt sich aus der Diskrepanz zwischen der Einheitlichkeit, in der wir die Welt erleben und der Erkenntnis, dass diese Wirklichkeit das Konstrukt unseres Gehirns ist. Es war ja die Annahme Descartes', dass es ein Konvergenzzentrum geben müsse, in welchem sämtliche Informationen zusammenlaufen, einen Ort, an dem Urteile und Bewertungen erfolgen und Entscheidungen gefällt werden. Mit den Ergebnissen einerseits der Neurobiologie und andererseits der Wahrnehmungs- und der Kognitionspsychologie hat sich diese Vorstellung jedoch nicht mehr halten lassen. Das Gehirn wird nun zwar als selbstorganisierendes System bezeichnet. Doch wird seine Arbeitsweise nach wie vor an verschiedenen Arten neuronaler Verbindungen und/oder an der Verteilung der Funktionen auf verschiedene Hirnregionen festgemacht. Man spricht davon, dass die menschliche Informationsverarbeitung dezentral verlaufe, aber auch hierarchisch organisiert sei, das heißt, in den einzelnen Verarbeitungsschichten laufen Prozesse zur Verarbeitung zunehmend komplexerer Aufgaben ab. Doch wie und in welcher Weise wir über die Kommunikation der 100 Milliarden Nervenzellen des Gehirns zu einem bewussten Erkennen der Dinge in dieser Welt kommen, einem Erkennen und Verstehen, das uns den Umgang mit der Wirklichkeit ermöglicht, und wodurch uns möglich wird, die Welt als einheitlich wahrzunehmen: all das ist bislang nicht geklärt. Man kennt die Art und Weise, in der die Nervenzellen interagieren; darauf werde ich im nächsten Brief eingehen. In welcher Weise sie sich jedoch darüber „verständigen", gemeinsam an der Darstellung, oder besser: der Erzeugung, desselben Objekts beteiligt zu sein, diese Frage ist offen. Sie wird diskutiert auch unter dem Aspekt, welche Mechanismen ursächlich sein könnten, um einzelne Merkmale an ein Objekt zu binden. Der Neuroinformatiker Christoph v. d. Malsburg (1982) schlug vor, diese Bindung beruhe auf einer zeitlichen Basis: Neuronen vermögen ihre Aktivität zu synchronisieren, indem sie rhythmisch in gleichen Zeitabständen schwingen. Die zeitliche Synchronisation dieser Aktivitäten sei, so die Auffassung von Singer (2000) und von Engel (2004), ein Bindungsmechanismus. Diese Hypothese, die attraktiv, aber nicht unumstritten ist, erklärt jedoch das Verständigungsproblem nicht, sondern setzt es als gelöst voraus. Sie liefert aber ein Beispiel als Beleg für meine Aussage eingangs dieses Briefes: die Lösung des Problems wird in den physikalischen Eigenschaften des Gehirns gesucht. Die Synchronisierung kann aber nur Indikator, d.h. die Signalisierung einer gelungenen Verständigung sein. Folglich ist sie kein Bindungsmechanismus, der selbst ein kausaler Faktor sein muss. Daher würde auch die Suche nach weiteren Mechanismen dieser Art nicht nur erfolglos bleiben, auch sie würden, wenn es sie denn gäbe, das Problem nicht lösen können.

Nun behaupte ich, eine Lösung aus dem Dilemma biete die Annahme, die Organisation der internen Prozesse verlaufe nach Regeln, welche angeboren, das heißt, den Operationen, die ein System konstituieren, inhärent sind. Es muss daher Regeln geben, welche in der Verschaltungsarchitektur der Nervenzellen des Gehirns realisiert und bereits im Bauplan des Gehirns enthalten sind. Nach diesen Regeln sollte das Gehirn arbeiten, um all die Leistungen hervorbringen zu können, zu denen wir befähigt sind. Infolgedessen muss auch die interne Kommunikation diesen Regeln unterliegen, um als solche überhaupt in Gang gebracht werden zu können.

Diese Auffassung wird auch von verschiedenen Hirnforschern, Neurowissenschaftlern und Psychologen vertreten. Aus dem Blickfeld geraten ist die Suche nach Regeln also nicht. Die Crux liegt vielmehr darin, dass sich Regeln und Gesetze mit den Mitteln der Neurowissenschaften nicht aus den Befunden extrahieren lassen, weshalb ihnen nicht übermäßige Bedeutung zugemessen wird. In der Psychologie hingegen finden sich derartige Ansätze. In John R. Andersons (2002) ACT-R-Theorie ist der Gedanke einer geregelten Informationsverarbeitung zentral: die Verarbeitung erfolgt mit der Anwendung spezifischer, den jeweiligen Modulen (visuellem, manuellem, deklarativem Modul usw.) zugeordneten Regeln, „condition-action rules that `fire´ when conditions are satisfied and execute the specific actions." (Anderson, J.R. 2002: An Integrated Theory of Mind, p. 6). Auf Regeln und ihre Bedeutung, speziell auf diejenigen, nach denen das visuelle System arbeitet, geht auch der Kognitionswissenschaftler Donald Hoffman (2000) ein. In seiner Beschreibung der Funktionsweise des visuellen Systems nennt er sie „angeborene Regeln des universellen Sehens". Diese Regeln sind, wie Hoffman ausführt, nicht explizit in unserem Geist aufgeschrieben, sondern implizit in den Funktionen unseres Geistes enthalten, „so wie die Gesetze der Physik nicht explizit in der Natur aufgeschrieben, sondern implizit in ihren Abläufen enthalten sind" (Hoffman, S.44). Danach konstruieren wir, bzw. konstruiert unser visuelles System die Wirklichkeit, die wir optisch wahrnehmen, nach Regeln, wie sie von Hoffman in „Visuelle Intelligenz" beschrieben werden. Eine dieser Regeln lautet z. B.: „Wenn möglich, interpretiere eine Kurve in einem Bild als Umriß einer Fläche in 3-D." (S.62) Diese Regel wird – so zumindest erklärt es Hoffman - angewandt, um bestimmte Formen, wie sie beispielsweise ein Donut aufweist, in einer Abbildung identifizieren zu können.

Du weißt, ich bezweifle, dass unser Gehirn bzw. das visuelle System tatsächlich in dieser Weise vorgeht, um die Wirklichkeit zu konstruieren, dass es tatsächlich nach diesen Regeln arbeitet. Und ich stelle auch infrage, dass es nach Kondition-Aktions-Regeln in genau der Weise arbeitet, wie sie Anderson beschreibt. Denn auch er geht davon aus, dass diese Regeln wie die von Hoffman jeweils auf spezifische Problemstellungen passen.

Hier müssen wir nun differenzieren: in Frage steht nicht, „ob" das Gehirn - und im vorliegenden Fall das visuelle System – der Konstrukteur unserer Wirklichkeit ist. Diese Auffassung wird von mir nicht angezweifelt. Ebenso bestehen keine Zweifel, dass es sich bei diesen Konstruktionsprozessen um geregelte Abläufe handelt. Denn obwohl weder willentlich noch wissentlich auf die Art und Weise, in der diese Konstruktionen erfolgen, Einfluss genommen werden kann, ergeben sie sich nicht beliebig oder willkürlich. Die Einheitlichkeit, in der konstruiert wird, die Einheitlichkeit, in der wir alle die Welt erleben und uns darüber austauschen können, lässt den Schluss zu, dass die Konstruktionen nicht in zufälliger Weise erzeugt werden. Dem gesamten Vorgang unterliegt also offensichtlich ein Ordnungsprinzip. Doch wie dieses aussieht, in welcher Weise diese Vorgänge geregelt sind, diese Frage konnte bislang nicht befriedigend beantwortet werden.

Es geht, um ein mögliches Missverständnis von vornherein auszuräumen, bei dieser Art einer Konstruktion der Wirklichkeit *nicht* um die Auffassung des psychologischen Konstruktivismus', dass jeder eine individuelle Weltsicht entwickelt, sondern: die gemeinsame, einheitliche Wirklichkeit der Erlebenden ist eine Konstruktion, deren Einheitlichkeit eine Regelhaftigkeit zugrunde liegen muss.

Zumeist wird die Frage nach dieser zugrunde liegenden Regelhaftigkeit kunstvoll umgangen. Dörner (1998, S. 135ff) geht z. B. davon aus, dass solche Konstruktionen auf der Grundlage von Teil-Ganzes-Relationen zustande kommen. Ein Hund ist danach ein Ding, welches aus fünf bis sechs Teilen besteht. Er wird zum Hund durch die Anordnung der Teile in bestimmte räumliche Relationen, die mit Hilfe motorischer Programme – z. B. durch die Bewegung der Augen – zusammengesetzt werden. Regeln, nach denen diese Programme ablaufen, nennt Dörner jedoch nicht.

Einen Konstruktionsprozess lassen die im ersten Brief beschriebenen Antworten der Personen auf die Frage nach dem Kanizsa-Dreieck erkennen. Spontan haben sie in den abgebildeten Elementen dreidimensionale Objekte gesehen und benannt: Mickymaus, Kugeln, Ziegenbock. Aus der Antwort einer der AD(H)S-Personen ging der Konstruktionsprozess besonders deutlich hervor: „Also, ich erkläre das mal: wie man sieht, sind hier drei schwarze Kreisflächen, und aus jeder ist ein Segment herausgeschnitten worden. Die Kreisflächen sind so angeordnet, dass der Eindruck entsteht, die fehlenden Segmente seien die Winkel eines gleichseitigen Dreiecks. Über der Hypotenuse und den Katheten des imaginären Dreiecks sieht man mittig je einen Winkel, so dass insgesamt der Eindruck entsteht, das Dreieck liege auf einem anderen Dreieck."

Nach Hoffman lautet die Regel, die generell bei Elementen wie denen, die dem Kanizsa-Dreieck zugrundeliegt, folgendermaßen: „Konstruiere subjektive Figuren, die andere Elemente nur dann verdecken, wenn es konvexe Zacken gibt" (Hoffman, S.84). Es handelt sich folglich um eine lokale Regel, von der man annehmen muss, dass sie von allen Personen angewandt wurde, um die Objekte konstruieren zu können - gleich ob die Personen prädikativ oder funktional sind und bei diesen der AD(H)S-Gruppe angehören. Insgesamt stellt Hoffman fünfunddreißig dieser Regeln vor. Sie alle haben im visuellen System für einen sehr begrenzten Bereich Geltung. Man muss daher davon ausgehen, dass es im visuellen System noch weitaus mehr auf sehr verschiedene Bedingungen passende, spezifische Regeln geben müsste, die selektiv auf bestimmte Fälle angewendet werden. So wurde von Hoffman beispielsweise keine Regel genannt, in der die Berechnung der Entfernung zum Objekt enthalten ist. Zudem ist zu beachten: Nach vergleichbaren spezifischen Regeln müssten auch die anderen Sinnessysteme und darüber hinaus auch das motorische sowie unser motivationales, emotionales und kinästhetisches System arbeiten. Daher dürfte die Zahl an Regeln, die darüber hinaus angenommen werden muss - denn das visuelle System bildet keinen Sonderfall -, um ein Vielfaches höher liegen. Ein weiteres Problem kommt hinzu: die Formulierung der Regeln legt nahe, es müsse eine Instanz geben, welche zunächst die Bedingungen eruiert und daraufhin die Anweisung „konstruiere" gibt. Auch muss es dann einen Adressaten geben, an den die Aufforderung ergeht, die Regel anzuwenden. Hoffman umgeht dieses Problem, indem er eine „visuelle Intelligenz" ins Spiel bringt: Unsere visuelle Intelligenz versetzt uns in die Lage, mithilfe der Regeln visuelle Welten zu konstruieren. In welcher Weise sie dies jedoch tut -, wie sie feststellt, um welche Art von Problem es sich gerade handelt, um dann die Entscheidung zu treffen, welche der Regeln zur Anwendung kommen muss -, diese Frage wird auch mit dieser Hilfskonstruktion nicht beantwortet. Andere Autoren wie beispielsweise Anderson lösen das Adressatenproblem, indem sie davon ausgehen, die jeweiligen Regeln würden - analog zu Nervenzellen, deren Schwellenwert überschritten wird - „feuern", sobald das entsprechende Problem auftritt.

Wenn wir die visuelle Intelligenz als Kommunikation zwischen Neuronen des visuellen Systems begreifen, dann liegt nahe, sie in Analogie zur Sprache aufzufassen. Sprache als Kommunikationsmittel wird erzeugt durch den Prozess des Sprechens. Zur Sprache wird sie jedoch nicht durch den Vorgang der Produktion unartikulierter Laute, sondern durch die Bildung von Wörtern und Sätzen, in denen sie sich ausprägt. Die Bildung von Wörtern und Sätzen wiederum unterliegt grammatischen Regeln. Es erscheint daher plausibel, in Analogie zur Sprache anzunehmen, die Kommunikation der Nervenzellen im Gehirn unterliege ebenfalls einer - noch unbestimmten - Anzahl spezieller Regeln, um die Wirklichkeit zu konstruieren. Diese Annahme erscheint jedoch unbefriedigend: denn sie würde, wie bereits erwähnt, eine Instanz erfordern, die eine Auswahl der Regeln vornehmen und Entscheidungen über ihre Anwendbarkeit treffen kann, wenn die Regeln tatsächlich in einer Form vorlägen, wie sie von Hoffman beschrieben werden. Die Notwendigkeit, eine Vielzahl an Regeln annehmen zu müssen, wird auch von Douglas Hofstadter (1991) genannt, wenn er fragt, welche Regeln alles, was wir als intelligentes Verhalten betrachten, einfangen könnten.

Die Sackgasse, in die man sich hier hineinmanövriert, ergibt sich aus der Perspektive, aus welcher der Gegenstand, das menschliche Gehirn mit all seinen Eigenschaften, Fähigkeiten und Leistungen, betrachtet wird. Es wird gesehen als heterogenes, aus einer Vielzahl unterschiedlichster Teile und Ebenen bestehendes Ganzes, das nur dann in der Lage ist, intelligentes Wahrnehmen und Verhalten zu produzieren, wenn alle Teile nach je eigenen spezifischen Regeln arbeiten. Das heißt, es muss für jedes denkbare Problem eine je eigene Regel existieren, welche dieses jeweilige Problem innerhalb des jeweiligen Zuständigkeitsbereiches angeht. Aus dieser Perspektive kann das Gehirn nur über seine Teile erfasst werden, da es sich aufgrund seiner Komplexität und Vielschichtigkeit einer Gesamtbetrachtung als eines homogenen Ganzen entzieht. Einer der Nachteile einer Betrachtung aus dieser Perspektive ist, dass in diesem Fall sowohl das menschliche Gehirn als auch das menschliche Verhalten völlig unflexibel würden, da jede Problemlösung und jede Entscheidung von vornherein durch ihre Bearbeitung mit einer spezifischen, auf sie anzuwendenden Regel festgelegt (determiniert) wäre. Eine solche Vorstellung muss zwangsläufig zu dem Schluss führen, „[...] daß die Annahme falsch ist, Regeln irgendwelcher Art bestimmten das Verhalten eines Lebewesens [...]." (Hofstadter, S. 30).

Es ist, so meine ich, daher kaum wahrscheinlich, dass das menschliche Gehirn in dieser ineffizienten Weise arbeiten wird.
Wir befinden uns also mit diesen Annahmen in einer Sackgasse.

Einen Ausweg aus der Sackgasse böte der Vorschlag, zu fordern, das Gehirn arbeite nach nur einer Regel. Diese Regel muss von anderer Art als die bisherigen sein, da sie universell sein, d.h., auf Prozesse im Gehirn, aber auch zur Beschreibung basaler Verhaltensweisen anwendbar sein muss. Von einer vergleichbaren Annahme in Bezug auf die Prozesse im Gehirn geht Wolf Singer (2002) aus, wenn er schreibt: „Dies[3] legt die Schlußfolgerung nahe, daß in der Hirnrinde ein Verarbeitungsalgorithmus realisiert ist, der zur Behandlung unterschiedlichster Inhalte taugt und dessen Iteration alleine offenbar zu immer höheren kognitiven Leistungen führen kann." Mit einer solchen universellen und nicht spezifischen Regel müssten sich daher sowohl sämtliche Prozesse im Gehirn beschreiben lassen - vom Ablauf auf molekularer Ebene bis zum Aufbau interner Darstellungen – als auch komplexe menschliche Verhaltensweisen. Eine Bedingung, die diese Regel erfüllen muss, wäre die Schematisierung zirkulärer Operationen, d.h., es muss mit ihr ein zirkuläres Verhältnis in Gang gesetzt werden können, in welchem eine Operation die nächste aufruft, bzw. an diese anschließt. Eine weitere ist die Forderung, dass mit ihr Voraussagen möglich sein müssen, damit das Individuum als Eigner des Gehirns, zielgerichtet vorgehen und Schlußfolgerungen ziehen kann, die sein Überleben sichern.

Es wäre nun zu fragen, ob es eine Regel gibt, die dieser Forderung entspricht.

Eingangs seines Buches „Vorhersage und Erkenntnis" schreibt Joachim Hoffmann (1993): „Die Biologie kennt letztlich allein den Zweck der Selbsterhaltung. Reizverarbeitung dient nicht der Erkenntnis, sondern dem Überleben. Organismen verarbeiten Reize, [...] um das ihnen mögliche Verhalten für den Erhalt ihrer Existenz und die Befriedigung ihrer Bedürfnisse einzusetzen. Das gelingt ihnen nur dann, wenn sie die Konsequenzen ihres Verhaltens vorhersehen können."

Um vorhersehen zu können, zu welchen Konsequenzen das eigene Verhalten auf die Bedingungen in den Umwelten führt, müssen kausale Zusammenhänge, müssen Ursache und Wirkungen unterschieden werden können. Es wäre für ein Überleben nichts gewonnen, wenn es nur gelänge, einzelne Objekte zu erfassen, ohne sie in einen zeitlichen und zugleich geordneten Zusammenhang stellen zu können. Sachverhalte müssen daher in ihrem Ursache-Wirkungen-Zusammenhang erfasst und in dieser Form auch erinnert werden können, um aus ihnen als Erfahrungen für künftiges Handeln lernen zu können. Nun könnte man davon ausgehen, Konstruktionen dieser Art seien das Produkt der Leistungen des Gehirns, resultierend aus einer stufenweisen Verarbeitung von Reizen. Sie können es jedoch nur dann sein, wenn das Gehirn nach einer Regel arbeitet, mit welcher Ursache-Wirkungen-Zusammenhänge gebildet werden können, was bedeutet, *die Regel selbst muss eine Beschreibung dieses Zusammenhanges sein.*

Gesucht werden muss daher zunächst nach der abstrakten Struktur, welche der realen Gesetzmäßigkeit kausaler Zusammenhänge unterliegt. Betrachtet man nun die Art kausaler Zusammenhänge näher, so stellt man fest, dass sie stets aus den gleichen Variablen bestehen, die in stets gleicher Weise aufeinander folgen. Diese Variablen sind die in einer Ausgangslage gegebenen *Bedingungen,* die auf diese Bedingungen angewendeten und auf sie einwirkenden (Re-)*Aktionen,* und die *Kon-*

---

[3] Gemeint ist die interne Struktur der verschiedenen Hirnareale, die nahezu identisch ist, obwohl den einzelnen Arealen ganz unterschiedliche Funktionen zugeordnet sind. (Anmerk. v.d. Verf.)

sequenzen, die in einer Endsituation aus den Aktionen resultieren. Ihre Zusammengehörigkeit beschreibt Hoffmann (1993): „Jeder Verhaltensakt, und ist er noch so einfach, verändert eine gegebene Situation. Die Ausgangssituationen (S), die Verhaltensakte (R) und die mit ihnen eintretenden Konsequenzen (K) bilden somit unauflösliche Einheiten". (S.251) In diesen SRK-Einheiten finden wir die genannten Variablen wieder. Dörner (1999) nennt eine Verhaltensweise, welche die Variablen in dieser Sequenz aufweist, „Aktionsschema". Ein Aktionsschema ist eine „Wenn, dann"-Verknüpfung und realisiert nach Dörner folgende Regel: „Wenn **X** der Fall ist, dann mache **Y**, und es ergibt sich **Z** (Z1 oder Z2 oder...).“ (S.97). Mit dieser Regel ist der Zusammenhang von Bedingung (X) in einer Ausgangssituation S, Aktion (Y) als Verhaltensakt R und Effekt (Z) als Konsequenz K beschrieben. In der vorliegenden Form ist sie die Beschreibung einer basalen Verhaltensweise. Allerdings beschreibt sie kein *kausales*, sondern ein *konditionales* Abhängigkeitsverhältnis. Vorhersagen, wie sie oben von mir als Forderung für eine Regel genannt wurden, nach der das Gehirn arbeiten müsse, lassen sich aber nur mit einer kausalen Regel machen, nicht mit einer konditionalen. Um also kausale Zusammenhänge generell beschreiben zu können und um universelle Geltung zu besitzen, muss die konditionale Regel nun auf eine kausale mit gleicher syntaktischer Struktur reduziert werden. Dann lautet sie: „*Weil* X gegeben und Y hinzugefügt wird, *deshalb* gehört Z dazu", oder kurz: „*Weil* X und Y, *deshalb auch* Z". Entscheidend ist also, dass es sich nun nicht mehr um einen konditionalen „Wenn-dann"-Zusammenhang handelt, wie ihn das Aktionsschema beschreibt – als Regel, die auf den jeweiligen Einzelfall angewendet wird -, sondern um die Beschreibung eines Kausalzusammenhanges. Diese Regel erfüllt nun die oben genannten Forderungen. Und in dieser Form – mit der Anordnung der Variablen in dieser Folge:
Weil X *und* Y, *deshalb auch* Z
- ist sie, wie ich zeigen werde, die Variante, nach der das prädikative Gehirn arbeitet.

Die in der Regel genannten Variablen X, Y und Z sind *Leerstellen*, in welche verschiedene Größen oder Werte einzutragen sind, die den Bestimmungen der einzelnen Variablen entsprechen müssen.

Die Anordnung in der genannten Folge ist aber nicht die einzig mögliche: Eine Variante der dem Aktionsschema entsprechenden Regel wird in der Psychologie Produktion genannt. Produktionen sind nach Anderson (1996) Regeln zur Lösung eines Problems. Eine Produktion ist wie folgt definiert: „[...] eine Produktion enthält eine Bedingung (*Wenn*-Teil) und eine Aktion (*Dann*-Teil). Die Bedingung enthält eine Aussage über das Ziel [...] und darüber hinaus bestimmte Prüfungen, ob die Regel anwendbar ist". (Anderson, S. 245) Im Unterschied zu der von Dörner genannten Regel, nach der auf eine Bedingung eine Aktion und daraufhin eine Konsequenz folgt, sind bei der Produktionsregel Bedingung und Konsequenz miteinander verknüpft und kommen gemeinsam vor, gefolgt von der Aktion.

Eine Verknüpfung von Bedingung und Konsequenz, die Notwendigkeit, die Ausgangsbedingungen mit einem Zweck verbinden zu müssen, um angemessen handeln zu können, konnte ich im Verhalten der AD(H)S-Personen identifizieren.

Deshalb lautet der Vorschlag, dass auch eine Variante der „Weil, deshalb"-Regel dazu dienen kann, Kausalzusammenhänge zu strukturieren. Das heißt: Das funktionale Gehirn arbeitet nach dieser Variante:

Weil Z und X, *deshalb auch* Y,

um Strukturen zu erzeugen, die mit unseren bewussten Erlebnissen identisch sind.

Diese Regeln sind bzw. die jeweilige Regelvariante ist, wenn man sie so bezeichnen möchte, der gesuchte Bindungs- bzw. Integrationsmechanismus. Ein weiterer wird nicht benötigt. Die Regelvarianten sind damit ebenfalls Funktionen, das heißt, sie koordinieren die Prozesse, indem sie diese ordnen und ihren Ablauf bestimmen.

Da Operationen ein System erzeugen und konstituieren und den Operationen auf neuronaler Ebene entweder die prädikative (weil X und Y, deshalb auch Z) oder die funktionale (weil X und Z, deshalb auch Y) Regelvariante zugrunde liegt, ist es die jeweilige Variante, welche die Differenz von prädikativem und funktionalem Gehirn erzeugt. Mit anderen Worten: die Regel, welche den Operationen unterliegt, die das System des neuronalen Geschehens konstituieren, konsolidiert das jeweilige Gehirn als System.

Der strukturelle Aufbau der internen Darstellung der außerhalb des Systems vorhandenen Sachverhalte, die Wirklichkeit, die wir erleben, sind folglich keine Transferleistung von in der Umwelt vorhandenen Strukturen in das Gehirn. Sie sind das Ergebnis der Konstruktionsleistung des Gehirns. Und dieses basiert auf der geregelten Verständigung oder Kommunikation seiner Nervenzellen, wobei die Kommunikation entweder der prädikativen oder der funktionalen Regelvariante unterliegt. Die These wäre also, dass das Gehirn eines einzelnen Menschen immer nur nach einer dieser beiden Regeln arbeitet, die in der Verschaltungsarchitektur „fest verdrahtet" ist.

Kehren wir noch einmal zum Beginn des Kapitels zurück, zu Regeln der Art, wie sie von Hoffman beschrieben werden. Worin liegt der entscheidende Unterschied zwischen dieser Art von Regeln und den beiden von mir ins Spiel gebrachten Regelvarianten?

Regeln, wie sie Hoffman beschreibt, lassen sich prinzipiell ebenfalls als „Wenn, dann"- Verknüpfungen – wie dies bei Produktionsregel und Aktionsschema der Fall ist - formulieren. In allen diesen Regeln ist die Konsequenzvariable Z das *Ergebnis* bzw. das Ziel, das erwartet wird und erreicht werden soll. Demonstriert an einem Beispiel würde die Regel für das Aktionsschema lauten: „Wenn ich ein volles Glas Wasser habe (Bedingung X) und das Wasser nun trinke (Aktion Y) dann ist das Glas leer (Konsequenz Z)". Für die von Hoffman genannte Konstruktion eines Kanizsa-Dreiecks würde sie – nach dem Muster des Aktionsschemas - lauten: „Wenn es konvexe Zacken gibt (Bedingung X) und subjektive Figuren konstruiert werden (Aktion Y), dann verdecken sie andere Elemente (Konsequenz Z)".

Mit der Anwendung der Produktionsregel ergeben sich die gleichen Ergebnisse: „Wenn ich ein volles Glas Wasser habe (X) und dieses leer werden soll (Z), dann muss ich das Wasser trinken oder ausgießen (Y)". Und am Beispiel des Kanizsa-

Dreiecks: „Wenn es konvexe Zacken gibt (X) und andere Elemente verdeckt werden sollen (Z), dann konstruiere subjektive Dreiecke (Y)".

Der Sachverhalt, dass die Konsequenz zugleich das Ergebnis ist, wie dies bei den „Wenn, dann"-Regeln der Fall ist, trifft für die beiden von mir ins Spiel gebrachten Regelvarianten *nicht* zu. Die „Weil, deshalb"-Regel beschreibt einen kausalen Zusammenhang, der universelle Geltung hat. Das *Ergebnis*, welches sich mit der Anwendung ergibt, ist ein Produkt. Es *emergiert* als neue Eigenschaft aus diesen Prozessen. Auch dieser Sachverhalt lässt sich demonstrieren am Beispiel mit dem Glas Wasser: „Weil ein volles Glas Wasser gegeben ist (Bedingung X) und das Wasser getrunken wird (Aktion Y) deshalb gehört (als Konsequenz Z) das leere Glas Wasser zum Sachverhalt dazu". Hier ist das Ergebnis der Aktion jedoch nicht das leere Glas, sondern dass derjenige, der das Wasser getrunken hat, nun vermutlich seinen Durst gestillt hat. Das Ergebnis oder Ziel dieses „Weil-deshalb"-Sachverhaltes ist eine *neue Qualität* im Erleben, die nicht auf die Elemente – volles bzw. leeres Glas und Wasser - zurückgeführt werden kann.

An diesem Beispiel zeigt sich nun auch, dass die Regel, welche Hoffman nennt, nicht zur Lösung des Problems angewendet werden kann: die *Wahrnehmung individuell unterschiedlicher Objekte bzw. Sachverhalte* ist eine neue *Qualität,* die aus dem Konstruktionsprozess hervorgeht, sie ist keineswegs das Ergebnis. Das Ergebnis des Prozesses beim Kanizsa-Dreieck wäre, über das „Handeln", die Teile – Kreisflächen, Winkel – in eine Form zu bringen; entweder, indem die Teile zueinander in Beziehung gestzt werden, oder indem sie mittels einer Operation auf eine Form hin inszeniert werden. Diese Form lässt sich auf die Bedingungen zurückführen, aus denen sie besteht. „Wenn-dann"-Verknüpfungen beziehen sich also auf einen spezifischen Sachverhalt. Sie finden für diese bestimmte Problemstellung Anwendung, um zu einem Ergebnis zu führen, das auf seine Bedingungen zurückgeführt werden kann.

Für die beiden Regelvarianten soll jedoch gelten, dass

a) ihre Anwendung neue Eigenschaften oder Qualitäten hervorbringen, die *nicht* auf die Bedingungen zurückgeführt werden können, denen sie ihr Entstehen verdanken (die Wahrnehmung eines Dreiecks, eines Sterns oder eingedrückter Kugeln hingegen lässt sich *nicht* auf die Kreisflächen und Winkel zurückführen), und

b) sie prinzipiell Beschreibungen kausaler Zusammenhänge sind, also nicht nur die auf neuronaler Ebene ablaufenden Prozesse betreffen.

In die Leerstellen können daher ganz unterschiedliche Werte oder Größen eingesetzt werden. Dies sollen zwei weitere Beispiele – jeweils nach der funktionalen und nach der prädikativen Variante - zeigen:

1. Auf molekularer Ebene am Aufbau der DNA.
Funktionale Variante: **Weil** Adenin (X/Bedingung) **und** Thymin (Z/Konsequenz), **deshalb** zwei Wasserstoffbrücken (Y/ Aktion - Verbindung schaffen)
Prädikative Variante: **Weil** Adenin (X) **und** zwei Wasserstoffbrücken (Y), **deshalb** Thymin (Z).
Als neue Eigenschaft ergibt sich: ein Grundbaustein zur Verknüpfung zu einem Nukleotid.

2. In der Natur.
Funktionale Variante: **Weil** Apfelblüte (X/Bedingung) **und** Apfel (Z/Konsequenz), **deshalb** Befruchtung durch Biene (Y/Aktion)
Prädikative Variante: **Weil** Apfelblüte (X /Bedingung) **und** Befruchtung durch Biene (Y/ Aktion), **deshalb** Apfel (Z/Konsequenz)
Als neue Eigenschaft ergibt sich: Sicherung der Fortpflanzung.

Die funktionale Variante scheint mir (ähnlich) wie eine Abduktion zu funktionieren.Diese Unterschiede zwischen den Regelvarianten, nach denen ein Gehirn arbeitet und den „Wenn-dann"-Regeln sind von entscheidender Bedeutung, und ich werde im zweiten Teil des Buches noch einmal darauf eingehen.

Am Beispiel mit dem Glas Wasser wird nun auch der Unterschied deutlich, der sich ergibt, wenn die funktionale Variante Anwendung findet: Im Unterschied zur prädikativen Regel ergeben sich mit ihr zwei Möglicheiten des Handelns - das Wasser zu trinken oder es auszugießen, um zur Konsequenz zu führen. Es stellt sich nämlich die Frage, warum, zu welchem über die Konsequenz hinausgehenden Zweck das Glas denn leer sein soll. Von diesem Zweck hängt Y als situationsangemessene Verhaltensweise ab.

Betrachten wir nun das Verhalten von AD(H)S-Personen unter diesem Aspekt, dann wird der Zusammenhang offenkundig: das vermehrte Nachfragen nach dem, was denn nun getan werden soll, und ebenso das Nachfragen nach einem über das Ziel hinausgehenden Zweck sind dann notwendige Maßnahmen, um zur Entscheidung für das richtige Verhalten zu kommen, wenn in einer Information die Variable Z fehlt, die mit der Bedingung X verknüpft werden muss.

Beide Verhaltensweisen - die Orientierungslosigkeit, die sich im Nachfragen nach dem Tun und die Verständnislosigkeit, die sich im Nachfragen nach einem Zweck zeigen - werden jedoch zumeist fehlinterpretiert als mangelnde Aufmerksamkeit, dem vermeintlichen nicht richtig Zuhören-können (s. DSM IV im Anhang).

Einen weiteren Gesichtspunkt einer Unterscheidung von Regeln bringt John R. Searle (2006) ins Spiel. Er differenziert zwischen regelgeleitetem und regelbeschriebenem Verhalten. Bei *regelgeleitetem* Verhalten werde derjenige, der die Regel befolge, von dieser in seinem Verhalten beeinflusst. In dieser Weise hat es Hoffman beschrieben, auch wenn er anderes gemeint hat: Die visuelle Intelligenz wird durch die jeweilige Regel beeinflusst, z. B. ein Dreieck unter Anwendung der

Regel zu konstruieren, wenn ein bestimmtes Muster erkennbar ist. *Regelbeschriebenes* Verhalten unterscheidet sich von regelbefolgendem Verhalten darin, dass es den Vorgängen implizit ist: „Der Ball, der eine schräge Fläche hinabrollt, lässt sich mit den Regeln der Newtonschen Mechanik beschreiben, aber daraus folgt nicht, daß der Ball in irgendeinem Sinne diese Regel befolgt. Das Verhalten des Balls, der die schräge Fläche hinabrollt, ist regelbeschrieben, aber nicht regelbefolgend." (Searle, 2006, S.264). Gleiches gilt für das Verhalten der Nervenzellen des Gehirns – ihre Verständigung bzw. Kommunikation im System des neuronalen Geschehens verläuft nicht regelbefolgend, sondern regelbeschrieben. Es handelt sich daher bei dieser Regel um ein Naturgesetz, welches nicht verletzt oder übertreten werden kann (vgl. dazu auch Schurz, 2006, S. 13).

Um hier den Bogen zur Systemtheorie zu spannen, wäre zu fragen, woher Regeln, Natur- und Systemgesetze stammen, die den Prozessen, welche Systeme konstituieren, implizit sind. Auch wenn es überraschend klingt, doch Systeme schaffen selbst die Regeln und Gesetze, nach denen sie funktionieren. Diese internen Regeln werden Systemen nicht von außen vorgegeben, sie ergeben sich über die Interaktionen ihrer Elemente. Abhängig sind Systeme als Subsysteme jedoch von den Regeln übergeordneter Systeme, deren Elemente sie sind. Damit meine ich, Selbstorganisation heißt auch: Systeme schaffen ihre eigenen Gesetze und Regeln in Abhängigkeit von den eigenen internen Bedingungen und in Abhängigkeit von den Bedingungen der Systeme, deren Elemente sie sind, um ihre internen Prozesse zu regeln.

Mit dieser These stelle ich nun zugleich ein neues Paradigma auf:

> Es gibt eine universelle Regel, die in zwei Varianten vorliegt. Mit ihr bzw. ihren beiden Varianten lässt sich die Funktionsweise selbstorganisierender Systeme auf zwei verschiedene Weisen beschreiben. Dies bedeutet, dass es zu jeder Beschreibung der Wirklichkeit eine zweite Möglichkeit gibt, die der ersten zu widersprechen scheint, diese jedoch in der Tiefe komplementär ergänzt. Beide sind deshalb gleichberechtigt.

Die jeweilige Regelvariante ist deshalb auch den Vorgängen implizit, an denen unsere Gene beteiligt sind.

Es gibt weitere Funktionen, die mit der Regel verbunden sind. Den Zugang zur Außenwelt gewährleisten nach der bisherigen Sichtweise unsere Rezeptorsysteme, welche auf die in der Umwelt vorhandenen Reize reagieren: sie sind an diese Reizwirkungen adaptiert. Mit einer Adaption an die Bedingungen der Umwelten ermöglichen sie uns den Zugang zu diesen. Die Bedeutung dieser Annahme lässt sich am Beispiel des Kanizsa-Dreiecks zeigen: Wir gehen davon aus, dass die Linien, Kreisflächen, Winkel in der Realität vorhanden seien. Auf das von diesen Reizmerkmalen reflektierte Licht reagieren die dafür empfindlichen Rezeptorsysteme, die diese Signale an Nervenzellen der diversen Regionen des Gehirns weitergeben, die für diese Merkmale zuständig sind. Damit ergibt sich, dass über die Interaktion dieser Nervenzellen auf der Basis der Regelvarianten Strukturen erzeugt werden, welche mit von uns erlebten Objekten, Merkmalen und Sachverhalten identisch sind. Die Realität wird konstruiert auf der Basis der Aktivitäten von Neuronen, und sie ist präsent durch die Zustände, in denen sich diese aktiven Zellen zum jeweiligen Zeitpunkt befinden. Mit anderen Worten: im bisherigen Verständnis basieren unsere Konstruktionen der Wirklichkeit zum einen auf der Fähigkeit unserer Rezeptorsysteme, physikalische und chemische Reize zu erfassen und in physikalische Signale zu kodieren, und zum anderen auf der Fähigkeit der Nervenzellen des Gehirns, in einer noch nicht geklärten Weise mittels der internen Prozesse Repräsentationen hervorzubringen, in denen sich unser Weltwissen ausprägt.

Mit dem hier präsentierten Ansatz wird nun gesetzt, die Regel in ihrer jeweiligen Variante sei der entscheidende Selektionsmechanismus. Sie ist, so die These, die Voraussetzung dafür, dass ein Austausch zwischen Außenwelt und System stattfinden kann. Im Unterschied dazu haben in der bisher favorisierten Sicht die physischen Elemente die Priorität bzw. Erklärungslast. Sie bieten bereits Informationen über die Außenwelt, die nur angemessen zusammengesetzt werden müssen. In meiner These hat die Regel die Priorität: sie gibt den Ausschlag für die Beurteilung, welche Reize aus der Umwelt, die für sich ohne jeden Informationswert sind, von unseren Sinnes- bzw. den Rezeptorsystemen erfasst werden können, um mithilfe der Interaktionen der Nervenzellen die Realität zu konstruieren. Das bedeutet, auf ihrer Basis, der Basis der einen oder der anderen Variante, gelangt die Wirklichkeit, gelangt unser Wissen über die Welt ins Gehirn. Nur was über die jeweilige Regelvariante hineinkommt, kann verarbeitet und gedächtnisrelevant werden. Was nicht der Variante entspricht, kann nicht hineinkommen. Es bedeutet außerdem, dass ohne diese Regel grundsätzlich nicht erklärbar wäre, warum es „Zusammenhänge" gibt.

Da mit den Vorgängen im System des neuronalen Geschehens verbunden ist, was wir bewusst erleben, spielt die jeweilige Regelvariante auch für das Verhalten eine Rolle. Darauf werde ich eingehen, wenn ich den Prozess des Konzepterwerbs während aller drei Perioden beschreibe.

Es wäre abschließend noch zu fragen, ob nicht noch weitere Varianten als nur die genannten möglich wären. Doch welche sollte es noch geben? Selbst wenn wir die Konsequenz Z an die erste Position setzten und Y darauf einwirken ließen, so würde Z automatisch zur Bedingung, und beides wiederum mit einer weiteren Konsequenz verbunden. Bliebe noch Y an die erste Position zu setzen. Dies ist aber nicht möglich, da Y die Aktionsvariable ist – und als solche benötigt sie eine Bedingung, auf die sie einwirken kann. Zwar fallen in selbstorganisierenden Systemen Ursache und Wirkung aufgrund der Zirkularität zusammen - die Dynamik des Systems wirkt auf die Eingangsbedingungen zurück – doch dem tragen beide Varianten bereits Rechnung. Weitere Varianten der Regel wird es daher nicht geben.

5. Elemente des Denkens

Lieber Peter,

auf die Gefahr hin, mit einer Beschreibung der Nervenzellen des Gehirns und ihrer Funktionen Eulen nach Athen zu tragen - ein Großteil des Stoffes ist wohl bekannt - beginne ich dennoch in dieser Weise. Da den Neuronen mit meinem Ansatz eine weitere Funktion zugeschrieben wird, ist ein solcher Exkurs aus meiner Sicht sinnvoll, um den Unterschied zu verdeutlichen.

Im menschlichen Gehirn gibt es rund 100 Milliarden Nervenzellen, von denen über 30 Milliarden im Neocortex, der Großhirnrinde enthalten sind. Sie bestehen aus einem Zellkörper, dem Soma, welchem zwei Arten von Fortsätzen entwachsen, die Dendriten und das Axon. Dendriten nehmen an ihren Dornfortsätzen Erregungen von anderen Nervenzellen auf und leiten sie zum Soma. Dort werden die eingehenden Signale miteinander verrechnet. Ist die Menge der eingehenden Signale entsprechend hoch bzw. erniedrigt sich aufgrund der eingehenden Signale die negative Ladung des Neurons, so dass der Schwellenwert am Axonhügel - dem Übergang von Soma zum Axon - überschritten wird, dann feuert die Zelle: das Signal wird am Axon zur Nervenendigung weitergeleitet. Diese Signale sind das Kommunikationsmittel der Nervenzellen. Sie haben alle die gleiche Größe von etwa 60 bis 100 Millivolt. Das bedeutet: auch wenn die Signale, die in die Zelle einlaufen, sehr zahlreich sind und sich der Wert damit entsprechend aufsummiert, kann das Aktionspotenzial als Ausgangssignal nicht vergrößert werden. In diesen Fällen feuert die Zelle häufiger, im Extremfall können dann bis zu 500 Aktionspotenziale pro Sekunde zur Nervenendigung weitergeleitet werden. Nun gibt es sowohl exzitatorische Neuronen, deren Signale erregende, als auch inhibitorische Neuronen, deren Signale hemmende Wirkung haben. Die Eigenschaft von Neuronen, sowohl inhibitorisch als auch exzitatorisch zu wirken ist für eine Verarbeitung auf der Basis einer Regelvariante auch deshalb notwendig, um dem „Weil, deshalb"-Prinzip der Regel entsprechen zu können.

Am Axon eines sendenden Neurons wird das Signal weitergeleitet zum nächsten, dem empfangenden Neuron. Die Nervenendigung der sendenden Zelle bildet gemeinsam mit der empfangenden Zelle eine Synapse. Diese ist die Kontaktstelle zwischen den Neuronen, und allein in der Großhirnrinde gibt es rund eine Milliarde Synapsen. An der Synapse sind beide Neuronen, die sendende und die empfangende Zelle, durch einen schmalen Spalt voneinander getrennt. Dieser Spalt kann mittels chemischer Prozesse überwunden werden, so dass das Signal weiterlaufen kann. Ein einzelnes Neuron kann über solche synaptischen Verbindungen mit bis zu 10 000 anderen Neuronen verbunden sein. Es gibt zwei verschiedene Arten von Synapsen, von denen die häufigste Synapsenform die elektrochemische ist. Daneben gibt es die elektrischen Synapsen, an denen die Übertragung des Impulses von einer Zelle zur nächsten sehr viel schneller abläuft. Von diesen wird vermutet, sie seien grundlegend für eine synchrone Aktivität der teilweise weit voneinander entfernten Neuronenensembles.

Um den Impuls am synaptischen Spalt einer chemischen Synapse weiterleiten zu können, muss dieser wie erwähnt durch chemische Substanzen, also mittels Botenstoffen bzw. Neurotransmittern, überbrückt werden. Dies sind z. B. biogene Amine wie Noradrenalin und Dopamin, die sowohl hemmend als auch erregend wirken können, sowie Aminosäuren wie Glutamat (der wichtigste erregende Botenstoff) und Gamma-Aminobuttersäure (GABA) oder Glycin (beides sind hemmende Botenstoffe). Diese Botenstoffe sind in sogenannte Vesikel, das sind kleine Bläschen, „verpackt“. An der Nervenendigung einer chemischen Synapse bewirkt das Aktionspotenzial die Durchlässigkeit der Axon-Membran, woraufhin einige der Vesikel mit der Membran verschmelzen. Die Botenstoffe können nun ausgeschüttet werden, d. h., sie diffundieren in den Spalt und veranlassen die Öffnung von Membrankanälen der empfangenden Zelle, indem sie an Rezeptoren andocken, welche spezifisch an die molekulare Struktur des Botenstoffes angepasst sind. Durch die Bindung des Transmitters an den Rezeptor ändert sich das Membranpotenzial der empfangenden Zelle, und durch diese Änderung der Potenzialdifferenz kann das Aktionspotenzial nun zum Soma der empfangenden Zelle weitergeleitet werden.

In den letzten Jahren fielen im Zusammenhang mit den Ergebnissen der Hirnforschung Bemerkungen wie die, man könne inzwischen „beurteilen, welche Lernkonzepte – etwa für die Schule – am besten an die Funktionsweise des Gehirns angepasst sind“. (In: „Das Manifest“, Gehirn & Geist 6, 2004 S.33) Solche Aussagen beruhen u. a. auf Kenntnissen über die Vorgänge an den Synapsen im Hippokampus, weil man hier das Gedächtnisphänomen der Langzeitpotenzierung entdeckte. Damit ist Folgendes gemeint: hier bilden die Dornfortsätze der Dendriten eine Synapse. An der präsynaptischen Nervenendigung wird Glutamat ausgeschüttet, welches an Rezeptoren der postsynaptischen Zelle, dem Quisqualat-/Kainat-Rezeptor und dem NDMA-Rezeptor, andockt. Der NDMA-Rezeptor ist gewöhnlich durch Magnesiumionen blockiert und bleibt daher geschlossen, während das Glutamat, wenn nur wenig davon freigesetzt wird, am Q/K- Rezeptor andocken kann. Die Synapse wird damit leitend, da nun Natrium in den geöffneten Kanal einströmen kann. Dies führt zu einer Depolarisierung der Membran der empfangenden (postsynaptischen) Zelle, und damit gelangt das Signal zur empfangenden Zelle. Wird nun an der sendenden präsynaptischen Endigung eine große Menge an Glutamat durch eine Serie von Aktionspotenzialen ausgeschüttet, dann öffnet dies den Q/K-Kanal so häufig, dass nun auch der Kanal des NMDA- Rezeptors geöffnet wird, woraufhin Kalzium in den Dornfortsatz der empfangenen Zelle einströmen kann. Das Kalzium sorgt hier für die sogenannte Langzeitpotenzierung, weil nun auch mit der späteren Freisetzung von Glutamat noch weiterhin Natrium in die Zelle einströmen kann, so dass sie leitend bleibt. Die synaptische Übertragung wird damit auf mehrere Tage hinaus verlängert.

Unabhängig davon, dass auch diese Vorgänge der universellen Regel unterliegen (wobei an dieser Stelle von mir keine Präferenz für eine der beiden Varianten angenommen wird), zeigen die Schwierigkeiten insbesondere von AD(H)S-Kindern im Unterricht, dass die Kenntnis der Vorgänge auf molekularer und zellulärer Ebene allein nicht hinreichend ist, um die Funktionsweise des Gehirns zu erklären, geschweige denn, dass daraufhin schon beurteilt werden kann, welche Lernkonzepte am besten an die Funktionsweise des Gehirns angepasst sind. Ohne die Kenntnis der Regeln, nach denen die Prozesse ablaufen und ohne das Wissen um die Existenz zweier mentaler Geschlechter ist man von einem Verständnis der Art und Weise, in welcher das Gehirn tatsächlich lernt, noch weit entfernt.

Ich bin auf die synaptische Übertragung auch deshalb etwas ausführlicher eingegangen, weil das Verhalten von AD(H)S-Personen in einen Zusammenhang gebracht wird mit Abweichungen im Neurotransmitterbereich. Diese Abweichung gilt als einer der Faktoren, die zur Entstehung von AD(H)S beitragen. Insbesondere geht es hier um die Verfügbarkeit des Neurotransmitters Dopamin (und evtl. auch von Botenstoffen aus der Gruppe der Katecholamine) in dopaminergen Regionen des Gehirns. Man vermutet, dass die erhöhte Dichte der Dopamintransporter einer der Faktoren ist, die an der Entstehung von AD(H)S beteiligt sind. Aufgabe der Transporter ist es, das Dopamin am synaptischen Spalt in die Zelle zurückzutransportieren. Durch einen zu raschen Rücktransport, so die Annahme, steht dopaminabhängigen Neuronen, insbesondere im präfontalen Cortex, nicht genügend Dopamin zur Verfügung. Mit bildgebenden Verfahren (SPECT) konnte gezeigt werden, dass sich unter der medikamentösen Behandlung mit Methylphenidathydrochlorid (Handelsnamen sind Ritalin, Medikinet und Concerta) die Dichte der Dopamintransporter im striatären Bereich verringern lässt (Krause, Dresel & Krause, 2000). Die Reduktion der Dopamintransporter durch das Medikament hat den Effekt, dass sich das Verhalten der Betroffenen den gesellschaftlich geforderten Normen anpasst.

In der Neurophysiologie werden verschiedene Arten von Neuronen unterschieden; dies ist für meinen Ansatz jedoch nicht von Belang. Daneben aber unterscheidet man zwei Arten von Verbindungen, und diese Unterscheidung ist interessant. Die beiden Gruppen lassen sich nach Singer (2000 /2002,) wie folgt spezifizieren:„Eine Gruppe von Verbindungen ist für die Herausbildung merkmalspezifischer Neurone zuständig. Diese Verbindungen vermitteln die Weiterleitung von Erregung von einer Verarbeitungsstufe zur nächsten und erzeugen über selektive Konvergenz und Rekombination von Eingangssignalen die zunehmend komplexere Merkmalselektivität von Neuronen in höheren Verarbeitungsebenen." (Singer, S. 102 f) Diese Gruppe von Verbindungen bildet ein Netz aus besonders starken Verknüpfungen zwischen dem Cortex und dem Thalamus, einer Region im Zwischenhirn, die aus mehreren Strukturen besteht. Eine dieser Strukturen ist das Corpus geniculatum laterale (CGL), das uns bei der Beschreibung der Abläufe während der ersten Periode noch beschäftigen wird.

Merkmalspezifische Neuronen sind zudem modular organisiert, das heißt, ein einzelnes Neuron, welches beispielsweise im Sehfeld auf eine Kante mit einer bestimmten Orientierung reagiert, gruppiert sich mit anderen Neuronen, die ebenfalls auf Kanten, allerdings von unterschiedlicher Orientierung reagieren, in einem Bereich von einem halben Quadratmillimeter so, dass alle Orientierungen dargestellt werden. Jedes Neuron reagiert jedoch auf eine andere Orientierung.

Von Neuronen, die aufgrund ihrer Spezialisierung solchen Gruppen angehören, reagieren viele gleichzeitig auf den Kontakt mit einem eintreffenden Reiz. Sie sind, auch wenn sie sich in verschiedenen Regionen des Cortex befinden, stärker miteinander verknüpft als Gruppen unterschiedlicher Spezialisierung.

Zur Gruppe der merkmalspezifischen Neuronen gehört ein bestimmter Typ von Zellen, auf die ich bei der Beschreibung der Abläufe gesondert eingehen werde, weshalb ich sie hier bereits erwähne. Es handelt sich um die sogenannten (doppelten) Gegenfarbenzellen. Von diesen Neuronen reagieren einige mit starker erregender Entladungstätigkeit, wenn ihr Zentrum erregt wird, und sie zeigen eine hemmende Reaktion, wenn ihr Umgebungsbereich, das rezeptive (empfangende) Feld, erregt wird. Andere dieser Zellen reagieren entgegensetzt - mit exzitatorischer Reaktion -, wenn der Umgebungsbereich, und mit inhibitorischer Reaktion, wenn das Zentrum erregt wird. Ein kleiner Lichtpunkt beispielsweise, der in das Zentrum der Zelle fällt, löst eine leichte erregende Reaktion aus. Die Entladungsrate steigt an, wenn das gesamte Zentrum erregt wird, und sie fällt wieder ab, wenn der Lichtreiz über das Zentrum hinausgeht. Der andere Faktor ist für die Wahrnehmung der Helligkeit von Bedeutung. Hier haben Untersuchungen gezeigt, dass eine Zelle, die eine starke exzitatorische Reaktion auf einen Lichtreiz zeigt, in ihrer Wirkung abgeschwächt wird, wenn das Licht auch auf eine oder mehrere benachbarte Zellen fällt, die normalerweise keine Reaktion auf den Lichteinfall zeigen. Sie bewirken jedoch, sobald der Lichtreiz auch auf sie trifft, eine Abschwächung der Reaktion bei der für den Lichteinfall empfindlichen Zelle.

Neben dieser thalamokortikalen Art der Verbindungen gibt es solche, die die Großhirnrinde mit Strukturen im Kernhirnbereich und im Kleinhirn verbinden. Sie sind nicht netzartig, sondern in der Art langer Ketten angelegt. Von den genannten Hirnstrukturen wird angenommen, dass sie an der Durchführung und Planung motorischer Abläufe beteiligt sind, während das Kleinhirn an der Bewegungskoordination, aber wohl auch an höheren kognitiven Fähigkeiten beteiligt ist.

Auch wenn Befunde dies nicht durchgängig belegen, so zeigte sich doch in einigen Untersuchungen (Hynd et al., 1993; Castellanos et al., 1996; Berquin et al., 1998; Nopoulos et al., 2000;), dass bestimmte Strukturen im Kernhirnbereich bei von AD(H)S betroffenen Kindern ein geringeres Volumen aufwiesen – ich hatte dies bereits erwähnt. Von einigen dieser Strukturen wird angenommen, sie seien u.a. an der Abwägung der automatischen Reaktion beteiligt.

Nervenzellen sind neben ihrer modularen Organisation auch in Zellverbänden bzw. in Ensembles organisiert: von Nervenzellen, die jeweils unterschiedliche spezifische Merkmale verarbeiten, aber ihre Aktivitäten in einer Weise koordinieren, so dass ein synchrones Schwingungsmuster entsteht, wird angenommen, dass sie in dieser Weise signalisieren, an der Darstellung desselben Sachverhalts gemeinsam beteiligt zu sein. Diese Hypothese wird unter dem Begriff „Bindungsproblem" diskutiert. An diesen Prozessen sind Neuronen beteiligt, die zur anderen Gruppe der

Verbindungen gehören, von der Singer schreibt: „[...] Parallel dazu gibt es aber eine weitere Gruppe von Verbindungen, die wesentlich mächtiger ist und die im wesentlichen Neurone reziprok miteinander verkoppelt. Es sind dies Verbindungen, die für die Assoziation merkmalspezifischer Neurone zu funktionell kohärenten Ensembles zuständig sind [...].“ (Singer, S.102f)

Ich schließe damit die Beschreibung der Neuronen und ihrer Funktionen ab. Nicht erwähnt habe ich hier die verschiedenen Arten von Gliazellen, da deren Funktionen noch nicht vollständig geklärt sind. Ihre Funktionen gehen jedoch über den ihnen ursprünglich zugeschriebenen Zweck hinaus. Vermutet wird, dass sie u.a. dazu dienen, Signale langer Reichweite in der Hirnrinde vermitteln (Helmchen & Nimmerjahn, 2005) und die Funktionsfähigkeit der Nervenzellen zu erhalten (Kassmann, C. et al., 2007).

Damit komme ich nun zu meinem Ansatz.

Aus dem bisher Gesagten geht nicht hervor, dass es sich hier, wie ich schon im ersten Brief erwähnt habe, um zwei verschiedene, miteinander in Wechselwirkung stehende Systeme handelt. Denn in dieser Weise wurde bislang nicht unterschieden. Zu einer Beschreibung der Ereignisse im Gehirn ist diese Unterscheidung jedoch unerlässlich.

Zum einen gibt es das *System der neuronalen Verschaltung*, dessen Operationen zur Bildung neuer Nervenzellen, zur Öffnung von Ionenkanälen, zu Stoffwechselprozessen innerhalb der Zellen führen. Dieses System besitzt die Eigenschaft, durch spezifische Nervenzellen für Reize von außerhalb empfänglich zu sein. Doch es selbst verarbeitet diese Reize nicht, um über diese Prozesse die Wirklichkeit zu konstruieren. Der eigentliche Verarbeitungs- oder vielmehr: Konstruktionsprozess geschieht im *System des neuronalen Geschehens*. Dieses entwickelt sich *gemeinsam* mit dem System der neuronalen Verschaltung und *parallel* zu ihm. Über die Operationen im System der neuronalen Verschaltung, dessen Elemente ich gerade beschrieben habe, werden zwar die Signale weitergeleitet, die der Erzeugung von Strukturen bzw. Mustern dienen. In welcher Weise aber über diese vielfältig und in ganz unterschiedlicher Art miteinander verknüpften Zellen die Welt im Kopf konstruiert wird, lässt sich weder der topologischen Anordnung noch der Merkmalsspezifikation der Neuronen entnehmen. Denn das eigentliche Problem liegt nicht allein im Fehlen eines Zentrums, in welchem eine Zusammenführung und Bewertung stattfinden könnte. Es liegt vor allem auch darin, dass die Kontaktstellen zur Außenwelt, die verschiedenen Rezeptorsysteme unserer Sinnesorgane nicht auf „Reize“ der Außenwelt reagieren. Weder die Fotorezeptoren im Auge noch die Zilien im Ohr oder in der Nase noch die Mechanorezeptoren in der Haut reagieren auf die Reize, die wir wahrzunehmen meinen. Sondern sie reagieren nur und ausschließlich auf unterschiedliche Frequenzen.

Ich beziehe mich hier u.a. auf von Förster (1973/2006), der betont, dass „[d]ie Reaktion einer Nervenzelle [...] *nicht* die physikalischen Merkmale des Agens [enkodiert], das ihre Reaktion verursacht. Es wird lediglich das ´so viel` an diesem

Punkt meines Körpers enkodiert, nicht aber das ´was`". (S.29) Dieses „so viel", welches keinerlei Information über das kodierte Merkmal enthält, wird als Signal weitergeleitet:

> „Betrachten wir z. B. eine lichtempfindliche Rezeptorzelle in der Retina, ein ´Stäbchen`, das die von einer fernen Quelle ausgehende elektromagnetische Strahlung absorbiert. Diese Absorption verursacht eine Veränderung des elektromagnetischen Potentials des Stäbchens, die schließlich eine periodische elektrische Entladung in Zellen auf einer höheren Ebene des postretinalen Netzwerks verursacht [...], und zwar mit einer Periodizität, die der Intensität des absorbierten Strahlung proportional ist, die aber kein Anzeichen dafür enthält, daß es elektromagnetische Strahlung war, die das Stäbchen zu feuern veranlaßte. Das gleiche gilt für jeden beliebigen anderen Rezeptor, die Geschmacksknöspchen, die Druckrezeptoren und alle die anderen Rezeptoren, die mit den Sinneswahrnehmungen des Geruchs, der Wärme und Kälte, der Klänge und Geräusche usw. verbunden sind: sie sind alle ´blind`, was die *Qualität* ihrer Stimulierung angeht und reagieren nur auf deren *Quantität*. [...] Da nun die physikalischen Eigenschaften des Stimulus – seine *Qualität* – von der Nervenaktivität nicht enkodiert werden, stellt sich die fundamentale Frage, wie unser Gehirn denn die überwältigende Vielfalt dieser farbenprächtigen Welt hervorzaubern kann, wie wir sie in jedem Augenblick unseres bewußten Lebens erfahren, [...]." (von Foerster, S. 29).

Mit dieser Frage knüpfe ich an die Aussagen von Maturana und Luhmann an: es gibt keine Strukturdetermination für das System bzw. keinen Strukturimport in das System und damit keine „Vorgaben", an denen sich das Gehirn zwecks einer Konstruktion der Wirklichkeit orientieren könnte. Gehen wir von diesen Aussagen und Ergebnissen aus, dann kann nicht zutreffen, dass Zellen beispielsweise auf Merkmale wie Kanten, Linien oder komplexere Merkmale reagieren und dass diese in Form von „Informationen" mit semantischem Gehalt weitergeleitet werden könnten. Dazu müsste dann auch geklärt sein, wer denn hier von wem und worüber eigentlich informiert werden soll.

Das einzige Mittel, welches diese Konstruktionen „hervorzaubern" kann, kann nach meiner Auffassung nur die jeweilige Regelvariante sein, nach der das System auf neuronaler Ebene operiert. Im letzten Brief hatte ich bereits betont, dass die Regel universell sei.Wenn ich also fordere, dass dies zutrifft, dass diese Regel tatsächlich universell ist, dann muss sie nicht allein den Vorgängen im Gehirn implizit sein. Sie sollte auch den Vorgängen in der Außenwelt zugrundeliegen. Das Gehirn wäre dann - und davon gehe ich aus - in seiner Funktionsweise an die Prozesse des Systems Außenwelt adaptiert. Dies, weil das Individuum als „Eigner" seines Gehirns Teil des Systems Außenwelt ist, in dem es sich entwickelt und dabei von anderen „Gehirneignern" differenziert hat. Das bedeutet: die Außenwelt ist nicht „Umwelt" für das System des neuronalen Geschehens. Seine Umwelten sind das

System der neuronalen Verschaltung und – ich komme darauf zurück – das System Bewusstsein. Erst alle drei Systeme gemeinsam bilden das übergeordnete System, für das die Außenwelt zugleich auch Umwelt ist. Eine solche Entwicklung konnte nicht geschehen, ohne dass sie den Gesetzen der Evolution unterliegt, da ein Überleben in der Außenwelt für die Individuen (s. Hoffmann, 2003) sonst nicht möglich wäre. Dies aber wird wohl nur dann der Fall sein, wenn unsere Konstruktionen der Wirklichkeit eine glaubhafte Annäherung an die tatsächlichen Gegebenheiten sind. Dies wiederum wird möglich, wenn die Abläufe in beiden – dem Gehirn und der Außenwelt - derselben Regel unterliegen.

Lass uns hier bitte festhalten, dass die physikalischen Merkmale eines Objekts, das „was", welches von den Sinnessystemen registriert wird, von Neuronen registriert werden, die spezifisch auf entsprechende Frequenzen (von Druck-, Licht- und Schallwellen) reagieren. Diese Rezeptoren tragen durch ihre Spezifikation für eine bestimmte Frequenz zu einer Selektion bei: Reize, für die es keine Entsprechung durch spezifische Zellen gibt, können vom System nicht registriert und somit auch nicht als Ereignis vermerkt werden.

Die Frage nach einer Selektion bzw. einer Priorisierung bestimmter Reize unter Vernachlässigung anderer, nicht relevanter Reize hatte ich bereits angesprochen und die These aufgestellt, dass das Gehirn Reize nur dann angemessen zu verarbeiten vermag, wenn es auf sie in einer Weise zugreifen kann, die der Regelvariante entspricht, nach welcher das Gehirn arbeitet. Mit der Spezifikation einer Nervenzelle, auf ein bestimmtes Merkmal zu reagieren, verfügen wir über einen zusätzlichen Selektionsmechanismus:
die Rezeptorsysteme respektive die merkmalspezifischen Neuronen, welche selektiv auf die Quantität spezifischer physikalischer bzw. chemischer Reize ansprechen.

Diese beiden Mechanismen, die jeweilige Regelvariante und die merkmalspezifischen Zellen stellen einen Teil des „Urteilssystems" dar, welches im System des neuronalen Geschehens für eine Selektion nach Relevanz sorgt.

Zu den bisher genannten Funktionen der Neuronen kommen nun mit der Verarbeitung nach der jeweiligen Regelvariante weitere hinzu.

Im Kapitel „Regeln" hatte ich drei verschiedene Variablen identifiziert, welche gemeinsam die Regel bilden, mit der sich kausale Zusammenhänge formal beschreiben lassen. Es handelt sich wie erwähnt um Leerstellen mit je eigener Bestimmung, in welche Größen oder Werte eingetragen werden – eine, die für Bedingung oder Kondition (X), eine, die für Konsequenz (Z) und eine, die für Reaktion bzw. Handlung (Y) steht, - wobei statt einer Reaktion oder Handlung auch die Dauer und / oder der Ort, sowie Merkmale der Bewegung gesetzt werden können. Im letzten Brief hatte ich verschiedene Beispiele genannt. In den nachfolgenden Briefen zum dynamischen Gedächtnis werde ich noch weitere bringen, in denen sich u.a. der Ort, an dem sich ein Objekt befindet, in die Y-Leerstelle einsetzen lässt.

Den Bestimmungen dieser Leerstellen entsprechen die zusätzlichen Funktionen bzw. Aufgaben bei der Konstruktion von Strukturen bzw. Mustern, Aufgaben also, welche den Neuronen zukommen. Über die Prozesse, die der Erfüllung dieser Aufgaben dienen, bilden sich drei verschiedene *Funktionssysteme* aus. Das heißt, Neuronen mit ganz unterschiedlicher Spezifikation bilden je nach Aufgabenstellung spontan *Funktionseinheiten*, die einer der drei Bestimmungen – Kondition, Aktion, Konsequenz - entsprechen. **Als** Funktionseinheiten gehören Neuronen damit stets einem der drei Systeme an. Damit können sie über ihre Interaktionen zum selben Zeitpunkt auch verschiedenen dieser Systeme sowie verschiedenen dieser Einheiten angehören: Neuronen, welche in dem Moment, in dem die eine Funktion benötigt wird – beispielsweise die der Bedingung X - eine Funktionseinheit bilden, können im weiteren Ablauf des Prozesses an höherer Position in der Hierarchie mit anderen Neuronen einer anderen Funktionseinheit - beispielsweise die der Konsequenz Z - angehören, ohne deshalb ihre erste Funktion aufzugeben. Ein Grund dafür ist, dass der Aufbau von Strukturen wie erwähnt mehrere *Perioden* durchläuft, wobei die einzelnen Strukturen zunehmend komplexer werden, dieser Prozess aber zirkulär verläuft. Da es drei Perioden sind, die durchlaufen werden, d.h., ein Objekt als Sachverhalt nach dem Ablauf über diesen Zeitraum begrifflich erfasst bzw. vollständig erkannt ist, tragen die Einheiten, in die sich die drei Systeme unterteilen, diesem Tatbestand Rechnung.

Zwecks einer klaren Unterscheidung werden die drei Systeme den Funktionen der jeweiligen Regelkomponenten von mir entsprechend benannt. Es sind dies:
1) das Konditionssystem (Bedingung)
2) das Evenanzsystem[4] (Aktion, Geschehen)
   (Der Begriff Evenanzsystem wurde gewählt, um örtliche und zeitliche Faktore einbeziehen zu können.)
3) das Konsequenzsystem (Konsequenz, Erwartung)

Diese Unterteilung sieht wie folgt aus:
1. Das Konditionssystem differenziert sich in drei Funktionseinheiten. Entsprechend gibt es in jeder Periode eine Einheit Kondition, welche von Neuronen mit der entsprechenden Funktion gebildet werden. In der ersten Periode werden von den Neuronen, die zur Funktionseinheit Kondition gehören, Strukturen erzeugt, die mit elementaren Merkmalen identisch sind und in dieser Form wahrgenommen werden. In der zweiten und dritten Periode wird das Produkt der Prozesse, welches während der vorhergehenden Periode konstruiert wurde, vom Beobachter aufgenommen und den Neuronen zum weiteren Ausbau zur Verfügung gestellt, die in der nachfolgenden Periode spontan die Funktionseinheit Kondition dieser Periode bilden. Nervenzellen, welche die Funktionseinheit Kondition bilden,

---

[4] von evenire: sich ereignen.

fungieren daher als Lieferanten einer Struktur bzw. eines Musters als Ausgangs-basis für deren weitere Entwicklung. Neuronen, die diesen Funktionseinheiten angehören, liefern mit ihrer Reaktion die Bedingungen zur Erzeugung von Mustern.

2. Das Evenanzsystem differenziert sich zunächst in zwei weitere Systeme, die dann separat über die Perioden verteilt sind:

a) das Passiv-Motor-System (passmot), welches sich in drei Einheiten unterteilt. Neuronen dieser Funktionseinheiten reagieren auf örtliche, zeitliche und Bewegungsmerkmale, das bedeutet, sie erzeugen Muster, welche mit diesen Merkmalen identisch sind. Die Einheiten werden, um eine Verwirrung durch zu viele Begriffe zu vermeiden, nummeriert: Passiv-Motor (passmot)1, 2 und 3. Neuronen dieser Einheiten reagieren auf räumliche Faktoren (passmot 1), auf die Bewegung und Bewegungsrichtung (passmot 2), sowie auf Eigenbewegung (passmot 3). Das Passiv-Motor-System bildet die umfangreichste Funktionseinheit.

b) das Aktiv-Motor-System (aktmot). Neuronen dieses Systems sind für die Ausführung von Bewegungen zuständig, sorgen also für die Aktivierung von Muskelgruppen zur Kontraktion oder zur Erschlaffung. Sie erzeugen im System des neuronalen Geschehens Muster, die identisch sind mit Merkmalen der jeweiligen Bewegung, welche in die Gesamtstruktur integriert werden. Beim wiederholten Aufruf der gesamten Struktur können diese Teile gelöscht werden, das heißt, sie werden nicht wieder erzeugt, z.B. weil sie nicht mehr benötigt werden, um ein Objekt manipulativ „erfahren" zu können.

In den bisherigen Sichtweisen wurde nicht hervorgehoben, dass auch diese Art von Merkmalen mit einfließen müssen, um ein Objekt, einen Sachverhalt identifizierbar und in seiner Bedeutung erkennbar werden zu lassen. Generell geht man davon aus, dass die Verarbeitung intern auf noch nicht geklärte Weise erfolgt und dann den output liefert, auf den hin ein Handeln erfolgt.

3. Das Konsequenzsystem differenziert sich in drei Einheiten, welche nach dem Ergebnis benannt sind, das während der drei Perioden durch die jeweils ablaufenden Prozesse erzielt wird. Für die erste Periode, in der das Ergebnis die Konstruktion von Strukturen ist, welche mit bewusst erlebten, in sich homogenen Objekten identisch sind, wird die Einheit „Konfiguration" benannt. Über Rückkopplungen zu Neuronen der Konditionseinheit sowie zu denen, welche die jeweilige Passiv- und Aktiv-Motor-Einheit bilden, kommt es zur Erzeugung von Strukturen, welche als in sich geschlossene Objekte erlebt werden. Beim prädikativen Gehirn ist die Konsequenzeinheit der zweiten Periode die „Identifikation", und die der dritten Periode die Einheit „Zweck /Funktion". Beim funktionalen Gehirn vertauschen sich diese Einheiten: hier geht die Periode mit dem Ergebnis „Zweck / Funktion" der Periode der „Identifikation" voraus. Die über die Interaktionen der Neuronen gebildeten Funktionseinheiten des Konsequenzsystem liefern u. a. die Grundlage zur Bildung von Objektklassen / Kategorien.

Die folgende Tabelle enthält eine Übersicht über die Unterteilung in die entsprechenden Systeme und Funktionseinheiten. Sie entspricht der prädikativen Variante.

	Konditionssystem	Evenanzsystem passiv-motor	Evenanzsystem aktiv-motor	Konsequenzsystem
Periode 1	Einheit Kondition	Einheiten pass-mot 1,2,3	Einheit aktmot	Einheit Konfiguration
Periode 2	Einheit Kondition	Einheiten pass-mot 1,2,3	Einheit aktmot	Einheit Identifikation
Periode 3	Einheit Kondition	Einheiten pass-mot 1,2,3	Einheit aktmot	Einheit Zweck/ Funktion

Der Prozess (in Form von Perioden) zum Aufbau von gedächtnisrelevanten Strukturen verläuft iterierend. Das bedeutet, die Prozesse, die während einer *Periode* ablaufen, enden mit der Erzeugung einer elektro-physikalischen Struktur (eines neuralen Musters) als Produkt, welche zur Ausgangsbedingung für die Prozesse der nächsten Periode wird. Diese Perioden bilden in ihrer Gesamtheit die prozessuale Basis für unser Gedächtnis.

Aus den Ergebnissen, die mit den Funktionseinheiten des Konsequenzsystems erreicht werden müssen, geht hervor, dass drei Perioden durchlaufen werden müssen, um einen Sachverhalt so zu konstruieren, dass er im Gedächtnis behalten und mit anderen Sachverhalten verknüpft werden kann. Das Ergebnis Konfiguration der ersten Periode entspricht der Zusammensetzung von Merkmalen zu einem homogenen Ganzen – wir nehmen nicht Form, Farbe und Ort eines Objekts getrennt wahr, sondern das Objekt selbst in seiner *Gestalt*.

Mit dem Ergebnis Identifikation der zweiten Periode wird ein Objekt anhand seiner invarianten Merkmale identifizierbar. Damit kann es erkannt werden, das heißt, diese Periode dient mit ihrem Ergebnis dem *Erkennen*. Für ein vollständiges *Verstehen* wird die dritte Periode benötigt, mit der die Einsicht in den Zweck und / oder die Funktion eines Objekts gelingt: ein Stuhl kann zwar durchaus anhand seiner Merkmale - vier Beine, eine horizontale Fläche, eine Rückenlehne – erkannt und von anderen Objekten unterschieden werden, doch erst sein Zweck und die Einsicht in seine Funktion ermöglichen den sinnvollen Umgang mit ihm.

Diese Ergebnisse der Perioden sind determiniert durch das System des neuronalen Geschehens, sie können nicht verändert werden.

Auf einer ganz anderen Ebene, der Ebene der Perioden unseres Gedächtnisses, finden wir also die Regel abermals realisiert: Zur Variablen „Bedingung (X)" wird die erste Periode in die Leerstelle gesetzt mit dem Ergebnis des Wahrnehmens in sich geschlossener Objekte. In die Leerstelle „Aktion (Y)" wird die zweite Periode eingesetzt, da in dieser Periode handelnd auf einen Gegenstand eingewirkt wird – ich komme im zweiten Teil der Beschreibung des dynamischen Gedächtnisses darauf zurück -, so dass Objekte erkennbar und identifizierbar werden. Die deshalb dazugehörige dritte Periode, die in die Leerstelle mit der Bestimmung „Konsequenz (Z)" eingesetzt werden muss, ist unabdingbar, um zu einem Verstehen zu führen.

Während der ersten Periode werden über den Prozess der „Verständigung" der Nervenzellen die Grundstrukturen erzeugt, die mit den von uns wahrgenommenen Objekten und Ereignissen identisch sind. Diese Strukturen werden während der folgenden Perioden immer differenzierter ausgebaut. Mit den Prozessen der dritten Periode wird schließlich eine komplexe Struktur erzeugt, die identisch ist mit einem bewusst erlebten Sachverhalt. Sie besitzt, je nachdem, mit welcher Regelvariante das jeweilige Gehirn arbeitet, entweder das Muster eines Beziehungen- oder eines Wirkungengefüges.

Da auch in jeder Periode die Prozesse gemäß der Regel ablaufen, wird in jeder eine Funktionseinheit eines jeden der drei Systeme benötigt, um die Regel bilden zu können. Daher muss, wie in Tabelle 1 gezeigt, zusätzlich in Einheiten unterteilt werden. Jede dieser Funktionseinheiten wird von verschiedenen Neuronengruppen gebildet. Die Einheiten werden ebenfalls den Bestimmungen für die Leerstellen der Regel entsprechend, jedoch gesondert benannt.

Die festgelegten Ergebnisse der einzelnen Perioden sind nicht identisch mit den Ergebnissen, die sich über den „Verständigungsprozess" der Nervenzellen ergeben und dürfen nicht mit diesen verwechselt werden. Das Ergebnis der jeweilige Periode, in der die Prozesse stattfinden, ist – um dies noch einmal zu wiederholen - festgelegt: Gestaltbildung, Identifikation, Zweck/Funktion. Das Ergebnis des *Verständigungsprozesses* dagegen ist ein Produkt: die elektrophysikalische Struktur oder auch das neurale Muster als internes Erzeugnis, welches identisch ist mit dem bewusst erlebten Sachverhalt. Diese Struktur wird in der ersten Periode angelegt und in den nächsten Perioden ergänzt und weiterentwickelt. Dieser Prozess verläuft zirkulär - ich werde im Kapitel „Bewusstsein" darauf zurückkommen -, weshalb die Muster nicht beständig sind, sondern sich fortwährend umbilden.

Eine Sonderstellung in diesem System nehmen Neuronen ein, welche die zweite Art der oben angesprochenen Verbindungen bilden. Es handelt sich um die von Singer beschriebenen Zellen, welche „für die Assoziation merkmalspezifischer Neurone zu funktionell kohärenten Ensembles zuständig" (Singer, 2000/2002, S.103) sind. Ihre Aufgabe besteht darin, Interaktionen von Nervenzellen der verschiedenen Systeme und Einheiten zu ermöglichen. Somit bilden Neuronen diese Gruppe die Schnittstelle sowohl für Interaktionen von Zellen eines einzelnen Sinnessystems als auch für die Interaktionen zwischen den verschiedenen Systemen der einzelnen Perioden. Zudem arbeiten sie übergreifend und bilden damit auch die Schnittstelle u.a. zum motivationalen und emotionalen System. Sie gehören keinem der genannten Systeme an, da sie nicht am Produktionsprozess beteiligt sind.

Zu den offenen Fragen gehört, in welcher Weise sich Neuronen über die oben beschriebene Form ihrer Interaktion *verständigen.* Verständigung und Verstehen sind, wie Küppers (2003) ausführt, Begriffe von unterschiedlicher Reichweite: „Wenn man also bereit ist, von den vielfältigen Formen menschlichen Verstehens zu abstrahieren, und den Begriff des Verstehens auf den bloßen Sachverhalt der

Verständigung, das heißt auf den Tatbestand der Übereinkunft zu reduzieren, so wird man keine ernsthaften Schwierigkeiten sehen, ihn auf alle Stufen des Lebendigen anzuwenden. Auch Molekülen, Zellen, Bakterien, Pflanzen und Tieren wird man dann die Fähigkeit zur Kommunikation zubilligen müssen." (S.3)

Gehen wir davon aus, dass es sich bei den Interaktionen der Neuronen nicht nur um wechselseitige Beeinflussung, sondern auch um Kommunikation, also eine Art der Verständigung handelt, und gehen wir weiterhin davon aus, dass die interne Kommunikation der Neuronen der hier präsentierten Regel, bzw. ihren jeweiligen Regelvarianten unterliegt, dann wird über diese Interaktionen eine Verständigung möglich. Interaktion ist demnach ein Prozess im System der neuronalen Verschaltung. Kommunikation dagegen wird erst möglich durch die Differenz zu diesem System – mit dem System des neuronalen Geschehens. Die Kommunikation der Nervenzellen folgt der Regel, wie die Sprache grammatischen Regeln folgt, um zu einer Verständigung zu führen. So liefern, um es mit einer Metapher zu beschreiben, die einzelnen Zellen mit ihrer Merkmalspezifikation die Buchstaben und Wörter einer Sprache, deren Kombination über den eigentlichen Zweck hinausgeht: aus ihr, aus dieser Verständigung emergiert als neue Eigenschaft das bewusste Erkennen und schließlich auch das Verstehen. Mit anderen Worten: das Produkt dieser neuronalen Verständigung, der Kommunikation der Neuronen, die erzeugten Strukturen findet als das, was wir erleben, Eingang in das Bewusstsein. Dabei unterscheidet sich dieses Produkt in seiner Struktur vom bewusst erlebten Sachverhalt, ist aber mit ihm identisch.

Während des gesamten Verarbeitungs- und Integrationsprozesses müssen während jeder Periode je eine Einheit aller drei Systeme vorkommen, damit die Regel gebildet werden kann. Das Evenanzsystem bildet hier insofern eine Ausnahme, als während jeder Periode Einheiten von seinen beiden Subsystemen – Passiv-Motor und Aktiv-Motor – vorkommen müssen.

Mit diesen zusätzlichen Funktionen und der Einteilung in die genannten Systeme und Einheiten bleiben die zuvor beschriebenen Eigenschaften und Aufgaben der Nervenzellen unverändert erhalten. Auch an den Abläufen auf neuronaler Ebene ändert sich nichts. Während sich jedoch die bisherigen Zuordnungen beispielsweise zu Modulen, Ensembles oder Gruppen, wenn auch nicht immer ohne Schwierigkeiten, noch in topologischen Anordnungen und anatomischen Strukturen auffinden lassen, trifft dies für die Zuordnung nach der Regelvariante nicht mehr zu. Sie zeigt sich in der Interaktion der Nervenzellen und müsste sich anhand der Synchronisierung, also dem Schwingen in gleicher Phase, nachweisen lassen. Dieses Schwingen im Takt ist der Indikator für eine erfolgreiche, auf der Regel basierende Verständigung. Spätestens mit dem Übergang in die zweite Periode dürfte jedoch aufgrund der Komplexität der neuronalen Architektur einerseits, mehr aber noch aufgrund der komplexen Dynamik eine Zugehörigkeit zu Einheiten oder gar Systemen nicht mehr auszumachen sein.

Die Schwierigkeit eines Nachweises, welche Millionen von Nervenzellen aktuell an der Darstellung eines komplexen Sachverhalts beteiligt sind, hat daher zur

Folge, dass sich keine Voraussagen dazu machen lassen, welche von ihnen zum nächsten Zeitpunkt welchem der regelbedingten Systeme bzw. Einheiten angehören werden.

6. Die dritte These – die Beobachtungsfunktion der Aufmerksamkeit

Lieber Peter,

das sollte nun eigentlich „mein" Thema sein, denn die Aufmerksamkeit, oder das, was darunter verstanden wird, gilt als zentral für die Art der von AD(H)S-Betroffenen, anders zu sein. Doch mit der Aufmerksamkeit scheint es ähnlich zu sein wie mit dem Begriff Zeit, von dem Augustinus einmal gesagt hat, er habe gewusst, was Zeit sei, als er nicht darüber nachdachte; doch wenn er anfinge, darüber nachzudenken, werde es ihm immer unklarer.

Du hattest hier auf Hönigswald verwiesen, der Aufmerksamkeit als Bewusstheit um die Rangordnung und Gliederung von Aufgaben, als Ordnungsbewußtheit beim Erfassen von Sachverhalten bestimmt hat. Diese allgemein gehaltene Bestimmung von Aufmerksamkeit - die Du mit der Vorstellung von einer Kontinuität der Betrachtung verbindest - ist hier jedoch insofern nicht zielführend, als mit ihr nicht der Unterschied in der Aufmerksamkeit zwischen prädikativen und funktionalen Menschen erklärt werden kann. Hier könnten die Methoden der Naturwissenschaften hilfreicher sein, obwohl auch sie dem Phänomen Aufmerksamkeit bisher nicht näher gekommen sind. Das Bemühen um eine allgemein verständliche Beschreibung dessen, was als Aufmerksamkeit gilt – oder genauer: wie sich eine normgerechte Aufmerksamkeit imVerhalten zeigen sollte – habe ich bereits erwähnt. Lauth & Schlottke beschreiben Aufmerksamkeit im wesentlichen als eine Tätigkeit: man betrachtet bestimmte Details eines Sachverhaltes sorgfältig, achtet auf Gemeinsamkeiten oder Unterschiede, um in dieser Weise zu einem Erkennen zu kommen. Aufmerksamkeit wird hier also gesehen als ein Instrument zum Zweck des Erkennens. Auch wenn es sich bei dieser Erklärung von Aufmerksamkeit um eine einfachere Version ihrer selbst handelt, ist es im Grunde doch auch eine Beschreibung des Begriffes durch sich selbst. Daher ist es nicht nur unbefriedigend, es fehlt auch etwas Essentielles, um zu erfassen, was gemeint sein könnte, nämlich der Hinweis, worauf genau denn nun geachtet werden soll. Im Falle der AD(H)S ist es unter dem Gesichtspunkt dieser Art von Definition zunächst einmal kein Unvermögen der Kinder, der Anlass für eine Orientierungslosigkeit ist, sondern es ist der Mangel an zweckdienlichen Informationen.Es ist daher die Frage, ob mit der geforderten Konzentration auf einen aktuellen Gegenstand, seiner sorgfältigen Musterung sowie der Beachtung von Unterschieden und Gemeinsamkeiten der Begriff schon hinreichend auf seine Bedeutung hin ausgelotet ist. Die Beschreibung indessen macht deutlich, dass die Autoren davon ausgehen, Aufmerksamkeit sei etwas, das man lenken könne. Dies stimmt überein mit den Klagen der Eltern von AD(H)S-Kindern, die von deren unzureichender Fähigkeit sprechen, sich längere Zeit angemessen auf einen aktuellen Gegenstand konzentrieren zu können. Sie gehen ebenfalls davon aus, dass Aufmerksamkeit gelenkt werden könne, sonst ergäbe es keinen Sinn zu fordern, sich nicht ablenken zu lassen, sondern die Aufmerksamkeit auf einen relevanten Gegenstand zu richten. Daher scheint es, als sei ein Wissen darum vorhanden, was mit diesem Begriff gemeint sei. Es wäre nicht möglich, von einem Aufmerksamkeitsdefizit und, wenn ein solches vorzuliegen scheint, von einer Störung oder gar Krankheit zu sprechen, wenn Aufmerksamkeit nicht in irgendeiner Weise erfahren und als notwendige Voraussetzung für ein Zurechtkommen im Alltag erlebt würde.

Nun ist die Erforschung der Aufmerksamkeit auch ein zentrales Thema der Psychologie. Doch gibt es, wie Engelkamp & Zimmer feststellen, für das Phänomen Aufmerksamkeit „keine allgemein akzeptierte Definition und keine eindeutigen Indikatoren" (Engelkamp & Zimmer, 2006, S.367). Dennoch wurden und werden verschiedene Modelle und Theorien zur Aufmerksamkeit entwickelt, von denen ich einige hier kurz anspreche, bevor ich mit meinem Ansatz einen eigenen Vorschlag für eine Definition vorlege.

Verbunden wurde –und wird – mit dem Begriff Aufmerksamkeit neben ihrer Verknüpfung mit dem Bewusstsein die Vorstellung von einer Zuteilung von Ressourcen. Aus der Vielzahl der umgebenden und auf unsere Sinnesorgane einwirkenden Reize müssen diejenigen ausgewählt werden, die aufgrund ihrer Relevanz bevorzugt beachtet und behandelt werden sollen. Dazu muss nach dem Urteil für seine Priorität ein Reiz selektiert werden. Die Art und Weise, in der selektiert wird, wurde in Experimenten zur auditiven und zur visuellen Informationsverarbeitung untersucht. Von Bedeutung war dabei zum einen, nach welchen Kriterien entschieden wird, welchem Reiz Aufmerksamkeit gewidmet werden soll. Zum anderen interessierte, von welcher Art der Selektionsprozess war. Dazu wurden in Untersuchungen zur auditiven Informationsverarbeitung den Teilnehmern über einen Kopfhörer Informationen vermittelt, allerdings auf jedem Ohr verschiedene. Die Teilnehmer wurden aufgefordert, nur eine Nachricht zu beachten und die Nachricht auf dem anderen Ohr zu ignorieren. Der Psychologe Donald Broadbent (s. Anderson, J., 1996) nahm aufgrund der Ergebnisse seiner Untersuchungen an, die Entscheidung, welche Information weiterverarbeitet wird, werde anhand physikalischer Eigenschaften getroffen, z. B. der Stimmlage des Sprechers. Diese Information werde sozusagen herausgefiltert. Anne Treisman (1964) dagegen meinte, dass Informationen nur gedämpft, aber nicht völlig herausgefiltert würden: den Teilnehmern in ihren Versuchen fiel zwar schwerer, eine Nachricht, die sie nicht beachten sollten, wiederzugeben, aber es war ihnen doch möglich. Ein alternativer Vorschlag von Deutsch und Deutsch (1963) war die Theorie der späten Auswahl. Die Autoren nahmen an, die Begrenzung der Kapazität des Reaktionssystems sei ausschlaggebend und die Selektion erfolge deshalb anhand der Bedeutung, die der jeweiligen Information zugewiesen werde.

Mit der Frage nach einer Selektion gingen Forschungen einher, mit denen man die Kapazitätsbegrenzung untersuchte. Da die Aufmerksamkeit als eine nur begrenzt zur Verfügung stehende Ressource angesehen wurde, nahm man an, sie müsse den jeweiligen Aufmerksamkeitsprozessen zugeteilt werden. Diese Kapazitätsbegrenzung abhängiger Prozesse erforderte, wie der Psychologe Odmar Neumann (1992) polemisierend schrieb, die Verwaltung dieses Mangels. In älteren Modellen, in denen Aufmerksamkeit als etwas funktionell Einheitliches, als *eine* Komponente der Informationsverarbeitung, gesehen wurde, schrieb man ihr diese Aufgabe zu. Danach fungierte sie als eine Art Kontrollinstanz, wobei die Aufgabe zu selektieren als willentlich steuerbar angenommen wurde. Willentliche Steuerung, Kapazitätsbegrenzung und Bewusstsein galten als Kriterien für Aufmerksamkeit.

Da es aber auch automatische und kapazitätsunabhängige Prozesse gibt, mussten diese als nicht bewusst und nicht willentlich steuerbar angenommen werden. Es wurde folglich unterschieden zwischen einer Komponente Aufmerksamkeit, die kapazitätsbegrenzt, bewusst und willentlich steuerbar ist und einem System, welches diese Merkmale nicht aufweist und ihr als Struktur gegenübertritt. (s. Neumann, O., S. 84) Hieraus ergab sich die Frage, wo die Grenze zwischen unabhängigen und abhängigen Prozessen verlaufe. Ihr wurde mit Untersuchungen zur Interferenz von Prozessen bei der auditiven und der visuellen Informationsverarbeitung nachgegangen. Untersucht wurde die Störbarkeit zwischen zwei parallel verlaufenden Prozessen, wie in den oben genannten Untesuchungen von Broadbent und Treisman. Mit solchen Versuchen sollte geklärt werden, zu welchem Zeitpunkt die Auswahl des relevanten Reizes erfolge. In Experimenten zur visuellen Informationsverarbeitung untersuchte man dies anhand des Stroop-Effekts: die Teilnehmer wurden aufgefordert, bei farbig geschriebenen Farbennamen nur jeweils die Farbe zu benennen, nicht jedoch das Wort zu lesen. Da das Lesen, wenn es erst einmal gelernt worden ist, ein automatischer Prozess ist, erfordert die Benennung der Farbe eine erhöhte Konzentration auf den relevanten Stimulus, um nicht automatisch das Wort zu lesen, statt die Farbe zu nennen[5].

In diesen Untersuchungen zeigte sich, dass die oben genannten Annahmen so nicht zutreffen können: Kapazitätsbegrenzung, willentliche (intentionale) Steuerung und bewusste Repräsentation treten nicht - wie man das erwartet und gefordert hatte - generell gemeinsam auf. Wie Neumann (1992) ausführt, sollte ein Prozess, welcher einen anderen Prozess stört, der gleichzeitig stattfindet, nach dem Kriterium der begrenzten Kapazität der Aufmerksamkeit zugeordnet werden, da er ja bewusst geworden ist. Somit sollte er auch willentlich gelenkt werden können. Dies traf jedoch nicht immer zu, wie die Ergebnisse beim Stroop-Effekt zeigen. Damit ließ sich nun auch die Annahme eines grundlegenden Unterschiedes zwischen der Aufmerksamkeit und den anderen Komponenten nicht mehr halten.

---

[5] Diese Untersuchungen werden auch im Zusammenhang mit dem AD(H)S- Problem vorgenommen. Der Mediziner Wolfgang Droll (2000) stellte fest, dass so genannte ADS-Personen bei einer inkompatiblen Kombination (z. B. wenn das Wort „blau" in roter Farbe geschrieben ist) eine höhere Fehlerrate aufweisen als nicht betroffene Personen. Allerdings unterlaufen auch nicht betroffenen Personen unter Konfliktbedingungen mehr Fehler als unter Bedingungen, in denen Wort und Farbe kongruent sind

Offen blieb auch die Frage nach einer Zuwendung der Aufmerksamkeit. Gemeint ist damit der Zusammenhang zwischen beabsichtigter oder unbeabsichtigter Aufmerksamkeit und der Blickbewegung. Für diese Form von Aufmerksamkeit wurde der Begriff „Spotlight-Metapher" geprägt. Mit ihr soll der Sachverhalt veranschaulicht werden, dass wir unsere Aufmerksamkeit wie einen Scheinwerfer umher bewegen können, um den Fokus auf verschiedene Dinge zu lenken. Da wir stets nur einen Teil unseres visuellen Feldes registrieren, welches auf der Retina abgebildet wird, liegt die schärfste Einstellung im Zentrum unseres Sehfeldes, der Fovea. Wir bemerken aber auch, wenn am Rande unseres Sehfeldes etwas Neues auftaucht. Zunächst sei es daher die Aufmerksamkeit, die sich auf dieses Neue richte, denn das Registrieren von etwas Neuem, Unerwartetem geschieht ohne Augenbewegung. Die Blickbewegung folgt dem Aufmerksamkeitswechsel, um sich dem neuen Reiz bewusst zuzuwenden. Erst dann lässt er sich identifizieren. Da wir jedoch entscheiden können, ob wir uns einem Reiz zuwenden und uns vom gegenwärtig beachteten Sachverhalt ablenken lassen wollen oder ob wir ihn ignorieren, muss nun unterschieden werden zwischen endogener und exogener Aufmerksamkeitskontrolle. Bei einer endogenen Aufmerksamkeitskontrolle kann entschieden werden, ob man sich einem Reiz zuwenden will oder nicht. Bei einer automatischen Zuwendung spricht man von exogener Kontrolle: der Blicksprung vom alten zum neuen Reiz kann nicht beeinflusst und auch kaum korrigiert werden. Eine solche Aufmerksamkeitverschiebung wird bei von AD(H)S betroffenen Personen sehr viel häufiger registriert, was zur Diagnose als Störung beiträgt.

Neben der Vorstellung von einer Aufmerksamkeitsverschiebung, bei der es vorwiegend um eine räumlich orientierte Aufmerksamkeit geht, formierte sich in der Psychologie eine weitere, mit der die objektbezogene Aufmerksamkeit untersucht wurde. Hier wurde danach geforscht, welche Funktion der Aufmerksamkeit beim Prozess der Integration von Merkmalen der Form, Farbe und Bewegung oder Lokalisation eines Objekts zukomme. In verschiedenen Studien zeigte sich, dass diese Merkmale von Eigenschaften bei einer sehr kurzzeitigen Präsentation eines Objekts nicht sofort und unmittelbar, sondern mit einer geringfügigen zeitlichen Verzögerung wahrgenommen werden: Die Teilnehmer in solchen Versuchen ordneten entweder die Farbe der Objekte falsch zu - nach der Präsentation eines kleinen blauen Kreises und eines großen grünen Quadrates gab eine Probandin z. B. an, sie habe ein blaues Quadrat gesehen - oder die Teilnehmer konnten zwar Farbe und Form angeben, nicht aber den Ort, an dem sich das wahrgenommene Objekt befunden hatte. Mit ihrer Merkmals-Integrations-Theorie vertrat Anne Treisman die These, dass der erste Schritt zu einer Konstruktion von Objekten auf der präattentiven Stufe erfolge, auf der elementare Merkmale identifiziert würden. Diese würden dann im nächsten Schritt mittels der gerichteten Aufmerksamkeit zu einem Ganzen zusammengesetzt. Diese Annahme jedoch, identifizierte Reize würden über die Kombination ihrer Merkmale kontrolliert verarbeitet, ließ sich aufgrund anderer Befunde nicht halten. Auch Modifikationen ihrer Theorie erwiesen sich als nicht zufriedenstellend. Joachim Hoffmann (1993) schlug deshalb einen anderen

Weg vor: die Verarbeitung von Reizen bzw. Merkmalen sollte als vom Verhaltensziel abhängig betrachtet werden.

Eine zielorientierte Position bei der Untersuchung der Aufmerksamkeit wird u. a. auch von Engelkamp und Zimmer (2006) eingenommen. Wörtlich heißt es dort: „Dabei erweist es sich als hilfreich, eine verhaltensorientierte Perspektive einzunehmen und die Reiz-Reaktionssequenzen in Zielsetzung, Reizidentifikation und Verhaltensproduktion zu segmentieren." (S.369). Die Autoren gehen davon aus, dass die Zielsetzung die Reizidentifikation bestimmt und aus dieser das zugehörige Verhalten folgt. Der wichtigste Schritt bei der Informationsverarbeitung ist demzufolge die Zielreizidentifikation, die von der beabsichtigten Verhaltensreaktion abhängt, wobei die Zielsetzung die Reaktion festlegt. (S.364). Auch in dieser geänderten Perspektive wird wie in den Experimenten zur Frage nach den kontrollierten vs. automatischen Aufmerksamkeitsprozessen Fragen nach dem Bewusstsein und einer (willentlichen) Intention in Verbindung mit dem Phänomen Aufmerksamkeit nachgegangen.

Auch in neurowissenschaftlicher Sicht gilt Aufmerksamkeit als an Bewusstsein gebunden: Untersuchungen zeigen, dass mit hoher Konzentration verbundene Tätigkeiten mit weit gestreuter Aktivität im thalamokortikalen System einhergehen, während die automatische Ausführung einer Aufgabe weniger neuronale Aktivität erfordert. Gemessen wird diese Aktivität u.a. im ElektroEnzephaloGramm (EEG) und MagnetoEnzephaloGramm (MEG). Im EEG lassen sich messbare Wellenformen – Ereigniskorrelierte Potenziale - aufzeigen, die mit kognitiven Prozessen korreliert sind. Hier ergeben sich, wie Birbaumer und Schmidt (2000, S. 416) schreiben, deutliche Unterschiede zwischen aufmerksamer und unaufmerksamer Wahrnehmung in den damit korrelierten Hirnpotenzialen.Man unterscheidet hierbei zwischen den bereits genannten Ereigniskorrelierten Potenzialen (EKP) und langsamen Hirnpotenzialen. Bei Aufgaben, welche Aufmerksamkeit erfordern lässt sich anhand der Verteilung langsamer Hirnpotenziale deren Unterschied in den Hirnregionen aufzeigen: Rechenaufgaben werden in anderen Regionen bearbeitet als räumlich-visuelle Aufgaben. EKPs eignen sich u. a. im Zusammenhang mit Aspekten zur semantischen Informationsverarbeitung zur Erfassung dieser Prozesse. Sie sind gebunden an ein bestimmtes Ereignis. Darauf werde ich eingehen bei der Darlegung meiner These zum dynamischen Gedächtnis.

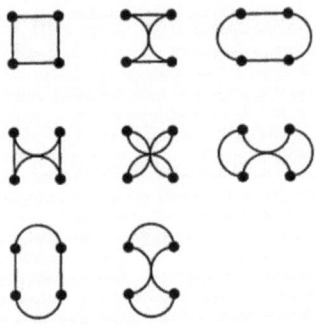

Abbildung 2. *QuaDIPF-Aufgabe: Die Abbildung zeigt acht Elemente, die in einem Zusammenhang stehen. Eine neunte, fehlende Figur, die die anderen sinnvoll ergänzt, soll unten rechts eingetragen werden.*
Die richtige prädikative Lösung lautet:
„Zeilenweise betrachtet fällt auf, daß Boden und Deckel der Figuren in ihrer Form konstant bleiben: In der ersten Zeile sind Boden und Deckel jeweils eine gerade Linie. In der zweiten Zeile ist der Boden immer ein nach unten offener Halbkreis, der Deckel immer ein nach oben offener Halbkreis. In der dritten Zeile ist der Boden immer ein nach oben offener Halbkreis, der Deckel immer ein nach unten offener Halbkreis. (...) spaltenweise betrachtet gilt eine analoge Argumentation für die linke und rechte Seitenwand." (Schwank, 1998, Kap.10)
Die richtige funktionale Lösung lautet:
„Zeilenweise betrachtet können die Figuren in eine Entstehungsgeschichte gebracht werden. Die Umrandungslinien werden als Gummibänder aufgefaßt, an denen herum gezogen werden kann. In jeder Zeile wird das Gummiband an den Seiten zunächst nach innen gezogen, dann nach außen. (...) spaltenweise läuft der gleiche Verformungs-Prozeß an Deckel und Boden ab." (Schwank, 1998, Kap. 10, mit freundlicher Genehmigung von Prof. Dr.Inge Schwank)

Nach diesem kurzen Überblick komme ich nun zur Betrachtung der Aufmerksamkeit unter systemtheoretischem Blickwinkel. Lasse mich dazu kurz auf das Projekt eingehen, welches Frau Schwank und ich zur Untersuchung der Funktionalität im Denken von AD(H)S-Kindern durchgeführt haben. Die Kinder sollten in den ersten beiden Untersuchungen u.a. Aufgaben lösen wie die, welche in Abbildung 2 dargestellt ist.

Diese Untersuchungen brachten jedoch kein verwertbares Ergebnis. Die Antworten der Kinder enthielten zwar auch sowohl prädikativ als auch funktional zu bewertende Elemente, konnten jedoch in den meisten Fällen keiner der beiden Arten zugeordnet werden. Und dies, obwohl die Kinder interessiert und willig waren und sich durchaus auf die Aufgabe konzentrierten. Ein Mangel an Aufmerksamkeit im herkömmlichen Sinne konnte daher nicht konstatiert werden, zumal die Kinder ja Lösungen lieferten. Eine Antwort lautete beispielsweise: „Da muss die Blume aus der Mitte hin, denn die ist am schönsten." Das Kind hatte sich auf die Aufgabe konzentriert und auch eine Lösung konstruiert. Nach dem allgemeinen Verständnis hatte es sich aufmerksam verhalten.

Das Problem, mit dem wir es hier zu tun hatten, ist die Verknüpfung von Aufmerksamkeit mit dem bewussten Erleben. Unter dieser Bedingung ist nicht möglich, den Unterschied zwischen einer funktionalen Art der Aufmerksamkeit und der prädikativen Art der Aufmerksamkeit zu untersuchen. Mit dem bewussten Erleben, welches hier gefordert ist, da ja eine Lösung konstruiert werden musste, sind zu viele vor allem subjektive Variablen verbunden, die das Ergebnis beeinflussen: es können wie im Fall des Kindes ästhetische Gesichtspunkte eine Rolle spielen, und es kann die emotionale und motivationale Befindlichkeit das Ergebnis beeinflussen. Wenn wir daher Aufmerksamkeit als psychologisches Phänomen verstehen, kommen wir zu keiner eindeutigen Bestimmung des Begriffs. Auch lassen sich so die Unterschiede in der Art der Aufmerksamkeit nicht aufzeigen, wie wir sie ja für die prädikative Art mit dem Fokus auf Beziehungengefüge und der funktionalen Art mit dem Fokus auf Wirkungengefüge feststellen konnten. Für diese Art der Aufmerksamkeit müssen wir uns nach einem anderen Bereich umsehen, in dem ihr diese Funktion zukommen kann.

Nun hatte ich bisher zwischen zwei verschiedenen Systemen unterschieden: dem System der neuronalen Verschaltung und dem System des neuronalen Geschehens. Im System der neuronalen Verschaltung kann Aufmerksamkeit in Form elektrophysikalischer Aktivität registriert werden. Ihre Funktion für das System und für die Arbeitweise des Gehirns lässt sich aus dieser Erscheinungsform jedoch nicht eruieren, denn es ist nicht zu erkennen, was genau sie hier im Hinblick auf einen Prozess der Integration zum Zweck des Verstehens und Erkennens leistet. Es bringt uns daher nicht weiter, wollten wir in diesem System nach einer Funktion und damit nach einer Bestimmung und nach dem Unterschied in der Art der Aufmerksamkeit zwischen prädikativem und funktionalem Gehirn suchen.

Anders sieht es aus, wenn wir Aufmerksamkeit auf ihre Funktion im System des neuronalen Geschehens hin betrachten. Auch hier ist sie vom bewussten Erleben abgekoppelt und ihrer psychologischen Bedeutung enthoben. Wie Du sagtest, dient der Begriff nun allein dazu, eine Funktion zu beschreiben, Aufmerksamkeit also über diese Funktion zu bestimmen als ein theoretisches Konstrukt, mit dem die Wirklichkeit – in diesem Fall die Ereignisse im Gehirn – in ihrem Zusammenwirken zum Zweck des Umganges mit den Dingen in dieser Welt - begreifbar gemacht werden kann. Das heißt in diesem Fall: das Konstrukt Aufmerksamkeit ist das theoretische Gegenstück zur messbaren erhöhten Aktivität in Hirnregionen, die mit der Konstruktion unserer Wirklichkeit befasst sind. Bestimmen allerdings lässt sie sich hier in ihrer Funktion für das System des neuronalen Geschehens. Und diese Funktion ist, zunächst einmal ganz allgemein formuliert, die Beobachtung von Operationen in der Art ihres kausalen Zusammenhangs. Dieser kausale Zusammenhang, auf den sich die Aufmerksamkeit richtet, ist bestimmt durch die Regelvariante, nach der das jeweilige Gehirn arbeitet. Damit ist die Aufmerksamkeit der dritte Mechanismus zu einer Selektion von Reizen aus der Umwelt, da sie auf der Basis der jeweiligen Regelvariante operiert.

Du weißt, Luhmann (2006, S.94) beschrieb die Aufgabe des Beobachters auch als Kopplung von Ursache und Wirkung und erklärte, dass Kausalität ein Urteil, eine Beobachtung des Beobachters sei, je nachdem, wie der Beobachter seine Interessen formiere, wie er Wirkungen und Ursachen für wichtig oder unwichtig halte. Die primäre Funktion der Aufmerksamkeit ist daher die Beobachtung der internen Prozesse, das heißt, die Beobachtung der Art und Weise, in der diese Prozesse regelbeschrieben, also der jeweiligen Variante folgend, ablaufen. Das System des neuronalen Geschehens beginnt in dem Moment, da mit der Aufmerksamkeit als Beobachtung eine Unterscheidung getroffen wurde: beobachtet wird nicht, was außerhalb ist. Das heißt, es sind nicht die Prozesse, die im System der neuronalen Verschaltung ablaufen, nicht die Interaktionen der Nervenzellen, nicht die Verbindungen zwischen Gehirn und Sinnessystemen, die beobachtet werden. Sie gehören zur Umwelt des Systems des neuronalen Geschehens. Beobachtet wird von der Aufmerksamkeit das System, welches durch die Verkettung von Prozessen zur Erzeugung von Mustern als System konstituiert ist – das neuronale Geschehen. Die beobachteten Prozesse sind zwar identisch mit denen, welche im System des neuronalen Netzwerkes ablaufen, doch im System des neuronalen Geschehens werden sie nicht unter dem Aspekt der Art ihrer Verknüpfung betrachtet, sondern beobachtet in der Art, in der sie miteinander zum Zweck der Erzeugung der Muster als Produkte kommunizieren. Da diese Produkte physikalischer Natur sind, sollten sie messbar sein. Die Aufmerksamkeit selbst ist nicht am Prozess der Erzeugung der Muster beteiligt, doch an ihr muss die Messung der Aktivitätsmuster möglich sein. Sie selbst hat, um es mit einer Metapher zu beschreiben, im gesamten Geschehen so etwas wie die Funktion eines „Förderbandes", auf dem die Muster zu ihrem Auf- und Umbau weitergeleitet werden.

Diese Aufgabe ist jedoch nicht ihre einzige Funktion. Beobachtet werden von ihr zugleich die Veränderungen, die durch die von außen eindringenden Reize ausgelöst werden. Sie unterscheidet hier, indem sie das System des neuronalen Geschehens beobachtet, wie es vorher - vor der Beobachtung - und nachher der Fall ist. Damit differenziert sie zwischen einem Innen und einem Außen, da sie nur auf die internen Prozesse reagiert, nicht jedoch auf solche in der Umwelt. Sowohl Maturana als auch Luhmann haben darauf hingewiesen, dass die Struktur des Milieus interne Strukturveränderungen nur auslöst, sie aber nicht determiniert. Da eine Strukturdetermination von der Außenwelt ins Gehirn nicht möglich ist, kann nur die Struktur des Systems selbst - und damit meine ich die Art der neuronalen Verschaltung basierend auf der jeweiligen Regelvariante - die Spezifikationen für eine Konstruktion der Wirklichkeit festlegen und bestimmen. Die von der Regelvariante determinierte Struktur des Systems legt damit fest, welche Einwirkungen des Milieus (z. B. in Form von elektromagnetischen Schwingungen) intern Strukturveränderungen auslösen können. Diese Systemstruktur ist nicht willkürlich, sondern von diesen Gesetzmäßigkeiten abhängig – und das bedeutet: abhängig von der jeweiligen Regelvariante. Die Aufmerksamkeit beurteilt damit in ihrer Beobachterfunktion die Relevanz von Reizeinwirkungen für das System des neuronalen Geschehens unter dem Primat der Regel daraufhin, ob sie Veränderungen im System auszulösen vermögen oder nicht. Damit erreicht sie die Kopplung des Systems des neuronalen Geschehens an seine spezielle Umwelt: das System der neuronalen Verschaltung. Dieses wird mit der Beobachtung beeinflusst: dem Urteil der Aufmerksamkeit für eine Relevanz folgend, werden Verbindungen verstärkt oder verringert, abgebaut oder neu angelegt.

Ich fasse das bisher Gesagte noch einmal zusammen: Die Aufgabe der Aufmerksamkeit im System des neuronalen Geschehens ist eine doppelte und ihre Funktion eine zweifache: sie ist sowohl Beobachter 1. als auch Beobachter 2. Ordnung. Die jeweilige Funktion erfüllt sie in Abhängigkeit von der Aufgabe, die ihr im Geschehen auf neuronaler Ebene zukommt: in der Funktion eines Beobachters erster Ordnung kommt sie der Aufgabe nach, interne Operationen auf ihre Anschlussfähigkeit hin zu beobachten. Hierbei liegt ihre wesentliche Leistung darin, auf die Strukturen bzw. Aktivitätsmuster zuzugreifen, die mittels der Prozesse von Neuronengruppen der verschiedenen Einheiten erzeugt werden, und sie nachgeschalteten Neuronengruppen für ihren weiteren Aus- und Umbau zur Verfügung zu stellen. Das bedeutet, wie Simon es formulierte, als Beobachter vollzieht die Aufmerksamkeit interne Unterscheidungen und arbeitet mit ihnen. Ihre Funktion muss daher interpretiert werden als ein Zur-Verfügung-Stellen der bisher erzeugten Strukturen für die jeweils an ihrem weiteren Aufbau beteiligten Neuronen.

In der Funktion des Beobachters bringt sie die strukturelle Kopplung zwischen System und Milieu hervor. In dieser Funktion liegt ihre Aufgabe darin zu beobachten, in welcher Weise Konfigurationen der Umwelten zur Änderung der eigenen Strukturen führen. Die Änderungen können jedoch nur in der Art registriert werden, die der Regelvariante des jeweiligen Gehirns entspricht. Das heißt: wenn Änderungen registriert werden sollen, dann müssen sie zu den intern bereits erzeugten Strukturen passen, da sonst die Anschlussfähigkeit der Prozesse nicht gewährleistet ist. Reizeinwirkungen werden also nur in der Art registriert, in der sie sich auf die Beziehungenstruktur der Konstruktionen des prädikativen Gehirns bzw. die Wirkungenstruktur der Konstruktionen des funktionalen Gehirns auswirken, um in diese eingefügt werden zu können. Ist diese Bedingung nicht erfüllt, hat dies Auswirkungen auch auf das System der neuronalen Verschaltung: die zugehörigen Signale werden nicht weitergeleitet.

Mit der Beschreibung der Operationsweise der Aufmerksamkeit kommen wir wieder zu Luhmanns (1991/2-2006) Aussage, dass Kausalität ein Urteil des Beobachters sei. Dieses Urteil betrifft den kausalen Zusammenhang entweder in Form von Relationen oder in Form von Wirkungen. Für Maturana ist es eine der grundlegenden Bedingungen, dass nicht Dinge oder Eigenschaften einer „objektiven" Realität beobachtet werden, sondern dass es, wie von Glasersfeld (1990) schreibt, „immer nur die Ergebnisse von Unterscheidungen[sind], die der Beobachter selbst macht und die ohne seine Tätigkeit des Unterscheidens keinerlei Dasein haben."(S.4) Das Ergebnis dieser Unterscheidung fällt dann auf der Basis der jeweiligen Regelvariante. Dem Vorschlag Luhmanns folgend, dieses Beobachten als das

Handhaben einer Unterscheidung zur Bezeichnung der einen und nicht der anderen Seite zu behandeln, lässt sich für die Funktion der Aufmerksamkeit in dieser Weise bestimmen: bezeichnet wird, was intern geschieht, auf der Basis entweder der funktionalen *oder* der prädikativen Variante.

Die Bestimmung der Aufmerksamkeit als Beobachter im System des neuronalen Geschehens hat einen weiteren Effekt. Da die Aufmerksamkeit das Kausalschema der jeweiligen Regelvariante verwendet, werden zunächst einmal alle diejenigen Nervenzellen aktiviert, welche über ihre Kommunikation mit hoher Wahrscheinlichkeit zur Bildung gedächtnisrelevanter Strukturen beitragen werden. Die Entscheidung, die mit dieser Differenzierung nach einer der beiden Varianten gefällt und von der Aufmerksamkeit ausgeführt wird, hat damit eine vorbereitende Funktion.

Solange man davon ausgehen konnte, dass es, abgesehen von individuellen Unterschiedlichkeiten, nur *ein* menschliches Gehirn gibt, war die Annahme einer Vorbereitungs- oder Voreinstellungsfunktion als notwendige Voraussetzung für eine funktionierende Signalverarbeitung vermutlich nicht relevant. Dies ungeachtet der Tatsache, dass im Alltag für alle Ziele, die erreicht werden sollen, mehr oder weniger aufwendige Vorbereitungen notwendig sind. Selbst wenn man nur seinen Durst löschen oder ein Buch lesen möchte sind für diese einfachen Akte bereits Voreinstellungen für Bewegungen nötig, beispielsweise die der Greifbewegung - das Heben und Vorstrecken des Armes und das Krümmen der Finger -, um das Glas bzw. das Buch ergreifen zu können.

Nun aber ist es so, dass die Vorbereitungsfunktion der Aufmerksamkeit dem Zweck dient, die Anschlussfähigkeit der internen Operationen sicher zu stellen. Das bedeutet, es müssen Funktionseinheiten gebildet werden, die auf der Basis der jeweiligen Variante über ihre Kommunikation an der Konstruktion interner Strukturen beteiligt sind. Entsprechend erfolgt im Verarbeitungsprozess durch die Aufmerksamkeit als Vorbereitung für die Erzeugung entweder prädikativer oder funktionaler Strukturen eine Aktivierung derjenigen Neuronen, die am wahrscheinlichsten benötigt werden. Sie wirkt deshalb aktivierend auch auf Neuronen, welche für die Ausführung motorischer Prozesse am wahrscheinlichsten benötigt werden. Diese Voreinstellungsfunktion der Aufmerksamkeit lässt sich im Elektroenzephalogramm an Hirnpotenzialen messen. Nun zeigte Benjamin Libet in seinen Experimenten, dass diese Hirnaktivität dem eigentlichen Handeln, aber auch dem Bewusstwerden einer Handlung, die man ausführen möchte, vorausgeht. Aus diesen Befunden wurde geschlossen, das Gehirn treffe die Entscheidung zum Handeln und die subjektive Annahme eines freien Willens sei nur Illusion. Dagegen konnten Herrmann, Pauen, Min, Busch und Rieger (2005) zeigen, dass diese Aktivität sogar schon messbar ist, noch bevor den Teilnehmern an den Versuchen Reize angeboten wurden: die Teilnehmer sollten, nachdem sie einen Reiz wahrnahmen, der ihnen auf einem Computermonitor angeboten wurde, in Abhängigkeit vom Reiztyp einen von zwei Knöpfen drücken. Da die Aktivität bereits vor der Präsentation des Reizes messbar war, legt dies den Schluss nahe, dass die Aktivität in den entsprechenden

Regionen eine allgemeine Reaktion darstellt und als allgemeine Erwartung gesehen werden muss. Dies klingt schon deshalb plausibel, weil die Teilnehmer ja bereits darüber informiert waren, *dass* ihnen ein Reiz angeboten werden würde und *was* sie daraufhin tun sollten.

Genau das aber besagt auch die Regel in ihrer jeweiligen Variante: mit der Konsequenz-Variablen ist ein Ziel bereits vorgegeben, auch wenn das Ergebnis selbst noch nicht bekannt ist.

Da zu verschiedenen Zeitpunkten jeweils unterschiedliche Neuronen mit gleicher Merkmalsspezifikation an der Darstellung eines Sachverhaltes beteiligt sein können, ist mit Vorbereitung die Bereitstellung von *Möglichkeiten* zu dieser Darstellung gemeint. Sie ist folglich keine Entscheidung für ein Handeln. Welche der potenziell zur Verfügungen stehenden Neuronen an einer Darstellung beteiligt sind, regelt sich zu einem gegebenen Zeitpunkt je nach Relevanz der Sachlage selbst. Um es noch einmal zu betonen: die Entscheidung zum Handeln wird nicht vom Gehirn getroffen, sie wird, wie ich behaupten werde, vom Beobachter im System Bewusstsein gefällt. Darauf werde ich in einem späteren Brief eingehen.

Bei der Darlegung meiner ersten These hatte ich beschrieben, in welch unterschiedlicher Weise prädikative Personen einerseits und funktionale (AD(H)S-)Personen andererseits eine Aufgabe wahrnehmen und worauf, auf welche Details oder Zusammenhänge sie geachtet hatten. Der Fokus lag bei prädikativen Personen auf den Details und der Art, in der sie zueinander in Beziehung standen, bei AD(H)S-Personen lag er auf den Prozessen und ihren (Aus)-Wirkungen. Die Aufmerksamkeit war folglich gerichtet – im prädikativen Fall auf das Beziehungengefüge, im funktionalen Fall auf das Wirkungengefüge. In dieser Weise beschrieben, könnte der Eindruck entstehen, es handele sich eben doch um ein mit dem Bewusstsein verbundenes Phänomen, welches sich infolgedessen auch lenken lassen müsste. Da es jedoch nicht die Merkmale von Eigenschaften der Objekte sind, auf die sich die Aufmerksamkeit richtet, weil das Gehirn nicht auf in der Außenwelt vorhandene Objekte und ihre Eigenschaften, sondern nur auf Frequenzen reagiert – auf das „so viel" an diesem Punkt des Körpers -, ist schon deshalb schwierig zu fordern, die Aufmerksamkeit müsse sich steuern lassen, um auf etwas gelenkt werden zu können, das „außerhalb" ist. Es können folglich nur die internen Prozesse sein und die Strukturen in der Art ihrer Konstruktion, auf die die Aufmerksamkeit fokussiert und deren Veränderungen von ihr registriert werden. Eine Aufmerksamkeit, die sich nicht auf Gegenständliches – auf Objekte, konkrete Sachverhalte, bewusst Erlebtes – richtet, eine Aufmerksamkeit, die sich vielmehr entweder auf die Art und Weise, in der Merkmale von Eigenschaften wie Form, Farbe und Bewegung oder Lokalisation eines Objektes zueinander in Beziehung gesetzt werden oder auf die Art und Weise, in der diese Merkmale von Eigenschaften zusammenwirken – eine solche Form der Aufmerksamkeit kann nicht gesteuert und gelenkt werden, und sie kann keinem bewussten Willensakt unterliegen.

Dennoch kann man fragen, ob nicht möglich sei, dass die Aufmerksamkeit in zwei verschiedenen Formen vorkommt und zwei verschiedene Funktionen erfüllt:

einmal als Beobachter im System des neuronalen Geschehens, als welche sie nicht gelenkt bzw. gesteuert werden kann, und einmal in einer mit dem bewussten Erleben verbundenen Funktion, in der sie willentlich auf relevante Reize in der Außenwelt gerichtet werden kann.

Dies ist aus einem wichtigen Grund nicht möglich: Mit der Bindung an das Paradigma der Systemtheorie ist die Forderung an die Einhaltung seiner Regeln verbunden. Eine dieser Regeln ist die Theorie der operationalen Geschlossenheit. Sie besagt, dass ein System seine Operationen nicht nutzen kann, um mit ihnen in seine Umwelt(en) hinauszugreifen. Wenn nun die Aufmerksamkeit als Operation im System des neuronalen Geschehens die Funktion des Beobachters hat – wenn sie die Operation ist, mit der sich das System u.a. vom System der neuronalen Verschaltung unterscheidet, dann kann sie auf keinen Fall als Operation in einem anderen System auftauchen. Wollten wir dies jedoch annehmen, so müssen wir annehmen, dass auch das Bewusstsein Teil des Systems des neuronalen Geschehens sei und in diesem System als Operation vorkommen muss. Dann hätten wir Bewusstsein auf neuronale Prozesse reduziert – eine Auffassung, die weder Du noch ich vertreten. Deshalb postuliere ich, Bewusstsein sei ein eigenständiges, vom neuronalen Geschehen unabhängiges System, die Aufmerksamkeit gehöre als Operation zum System des neuronalen Geschehens und deshalb kann sie nicht zugleich im System Bewusstsein als Operation vorkommen.

Mit den hier vorgestellten Aufgaben und Funktionen wird die Aufmerksamkeit gesehen als ein Subsystem, welches integraler Bestandteil des Systems des neuronalen Geschehens ist. Als solches ist sie mit der Sicherung der Anschlussfähigkeit der Prozesse beteiligt an den Prozessen zur Erzeugung von Strukturen, welche identisch sind mit dem von uns bewusst Erlebten.

Die These, das mentale Phänomen Aufmerksamkeit als Beobachter zu postulieren, könnte den Eindruck entstehen lassen, es handele sich hier um eine Rückkehr zu aufgegebenen Annahmen, zu einer Instanz, welche den internen Prozessen gegenüber steht. Wenn Aufmerksamkeit nun jedoch als System betrachtet wird, dem Aufgaben innerhalb des gesamten Verarbeitungs- und Integrationsgeschehens zukommen, bedeutet dies nicht, dass sie diese Instanz sei, wie dies mit den früheren Annahmen der Fall war. Sie ist vielmehr der Garant sowohl für die Hervorbringung der strukturellen Kopplung zwischen dem System des neuronalen Geschehens und dem System des neuronalen Netzwerkes, als auch für die Anschlussfähigkeit interner Operationen. Sie kann daher kein Phänomen sein, welches sich außerhalb des neuronalen Geschehens befindet. Diese Aussage ist in dem Sinne zu verstehen, wie dies von Luhmann (1991/2 –2006) wie folgt beschrieben wird: „Der Beobachter kommt nicht irgendwie oberhalb der Realität vor, er fliegt nicht über den Dingen und betrachtet nicht von oben, was vor sich geht. Er ist auch […] kein Subjekt außerhalb der Welt der Objekte, sondern mittendrin […]" (S.142). Daher kann gelten, was Luhmann wie folgt beschreibt: „Und selbstverständlich müssen Beobachter, die Kausalschemata verwenden, wiederum als Systeme funktionieren." (S.95)

Mit der Zuordnung der Aufmerksamkeit zum System des neuronalen Geschehens stellt sich nun die Frage, wem wir die vakant gewordene Position im bewussten Erleben zuweisen müssen, die wir bisher mit der Aufmerksamkeit verbunden haben. Darauf werde ich eingehen, wenn wir uns mit dem Bewusstsein befassen werden.

7. Gedächtnis

Lieber Peter,

dieser Brief enthält ausschließlich einen Überblick über die verschiedenen Theorien zum Gedächtnis in der Psychologie. Zur Darlegung meines Ansatzes zum Gedächtnis benötige ich drei Briefe – *für jede Periode* einen.

Bereits beim Thema „Aufmerksamkeit" zeigte sich, dass die fehlende Definition des Begriffs zu unterschiedlichen Auffassungen führt. Das hat zur Folge, dass man weniger über den Gegenstand selbst etwas erfährt, dafür aber umso mehr über die verschiedenen Annahmen und Theorien zu den verschiedenen Erscheinungsformen, in denen sich das Phänomen ausprägt. Der Grund dafür ist, dass sich ein Phänomen mit naturwissenschaftlichen Methoden nur untersuchen lässt, wenn es anhand physikalischer Zustände beschreibbar ist bzw. in solche Zustände überführt werden kann.

Du nanntest als Grund außerdem das Fehlen übergreifender Prinzipien, und dies fällt auch in den Forschungen zum Gedächtnis auf. Es zeigt sich nicht allein in den divergierenden Annahmen zu diesem Phänomen, sondern auch in der unterschiedlichen Gliederung des Stoffs in Lehrbüchern der kognitiven Psychologie: sie erfolgt je nach Autor nach ganz unterschiedlichen Gesichtspunkten.

Da dieses Kapitel einen kleinen Überblick über einige bisherige Modelle und Auffassungen geben soll, bevor ich in den folgenden Kapiteln einen anderen Ansatz vorschlage, habe ich für eine Strukturierung der hier ausgewählten Theorien eine Ordnung nach eigenen Gesichtspunkten vorgenommen. Wenn dennoch beim Lesen der Eindruck entsteht, es fehle der rote Faden, so ist das wohl nicht zu vermeiden: das Fehlen der Prinzipien einerseits und die Präferenz für die naturwissenschaftliche Methode andererseits wirken den Versuchen zu einer Integration und Ordnung entgegen.

Ich werde zunächst einige der bedeutendsten bzw. interessantesten Modelle zu den verschiedenen Arten des Gedächtnisses im Zusammenhang mit Theorien zum Behalten und Erinnern vorstellen, und hier nach Möglichkeit auch chronologisch vorgehen. Außerdem aber habe ich in diesen Überblick Rahmenmodelle, soweit sie das Gedächtnis betreffen, mit hineingenommen, da sie mir interessant erscheinen und das Bild zum Stand der derzeitigen Forschung abrunden.

Eine Modellvorstellung, welche auch in der Öffentlichkeit Verbreitung gefunden hat und sich dort nach wie vor hält, ist das so genannte Mehrspeichermodell. Zu diesem Modell führte die Feststellung, dass manche Informationen rasch wieder zerfallen, also vergessen werden, während andere Informationen über lange Zeiträume hinweg erhalten bleiben. Die bedeutendste Version stammt von Atkinson & Shiffrin (1968). Dieses Modell besteht aus einem sensorischen Register – in einigen Modellen auch Ultrakurzzeitgedächtnis genannt – das der Reizerkennung dient. In ihm werden die Informationen nur sehr kurzfristig gespeichert. Zentral für dieses Modell ist aber das Kurzzeitgedächtnis, dessen Kapazität begrenzt ist. Man nahm an, dass Informationen durch Memorieren gehalten würden, um dann ins Langzeitgedächtnis überführt werden zu können. Andernfalls, d.h., ohne den Vorgang des Memorierens würden sie sehr schnell wieder zerfallen. Ihre Spur würde damit verloren gehen. Die Besonderheit am Vorgang des Wiederholens besteht darin, dass sie phonologisch erfolgt, also mit Sprache verbunden ist, welche folglich für das Erinnern als unabdingbar angenommen wird. Tatsächlich zeigte sich in einzelnen Studien, dass bei Buchstaben, die klangliche Ähnlichkeit besitzen, auch dann Erkennungsfehler auftraten, wenn sie nur im Bild präsentiert worden waren, was diese These zu stützen schien. Die begrenzte Kapazität des Kurzzeitgedächtnisses äußert sich in der so genannten Gedächtnisspanne. Der Begriff Gedächtnisspanne bezeichnet das Vermögen, eine Menge an Elementen unmittelbar nach ihrer Präsentation wiedergeben zu können. Diese Anzahl ist begrenzt, d.h., ab einer gewissen Menge an Elementen geht ohne den Vorgang des Memorierens nach kurzer Zeit die Gedächtnisspur einzelner dieser Elemente verloren, sie können nicht mehr erinnert werden. Vom Langzeitgedächtnis dagegen nahm man an, dass die Strukturen als beständig gelten können.

Ein Einwand, der gegen die Annahme eines Kurzzeitgedächtnisses vorgebracht wurde, bestand darin, dass die Versuche zu einer Behaltensleistung im Kurzzeitgedächtnis auf der Wiederholung sinnfreier Zahlen und Buchstaben beruhten. Diese Zeichen würden schlechter erinnert als es der Fall sei, wenn sie in einem Sinn ergebenden Zusammenhang dargeboten würden. Kritik an dem Modell kam vor allem von Alan Baddeley. Sie zielte auf den nicht eindeutig erkennbaren Einfluss des Kurzzeitgedächtnisses auf das Langzeitgedächtnis. Baddeley monierte, dass bei diesem Modell das Kurzzeitgedächtnis einwandfrei funktionieren müsse, um den Transfer ins Langzeitgedächtnis zu gewährleisten. Studien hätten aber gezeigt, dass dies nicht unbedingt der Fall sein müsse. Zudem meinte er, der Umfang der Gedächtnisspanne sei nicht abhängig von der Kapazität – beispielsweise der Anzahl der Silben eines Wortes – sondern von der Zeit, die zum Artikulieren aufgebracht werden müsse. Baddeley schlug deshalb ein Arbeitsgedächtnismodell vor. Dieses verfügt über zwei Kurzzeitspeicher, einen verbalen und einen räumlich-visuellen. Das verbale Kurzzeitgedächtnis besteht aus einem phonologischen Speicher und einem artikulatorischen Prozess. Es liegt in Form einer artikulatorischen Schleife vor, das heißt, phonologische Information fließt in den Speicher und von dort wieder in den artikulatorischen Prozess. Neben dem verbalen Speicher postulierte Baddeley auch ein räumlich-visuelles Gedächtnis, in welches Informationen durch Wahrnehmung visueller Reize gelangen. Allerdings können Informationen auch durch bildliche Vorstellungen generiert werden. Beide Speichersysteme werden durch ein weiteres System kontrolliert, die zentrale Exekutive, eine Art Aufmerksamkeitssystem. Die Aufgabe der zentralen Exekutive besteht darin, Informationen in die beiden Systeme einzuführen, bzw. sie aus den Systemen abzurufen und in andere Systeme zu überführen. Ein Manko auch an Baddeleys Modell ist, dass nicht deutlich wird, wie die Beziehung des Arbeitsgedächtnisses zum Langzeitgedächtnis aussieht. Baddeley selbst stellte später fest, dass sich mit seinem Modell nicht alle Effekte erklären ließen. So baute er in sein Modell noch einen episodischen Speicher ein, in welchem phonologische und visuelle Informationen in Form von Episoden gespeichert sind.

Neue Erkenntnisse sowohl in der Neurobiologie als auch in der Psychologie zeigen aber, dass sich die Annahme eines zentralen Speichers für räumlich-visuelle Information nicht halten lässt, da die Verarbeitung dezentral verläuft. Dennoch, das Modell des Arbeitsgedächtnisses fand Eingang auch in andere Ansätze.

Ein anderer, prozessorientierter Vorschlag kam von Craik & Lockhart (1972). Sie nahmen an, dass nicht die Dauer des Wiederholens für eine bessere Leistung sorge, sondern dass es vielmehr auf die Tiefe der Verarbeitung ankäme. Das heißt, die Gedächtnisleistung ist weitaus besser, wenn der memorierte Stoff bedeutungshaltig ist. Passives Wiederholen bringe dagegen nur geringe Verbesserungen bei der Behaltensleistung. In ihrem Ansatz gehen Craik & Lockhart davon aus, dass die Verarbeitung über mehrere Ebenen oder Stufen verläuft: auf der ersten Stufe geht es um das Erkennen eines Reizes und die Analyse seiner physikalischen Eigenschaften. Ist der Reiz erkannt, kann er auf der nächsten Stufe verarbeitet, und schließlich auch assoziiert werden. Kontrolliert wird dieser Prozess durch ein Verarbeitungssystem. Als Nebeneffekt ergibt sich eine Gedächtnisspur, die verfolgt werden kann. Die Dauerhaftigkeit, mit der etwas behalten wird, hänge daher mit der Tiefe der Analyse zusammen. Dieses Modell gehört zu den so genannten Prozessmodellen, doch nach Engelkamp & Zimmer (2006) kann dieser Ansatz auch so formuliert werden, dass Ebenen oder Stufen als Systeme angenommen werden können. Danach würden z. B. Wörter zunächst in einem visuellen Gedächtnissystem verarbeitet werden, anschließend in einem phonologischen und schließlich in einem semantischen System.

Ein Ansatz, der die Gemüter bewegte und eine geraume Zeit lang die Vorstellungen zu einer Repräsentation von Wissen beherrschte, war der propositionsorientierte Ansatz. Danach ist Wissen in Form von Propositionen repräsentiert. Nach Anderson (1996) ist eine Proposition die kleinste Wissenseinheit, die sinnvoll nach wahr oder falsch beurteilt werden kann. Sie setzt sich zusammen aus einem Prädikat und einem oder mehreren Argumenten, wobei die Argumente keine Variablen, sondern Konstanten sind. Prädikate sind Beschreibungen des Verhältnisses, in welchem die Argumente zueinander stehen. Einstellige Prädikate bezeichnen Eigenschaften, mehrstellige drücken Beziehungen aus. Vertreter dieses Ansatzes gingen davon aus, dass das Gehirn nicht mit Wörtern oder Symbolen operiere, sondern Wissen in prädikatenlogischem Format vorliege. Alle wahrnehmungsbezogenen Details – insbesondere solche visueller Natur – kamen in diesem Modell nicht vor. Physikalische Eigenschaften von Reizen galten als irrelevant. Objekte, Personen, etc. seien danach nur Notationen von Bedeutungsstrukturen in Form von Propositionen. Vor allem Pylyshyn (1981) verstand Informationsverarbeitung als rein propositional, und da dieser Ansatz, u.a. von Paivio (1971), der von einer dualen Kodierung ausging, kritisiert wurde, entwickelte sich in den70er Jahren des vergangenen Jahrhunderts eine lebhafte Debatte um das Für und Wider einer propositionalen Repräsentation. Paivio schlug vor, nicht allein von einer rein verbalen Repräsentation eines Wortes auszugehen, sondern darüber hinaus anzunehmen, es sei auch visuell, als gedrucktes Wort repräsentiert. Kritik am propositionalen Ansatz übte auch Dörner (1997), ich komme im nächsten Absatz darauf zurück. In Anlehnung an den propositionsorientierten Ansatz gibt es verschiedene Modelle, u.a. eines von Collins & Quillian, in dem eine solche (hypothetische) Gedächtnisstruktur auf drei Ebenen, welche Objektklassen markieren, dargestellt wird. Demonstriert am Beispiel eines Kanarienvogels zeigen die Autoren, dass vom Basis-Kategoriennamen „Kanarienvogel" auf verschiedene Domänen verwiesen wird, mit denen der Vogel bezeichnet werden kann. Eine Domäne bedeutet die Fähigkeit, fliegen zu können, die der Vogel mit anderen Vögeln gemeinsam hat; der andere Verweis gilt der Eigenschaft, „gelb" zu sein. Von der Domäne bzw. Kategorie „Vogel" gibt es dann den Verweis auf die übergeordnete Domäne bzw. Kategorie „Tier", usw.

Ähnlich wie schon bei der Erforschung der Aufmerksamkeit ist man in neuerer Zeit dazu übergegangen, auch das Gedächtnis unter dem verhaltensorientierten Blickwinkel zu untersuchen. Zur Erforschungen von Gedächtnisleistungen beanspruchen diese Modelle, Systemannahmen mit Prozessannahmen zu verbinden. Das Erinnern von Bildern, Ereignissen und Handlungen zwinge, so Engelkamp & Zimmer, (2006), zu einer Ausweitung der theoretischen Überlegungen. Diese Modelle werden multimodal genannt. Sie unterscheiden zwischen Eingangs- und Ausgangssystemen, sowie einem Konzeptsystem (s. Engelkamp & Zimmer, a.a.O., S. 291 ff.), in welchem sich Information entlang der Pfade eines semantischen Netzwerkes ausbreitet. Die Eingangssysteme bestehen bei den genannten Autoren aus Einheiten, die „Marken" genannt werden, die Einheiten der Ausgangssysteme heißen Programme. Unter Marken ist zu verstehen, dass es sich um sensorische Repräsentationen handelt, d.h., sie bestehen aus sensorisch wahrnehmbaren Merkmalen. In dieser Auffassung und in den Begriffen klingt der amodale (propositionale) Ansatz an. Dörner kritisierte Engelkamps Auffassung folgendermaßen: „Engelkamp (1990, S.56ff) meint, daß ein amodaler Code notwendig sei, damit an irgendeiner Stelle die aus verschiedenen Sinnesgebieten stammenden Bezüge zusammengeführt werden. Ein Apfel ist ein Objekt, das man wahrnehmen, schmecken und riechen kann. Und außerdem kann man das Wort `Apfel´ hören oder lesen. Und irgendwo müssen die `Wortmarken´, die ihrerseits verschiedenen Sinnesgebieten angehören und die Sinneseindrücke zusammenkommen, und Engelkamp ist der Auffassung, daß dies in einem amodalen Code geschehe." (Dörner, 1997, S.11)

Einen Prozess muss man sich bei diesen Modellen so vorstellen, dass ein Reiz verbaler oder visueller Natur seine jeweilige Wort- oder Bildmarke aktiviert; dies führe automatisch zur Aktivierung des Konzeptes. Dadurch wird das dazugehörige Programm aufgerufen mit der Folge, dass beispielsweise ein Wort ausgesprochen oder ein Gegenstand ergriffen wird. Die Speicherung von Gedächtnisinhalten bzw.

das Behalten wird als Funktion verschiedenen Hirnstrukturen zugeschrieben, beispielsweise dem Hippokampus, der Merkmale aneinander zu binden vermag, um Gedächtnisspuren aufzubauen. Die Verfestigung dieser Spuren führt zum Aufbau von Assoziationen, die mit jedem neuen Aufruf neu gebildet werden.

Mit diesen Modellen ergeben sich jedoch keine wirklichen Neuerungen. Vielmehr hat es den Anschein, als sei mit der Orientierung am Verhalten eine Annäherung an Vorstellungen verbunden, die nicht nur an den propositionalen Ansatz, sondern auch an die behavioristische Annahme des Reiz-Reaktions-Schemas angelehnt sind. Allerdings berücksichtigen sie im Gegensatz zu früheren Ansätzen vermehrt neurobiologische Zusammenhänge.

Insgesamt lässt sich für die bisher besprochenen Modelle - sowohl für die Arbeitsgedächtnis- als auch für die multimodalen Modelle - feststellen, dass sie einen gravierenden Nachteil bergen, der schon in den Kapiteln „Regeln" und „Aufmerksamkeit" auffiel: es ist die ihnen implizite Annahme einer zentralen Instanz – ob sie nun zentrale Exekutive oder Konzeptsystem genannt wird -, die jedoch mit den Befunden aus der Neurobiologie nicht in Einklang gebracht werden kann.

Waren es bisher Einzeltheorien und -annahmen zum Gedächtnis, finden sich in Rahmenmodellen, sogenannten Kognitiven Architekturen, andere Auffassungen zum Gedächtnis. Außerdem unterscheiden sich bei diesen die Vorstellungen zur Repräsentation von Wissen als auch zu Lern- und Behaltensleistungen. Kognitive Architekturen sind nach Anderson relativ umfassende Annahmen zur Struktur der menschlichen Kognition. Man unterscheidet im wesentlichen zwei Gruppen: die Produktions(regel)systeme und konnektionistische Modelle bzw. Neuronale Netze. Ich beschränke mich hier auf die Beschreibung des bedeutendsten Produktionssystems und eines Vorläufers dieser Gruppe.

Dieses frühe Modell stammt von Simon & Newell (1974). Es geht von folgender Annahme zum menschlichen Informationsverarbeitungssystem aus:
„ 1. Das IPS (*Information Processing System,* Anmerk. v. d. Verf.) enthält ein (eventuell mehr als ein) Gedächtnis, das Symbole und aus Symbolstrukturen zusammengesetzte Strukturen speichert.
2. Die Symbolstrukturen im Gedächtnis eines IPS bestehen aus Listen (geordnete Mengen von Symbolen, z. B. das Alphabet) und Beschreibungen (Assoziationen zwischen Dreiergruppen von Symbolen, z.B. ``schwarz, Gegenteil, weiß``, zu lesen als: ``schwarz ist das Gegenteil von weiß``).
[...]
3. Die elementaren Prozesse operieren mit Symbolen. Solche Prozesse sind u.a.: Symbole speichern, Symbole kopieren, Symbole in Listen und Beschreibungen assoziieren, Symbole in Listen und Beschreibungen auffinden, Symbole vergleichen." (S.932).

Dieses Modell ebenso wie andere Produktions(regel)systeme sind Anlehnungen an den Ansatz der Informationsverarbeitung, die ihre Wurzeln in der mathematischen Theorie von Shannon & Weaver und in der Kybernetik von Norbert Wiener haben.

Das bedeutendste Modell in dieser Gruppe ist die ACT-R – Theorie (Adaptive Character/Control of Thought, Rational) von Anderson (2002). Mit ACT-R geht man von der Annahme aus, Kognition trete als Konsequenz einer Interaktion zwischen spezifischen prozeduralen und deklarativen Einheiten auf. Das Modell unterscheidet also zunächst einmal zwei (Gedächtnis-)Systeme: ein prozedurales (implizites) und ein deklaratives (explizites). Das deklarative System enthält Faktenwissen und wird temporalen Gehirnregionen sowie dem Hippokampus zugeordnet. Auf dieses Wissen können wir zugreifen, wir können es uns bewusst machen. Das prozedurale System kodiert Prozesse und Aufgaben, die notwendig sind, um Ziele zu erreichen. Dieses System wird bei Anderson mit den Basalganglien assoziiert. Prozedurales Wissen ist nicht bewusst, es äußert sich im Verhalten. Die deklarativen Einheiten von ACT-R als Gedächtnisinhalte werden chunks genannt. Chunks sind Wissenseinheiten, die einige Unteritems (Begriffe, Objekte usw.) zusammenfassen, also unterschiedliche Typen von Faktenwissen enthalten. Sie repräsentieren erinnerte oder erreichte Sachverhalte. Ein chunk kann also beispielsweise das Faktum enthalten, dass 2 + 2 = 4 ist, oder „that Boston is the capital of Massachusetts", (Anderson, 2002, S. 4). Prozedurale Wissenseinheiten sind Produktionsregeln, die, wenn die entsprechenden Bedingungen erfüllt sind, spezifische Aktionen ausführen. Bereits im Kapitel „Regeln" sind diese Produktionen angesprochen worden: eine einzelne Produktionsregel kann beispielsweise ausgewählt werden, um während eines Zyklus´ zu feuern. Das ACT-R -Modell enthält ein Set von Modulen, welche ebenfalls neuronalen Strukturen zugeordnet werden. Mit ACT-R wird daher versucht, eine Verbindung zu den neurobiologischen Grundlagen herzustellen. Die Module sind für spezifische Aufgaben zuständig, beispielsweise für die Identifikation von Objekten im visuellen Feld oder auch für die Aufrechterhaltung der Spur eines Zieles, das verfolgt wird. Die Zielorientierung ist in diesem Modell wesentlich. Den Modulen zwischengeschaltet ist das zentrale Produktionssystem, welches jedoch nicht direkt mit den Modulen interagiert, sondern über spezielle Zwischenspeicher mit ihm verbunden ist. Diese Speicher enthalten die jeweilige Information als chunk, allerdings nur in geringer Zahl. Die Module machen die chunks verfügbar. Das Produktionssystem erkennt die Muster in diesen Speichern und setzt die entsprechenden Prozesse in Gang, beispielsweise, um im manuellen Speicher eine Aktion darzustellen.

ACT-R enthält eine Mischung aus seriellen und parallelen Prozessen. Innerhalb der Module verlaufen Prozesse parallel. Seriell dagegen verläuft ein Prozess, wenn es darum geht, ein einzelnes Objekt im visuellen Feld zu kodieren.

Anderson verwendet in seinem Modell die mittlerweile gebräuchliche Unterscheidung von deklarativem und prozeduralem Gedächtnis, entwickelt dazu aber eigene Annahmen. Andere Autoren ordnen diesen beiden Gruppen weitere Arten des Gedächtnisses zu. So wird beim deklarativen Gedächtnis zwischen episodischem und semantischem Gedächtnis differenziert. Das episodische, so die Annahmen, enthält spezifische Ereignisse, wie die Erinnerung an ein Telefongespräch oder einen Besuch. Im semantischen Gedächtnis dagegen ist allgemeines Wissen gespeichert, beispielsweise wie viele Tage ein Jahr hat. Das prozedurale Gedächtnis enthält Wissen über motorisches Können wie z.B. Auto fahren und Fertigkeiten ganz allgemein. Eine Variante dieses Modells stammt von Markowitsch (1992), der zwischen deklarativem und reflexivem Gedächtnis unterscheidet, wobei er dem reflexivem Gedächtnis die Arten prozedural, Priming (eine Art wiederholendes Üben) und Konditionierung zuordnet. Auch diese Arten werden noch einmal unterteilt, und zwar einmal beim Priming, hier wird unterschieden zwischen bereits gespeicherten Einheiten und dem Priming neuer Items, und ebenso bei der Konditionierung, wobei zwischen klassischem und operantem (instrumentellem) Konditionieren unterschieden wird. Unter klassischem Konditionieren versteht man die Assoziation zweier Reize, die keinen sinnfälligen Bezug zueinander haben, von denen aber ein Reiz einen Reflex auslöst, während der andere diesen Reflex normalerweise nicht hervorruft, diesen aber auslösen kann, wenn zuvor beide Reize gemeinsam aufgetreten sind, und nun nur der eine, eigentlich neutrale Reiz dargeboten wird. Bekannt neben den Hundeversuchen von Pavlov ist hierzu Watsons & Raynors Experiment aus dem Jahr 1920 mit einem Kleinstkind, welches durch ein lautes Klatschen in dem Moment erschreckt wurde, als ihm zeitgleich eine weiße Ratte präsentiert wurde. In der Folge erschrak das Kind bereits beim Anblick auch eines Kaninchens, und zwar ohne dass das Geräusch ertönte, welches ursprünglich das Erschrecken ausgelöst hatte. Operantes Konditionieren beruht auf dem Verstärken eines Reizes durch Belohnung oder Bestrafung: ein Verhalten, welches belohnt wird, wird wiederholt, um den Belohnungseffekt hervorzurufen.

Obwohl er nicht überall auf Zustimmung stößt, möchte ich auch - wegen seiner Originalität - den agentenorientierten Ansatz mit PSI (Ψ) von Dörner (1998) und dessen Annahmen zum Gedächtnis erwähnen. Mit der PSI-Theorie soll menschliches Handeln und Erleben in einer komplexen Umwelt erklärt werden. Zu diesem Zweck werden einer Dampfmaschine, genannt Ψ, Programme implementiert, die ihr/ihm ermöglichen sollen, in ihrer/seiner Umwelt zu überleben. Dazu gehört auch die Implementation eines Gedächtnisses. Dörner greift hierbei wieder auf das Modell eines Arbeitsgedächtnisses zurück, dieses unterscheidet sich jedoch deutlich von den bisherigen Formen. Das Arbeitsgedächtnis in der PSI- Theorie umfasst vier Gedächtnisarten: ein Protokollgedächtnis, einen Erwartungshorizont, ein Situationsbild und ein Absichtsgedächtnis. Das Protokollgedächtnis besteht aus einer Reihe von Neuronen, die in der Art einer Kette miteinander verbunden sind. Sie stehen mit einem Cortex in Verbindung, der aus sensorischen und motorischen Schemata besteht. Die sensorischen Schemata sind Indikatoren - beispielsweise für Objekte -, die motorischen Schemata sind Programme. Ein einzelnes Neuron des Protokollgedächtnisses wird mit der Protokollierung eines Ereignisses durch dieses besetzt, das Ereignis ist damit Inhalt des Neurons. Wird ein solcher Inhalt verstärkt, beispielsweise durch Lust- oder Unlustsignale, dann wird er auf Dauer erhalten, anderenfalls wird er vergessen und das Neuron wieder frei für ein weiteres Ereignis. Ein eigenes Langzeitgedächtnis gibt es bei Ψ also nicht. Gespeichert werden Inhalte in Form von Schemata. Schemata – und dies gilt allgemein, nicht nur für die Ψ-Theorie - sind Strukturen aus Hohlstellen. Bei Dörner sind diese Hohlstellen sensorische Verzweigungen, welche Optionen für verschiedene Möglichkeiten offen lassen. Das Protokollgedächtnis versetzt Ψ durch die Verbindung zum Cortex in die Lage, aus wahrgenommenen Ereignissen in Verbindung mit Aktionen Verhaltensprogramme zu entwickeln. Das Absichtsgedächtnis enthält die Motive, die gebildet und je nach Dringlichkeit oder Bedürfnis ausgewählt werden, um behandelt werden zu können. Das Situationsgedächtnis ist notwendig, um zu wissen, welche Bedingungen in der aktuellen Situation gegeben sind, um handeln zu können. Und schließlich wird ein Erwartungshorizont postuliert. Seine Funktion besteht darin, aus intern gespeicherten Ereignissen auf das wahrgenommene Geschehen schließen zu können.

Von der Annahme, Gedächtnisinhalte seien in Form von Schemata gespeichert, gehen auch andere Autoren aus. Anderson (1996, S. 271) schreibt, unser kategoriales Wissen über die Welt sei in Form von Schemata als Strukturen aus Leerstellen repräsentiert. In die Leerstellen werden Ausprägungen eingesetzt, oder mit anderen Worten: die Leerstellen sind die Attribute, die in verschiedenen Ausprägungen vorkommen können. Die Kombination einer Leerstelle mit ihren Ausprägungen liefert ein typisches Merkmal. So kann ein Objekt das Attribut „Material" haben und in den Ausprägungen Metall, Holz, Stein, usw. vorkommen. In Dörners Modell gibt es für jedes Schema eine Oberbegriff-Leerstelle, sowie Teil-Ganzes Relationen. Der Oberbegriff beispielsweise für „Dackel" ist „Hund", der aus Teil-Ganzes-Beziehungen wie Kopf, Schwanz, Pfoten usw. besteht.

Neben der Vorstellung von gespeichertem Wissen in Form von Schemata gibt es außerdem die Variante des Scripts. Hierbei handelt es sich um Ereignisschemata, in denen bestimmte stereotypische Handlungsabfolgen repräsentiert sind, beispielsweise beim Besuch eines Restaurants die Abfolge „Platz nehmen, Speisekarte lesen, bestellen, essen, bezahlen und gehen". (Anderson, 1996, S. 157)

Zusammenfassend lässt sich feststellen, dass in der Psychologie die Annahmen zum Gedächtnis kaum unterschiedlicher sein könnten. Damit stellt sich die Frage, inwieweit sie der Realität entsprechen - ungeachtet der Untersuchungen, die dazu durchgeführt wurden - und ob nicht grundlegend andere Vorstellungen zur Art und Weise unseres Gedächtnisses wie unserer Fähigkeiten, uns zu erinnern, zu lernen und zu behalten angenommen werden müssen.

Diese anderen Vorstellungen finden wir bei Luhmann sowie bei Maturana & Varela - ich werde bei der Darlegung meiner These zum Gedächtnis darauf eingehen. Die Neurowissenschaftler Gerald Edelman und Giulio Tononi (2004) präsentieren ein Modell, welches zumindest in Teilen systemtheoretische Aspekte berücksichtigt. Sie gehen von der Annahme aus, das Gedächtnis „spiegele wider, dass das Gehirn seine Dynamik in einer Art und Weise verändert hat, die die Wiederholung einer Leistung möglich macht." (Edelman & Tononi, S. 130) Ihrer Theorie der Selektion neuronaler Gruppen zufolge postulieren sie Strukturen, die sie als globale Karten bezeichnen – vermutlich in Analogie zu anderen wie beispielsweise den retinotopen Karten im Corpus geniculatum laterale (CGL). Die globalen Karten bestehen aus vielen einzelnen Hirnkarten, welche mit Hirnstrukturen verknüpft sind. Eine solche Karte „verknüpft die [...] übergeordneten topologischen anatomischen Arrangements, das thalamokortikale System und die subkortikalen Anhänge miteinander." (S.131). Eine Regel, mit welcher die Organisation und Koordination dieser Vorgänge beschrieben werden kann, aus denen sich dann bewusstes Erkennen entwickelt, nennen auch diese Autoren nicht.

Mit diesem Überblick haben wir den Teil abgeschlossen, der mit dem Überblick über die Begriffswelt der Systemtheorie, der universellen Regel, den zusätzlichen Funktionen der Nervenzellen und der These zur Funktion der Aufmerksamkeit die Grundlage für die nachfolgenden Thesen, den Kern meines Ansatzes liefern soll.
Die Zusammenfassungen der bisherigen Theorien und Modelle zur Aufmerksamkeit und zum Gedächtnis in der Psychologie dienen nur als Differenz zu meinem Ansatz, spielen aber darin keine Rolle mehr. Einzig Funktionen der Nervenzellen, wie sie in der einschlägigen Literatur beschrieben werden, werden noch benötigt, um die Arbeitsweise des Gehirns zu erklären.

II. Die Arbeitsweise

1. Abläufe

Lieber Peter

nach den Vorbereitungen komme ich nun zu den Thesen, mit denen ich meine Annahme einer Existenz zweier Gehirne begründe

Wie ich mehrfach erwähnte, verstehe ich unter einem Gedächtnis kein Speichermedium, in welchem Wissen in irgendeiner Form repräsentiert sein könnte. Eine Einteilung in verschiedene Arten von Gedächtnissen, wie beispielsweise episodisches und semantisches, deklaratives und prozedurales ist daher nicht möglich. Maturana & Varela sprachen davon, dass wir uns mit der Vorstellung von einer internen Repräsentation der Möglichkeit beraubten, zu verstehen, wie das Gehirn von Augenblick zu Augenblick funktioniere. Die Formulierung „von Augenblick zu Augenblick" impliziert die Vorstellung eines *dynamischen Vorhaltens von Wissen*. Das ist die Vorstellung, von der ich ausgehe. Auch Luhmann geht von einer Annahme aus, die mit ihr übereinstimmt: „Das Gedächtnis ist keine gespeicherte Vergangenheit. [...] Das Gedächtnis ist eher eine Art von Konsistenzprüfung [...]. Entscheidend für das, was man in der Zukunft im Kontext von Erwartungen, von Antizipationen, von Zielsetzungen und dergleichen erreichen will, ist die aktuelle Abrufbarkeit, die aktuelle Verwendungsbreite, wenn man so will, von Strukturen."(S.102f), und er fährt fort: „Wir haben es nicht mit einer Gedächtnistheorie zu tun, die irgendeine Art von Speicher vorsieht. [...]." (Luhmann, S.103).

Ich meine, es ist notwendig, die bisherigen Thesen zur Art und Weise, in der das Gehirn arbeitet, zu überdenken. Dies umso mehr, als nach meiner These Wissen über die Welt und über die eigene Person von einem prädikativ arbeitenden Gehirn in anderer Weise erworben und angelegt wird als von einem funktional arbeitenden Gehirn. Doch wie sollen wir uns eine konsistente interne Darstellung externer Sachverhalte vorstellen? Und konsistent in irgendeiner Form müsste sie schon sein, da sonst die Fähigkeit, sich zu erinnern, nicht gegeben sein könnte.

Halten wir uns dazu vor Augen, wie im Gehirn, und zwar im System des neuronalen Netzwerkes, die Prozesse ablaufen. Die Neurowissenschaftler Edelman & Tononi beschreiben diese Vorgänge folgendermaßen:

> „Und wenn wir uns schließlich mit der neuralen Dynamik befassen (der Art und Weise, wie sich die Aktivitätsmuster des Gehirns im Laufe der Zeit ändern), so besteht die verblüffendste Besonderheit am Gehirn höherer Wirbeltiere in jenem Prozess, den wir [...] als Reentry bezeichnet hatten. [...] Es handelt sich bei ihm um den unablässigen rekursiven Austausch parallel gesendeter Signale zwischen reziprok miteinander

gekoppelten Gehirnarealen [...]. Im Unterschied zur Rückkopplung umfasst dieser Austausch viele parallel geschaltete Wege, außerdem ist mit ihm keine spezielle instruierende –berichtigende – Fehlerfunktion assoziiert. Vielmehr werden auf diese Weise ausgewählte Ereignisse und die Korrelation von Signalen zwischen verschiedenen Hirnarealen unablässig verändert, und das macht ihn zur Synchronisation und Koordination der kommunikativen Funktionen des betreffenden Areals unerlässlich. Eine faszinierende Folge solcher reentranter Prozesse ist die weiträumige Synchronisation der Aktivität zahlreicher Gruppen von aktiven Neuronen, die über verschiedene, funktional spezialisierte Gehirnareale verteilt sind. Dieses synchrone Feuern räumlich weit voneinander entfernter reentrant miteinander verknüpfter Neurone bildet die Basis für die Integration von Wahrnehmungs- und Bewegungsabläufen. Diese Integration führt letztlich zur Kategorisierung des Wahrgenommenen, das heißt, zu der – im Verlauf einer evolutionären Anpassung erworbenen – Fähigkeit, Objekte oder ein Ereignis von seinem Hintergrund zu unterscheiden." (Edelman & Tononi, S. 71f)

Diese Beschreibung liefert weder die Einsicht, in welcher Weise der Integrationsprozess zu der genannten Unterscheidung von Figur und Hintergrund im bewussten Erleben führt, noch erklärt sie, wie wir durch ihn zu einem Erkennen und Verstehen dessen gelangen, das wir wahrzunehmen meinen. Sie macht jedoch deutlich,dass die Vorstellung eines Speichers, in welchem das Wissen in irgendeiner Form repräsentiert ist, um dort aufbewahrt und bei Bedarf aufgerufen (erinnert) zu werden, nicht zutreffen kann.

In den nächsten Briefen werde ich also darlegen, wie dieser Integrationsprozess verläuft und in welcher Weise wir durch ihn zum Erwerb von Konzepten gelangen, die zum Umgang mit der Wirklichkeit unerlässlich sind.

Ich hatte außerdem die These aufgestellt, der Prozess des Konzepterwerbs verlaufe innerhalb dreier Perioden. Während jeder Periode ergibt sich aus den Prozessen eine Struktur als Produkt. Die Produkte sind je nach Regelvariante entweder prädikative oder funktionale physikalische Strukturen. Sie haben daher das Muster entweder von Beziehungen- oder von Wirkungengefügen. Die mit den vorangegangenen Prozessen erzeugten Strukturen werden während der nächsten Periode erweitert und ergänzt. Um den Produktionsprozess in Gang bringen zu können, müssen Nervenzellen miteinander kommunizieren. Dazu organisieren sie sich während einer Periode spontan zu Funktionseinheiten. Die Bildung solcher Funktionseinheiten über reentrante Verbindungen entspricht dabei den Variablen der universellen Regel. Diese zusätzlichen Funktionen der Neuronen und die Systeme, denen sie deshalb nach der jeweiligen Regelvariante zugehören, habe ich bereits vorgestellt. Als Funktionseinheiten gehören Nervenzellen damit jeweils zu einem der drei Systeme, entweder zum Konditionssystem, zum Evenanzsystem oder zum Konsequenzsystem. Für die erste Periode sind dies für das Konditionssystem Neuronengruppen, welche die Funktionseinheit Kondition bilden; zum Evenanz-System gehörende Neuronengruppen bilden die Passiv-Motor (paasmot)- und die Aktiv-Motor(aktmot)-Einheiten; Neuronengruppen des Kosequenzsystems formieren sich zur Funktionseinheit Konfiguration.

Die Erzeugung von Strukturen ist nur möglich, wenn mindestens je drei Neuronen bzw. drei Gruppen von Neuronen je einer dieser Einheiten angehören. Die Bildung von Funktionseinheiten erfolgt dann spontan auf der Basis der jeweiligen Regelvariante. Da die Verarbeitung von Reizen hierarchisch organisiert ist, können je nachdem, wie weit der Integrationsprozess fortgeschritten ist, die gleichen Neuronen verschiedenen Funktionseinheiten angehören. Ein Neuron beispielsweise, welches auf einen bestimmten Formaspekt reagiert - z. B. eine Linie einer bestimmten Orientierung – kann dann je nach aktuellem Zeitpunkt der Verarbeitung sowohl zum Konditions- als auch zum Konsequenzsystem gehören: auf einer unteren Stufe im Verarbeitungsprozess bildet es beispielsweise mit Neuronen des gleichen Merkmalstyps die Funktionseinheit Konsequenz, auf einer späteren Stufe gemeinsam mit Neuronen unterschiedlicher Merkmalstypen die Funktionseinheit Kondition. Die Übergänge sind hier fließend, da Funktionseinheiten nur in dem Augenblick gebildet werden, in welchem die spezielle Funktion ausgeübt wird. An einem Beispiel demonstriert: drei Neuronen, von denen eines der Konditions-, das zweite der Evenanz- und das dritte der Konsequenzeinheit angehört und die gemeinsam an der Bildung einer Struktur beteiligt sind, die mit dem Merkmal „rot" identisch ist, können im nächsten Schritt - wenn die mit dem Merkmal „rot" identische Struktur erweitert wird, beispielsweise zum Merkmal „rot vor dem Hintergrund von grün" - gemeinsam die Funktionseinheit Kondition bilden. Im Prozessverlauf nimmt die Anzahl der an den Funktionseinheiten beteiligten Neuronen zu, um die verschiedenen Aspekte eines Objekts darzustellen. Die Bildung einer Funktionseinheit und mit ihr die Signalisierung einer erfolgreichen Verständigung lässt sich dann an einem phasensynchronen Schwingungsmuster ablesen.

Wenn Du bedenkst, wie viele dieser Prozesse ablaufen müssen, um die diversen Strukturen zu erzeugen, die ein Objekt als Merkmale seiner Eigenschaften haben kann, bevor es in seiner Identität und Funktion erkannt ist, dann nimmt die Menge der Prozesse mit der Anzahl der beteiligten Neuronen, in und zwischen denen sie ablaufen, exorbitant zu. Neuronen, die Funktionseinheiten zur Erzeugung einer komplexen Struktur bilden, sind dann über den gesamten Cortex verteilt. Sie lassen sich aufgrund der Komplexität der Verbindungen zwischen den spezifischen Arealen und Regionen nicht mehr zuordnen.

Mit der Weitergabe eines Signals, durch das eine Verständigung erfolgt, werden während jeder Periode über diverse Verarbeitungsschritte zunächst Teilstrukturen erzeugt und zu komplexeren Strukturen zusammengesetzt. Im Ergebnis, welches dimensioniert ist durch die jeweilige Periode, geht aus den Prozessen eine Struktur hervor, welche identisch ist mit dem jeweiligen Erlebnis, dem Objekt oder dem Sachverhalt. Das Produkt der Prozesse der ersten Periode ist eine physikalische Struktur, die identisch ist mit einem in sich geschlossenen Objekt, dessen Identität noch nicht erkannt und dessen Bedeutung noch nicht verstanden ist. In der zweiten Periode erst kommt im prädikativen Fall das Erkennen eines Objekts anhand seiner invarianten Merkmale hinzu. Damit wird es identifizierbar. Und erst mit Abschluss der dritten Periode schließlich wird ein Objekt in seinem Zweck oder über die Einsicht in seine Funktion verstanden. Mit dem Ergebnis dieser Periode gewinnt ein Objekt seine Bedeutung, das heißt, seine Bedeutung geht als neue Eigenschaft aus diesen Prozessen hervor. Im Falle eines funktional arbeitenden Gehirns geht die dritte Periode der zweiten voraus. Das Produkt, welches beim prädikativen Gehirn an den Vorgaben für ein Ergebnis der dritten Periode orientiert ist, muss hier schon als Konzept in der zweiten Periode erzeugt werden, bevor seine Teilstrukturen, anhand derer es identifiziert werden kann, der Gesamtstruktur hinzugefügt werden. Das Verstehen hat in dieser Art des Konstruierens den Vorrang vor dem Erkennen bzw. es ist die Voraussetzung für ein Erkennen.

Eine Periode umfasst die Menge der Kommunikationsprozesse, die in ihrer Gesamtheit die genannten jeweiligen Strukturen erzeugt. Prozesse, die innerhalb einer Periode ablaufen, können nur dann an die Prozesse der nächsten Periode anschließen, wenn über den Wiedereintritt in das System die Weiterentwicklung des Produkts gewährleistet ist. Das Produkt der jeweiligen Periode führt zu Veränderungen in den Umwelten des Systems des neuronalen Geschehens. Diese Umwelten sind das System der neuronalen Verschaltung und das System Bewusstsein. In beiden Systemen kommt es nun ebenfalls zu Reaktionen, welche wiederum im System des neuronalen Geschehens als Veränderungen der eigenen Prozesse registriert werden. Dazu bedarf es im System des neuronalen Geschehens der Aufmerksamkeit in der Funktion des Beobachters: zum einen zur Registrierung der Veränderungen und zum anderen, um an die beiden anderen Systeme anzukoppeln.

Nun stelle ich noch einmal die Frage, ob angesichts eines beständigen Umbaus unserer Konstrukte, in denen sich unser Welterleben manifestiert, für ein Postulat von einzelnen Perioden eine Notwendigkeit gegeben ist, oder ob dieser Prozess stattdessen stufenlos abläuft. Für die Annahme dreier Perioden müsste es folglich Anhaltspunkte geben, anhand derer eine solche Unterscheidung aufgezeigt werden kann. Diese Anhaltspunkte gibt es, und sie lassen sich an der Entwicklung während der präverbalen Phase aufzeigen, darauf komme ich in den nächsten Briefen zurück. Ein weiteres Indiz ist die geänderte Abfolge der Perioden während des Integrationsprozesses beim funktionalen Gehirn im Gegensatz zum prädikativen, die als Konsequenz aus der Anwendung der anderen Regelvariante resultiert. Diese Änderung in der Abfolge hat entscheidenden Einfluss auf den Vorgang der Konstruktion, und damit auf die „Wahrnehmung" und das Verhalten. Das grundlegende Prinzip zur Konstruktion von Strukturen entweder aus Prädikaten oder aus Wirkungen bleibt dabei konstant. Demgegenüber sind die Konstruktionen selbst fortwährend Prozessen unterworfen, durch welche sie aufgebaut, ergänzt und / oder verändert werden.

Nun wird zu zeigen sein, wie diese Prozesse innerhalb einer Periode ablaufen.

2. Die vierte These: Das dynamische Gedächtnis – die erste Periode

Lieber Peter,

meine These zum Vorhandensein eines dynamischen Gedächtnisses leite ich mit dem bekannten Experiment von Karen Wynn (1992) ein - ich meine, ich habe Dir noch nicht davon berichtet.

Wynn ging der Frage nach, ob Kleinstkinder im Alter von drei bis fünf Monaten bereits arithmetische Vorstellungen besitzen. Einer der Versuche war wie folgt aufgebaut: Den Kindern wurde eine Mickymausfigur gezeigt, welche anschließend hinter einem Sichtschirm versteckt wurde. Dann zeigte man ihnen eine zweite Mickymausfigur, die ebenfalls hinter dem Schirm verschwand. Wynn stellte fest, dass, wenn der Schirm nun heruntergeklappt wurde, die Kinder auch erwarteten zwei Figuren zu sehen. Zwar war Jean Piaget davon ausgegangen, dass Kinder in diesem Alter noch keine Objektpermanenz besitzen – dass ein Objekt daher aus ihrer Erinnerung verschwinden würde, sobald dieses versteckt wird. Dies war jedoch, wie Wynn zeigen konnte, nicht der Fall. Denn in einer Abwandlung dieses Versuchsaufbaus wurde nun, ohne dass die Kinder es sehen konnten, eine der Figuren entfernt, nachdem sie zunächst hinter dem Schirm versteckt worden war. Als diesmal nur ein Objekt zu sehen war, nachdem der Schirm heruntergeklappt wurde, reagierten die Kinder sichtlich überrascht und aufgeregt, weil die Rechenoperation nicht mehr stimmte. Die Kinder hatten also sehr wohl wahrgenommen, dass es zwei getrennte Gegenstände waren, die hinter dem Schirm versteckt worden waren, und sie hatten sich ihrer auch erinnert. Mehr noch: sie waren außerdem in der Lage zu erkennen, dass, wenn man einem ersten Objekt ein weiteres hinzufügt, die Summe der beiden einzelnen Objekte zwei sein muss. Denn in Wiederholungen dieser Versuche zeigte sich, dass die Kinder auch dann höchst überrascht waren, wenn nur eine Figur hinter dem Schirm versteckt wurde, jedoch zwei zu sehen waren, nachdem der Schirm heruntergeklappt worden war. Das unmögliche Ereignis wurde signifikant länger betrachtet, als wenn das Ergebnis der Rechenoperation entsprach.

Neben diesen Befunden fand weniger Beachtung, dass die Kinder, um eine solche Rechenleistung zu erbringen, über die Fähigkeit verfügen müssen, die Figuren als in sich geschlossene, homogene Gegenstände wahrzunehmen. Dieses Faktum ist nicht selbstverständlich, wenn wir davon ausgehen, dass die Wirklichkeit, die wir erleben, ein Konstrukt unseres Gehirns ist, und wir letztlich über die Beschaffenheit der Welt außerhalb unserer selbst keine Kenntnisse haben können, da es „da draußen" nur elektromagnetische Schwingungen, Druckwellen und Moleküle mit größerer oder geringerer durchschnittlicher kinetischer Energie gibt, die von unseren Sinnesorganen registriert werden.

Der Integrations- und Konstruktionsprozess vollzieht sich also auch im Gehirn von Kleinstkindern, doch bei diesen sehr kleinen Kindern lässt sich seine Entwicklung insofern gut dokumentieren, da der Erwerb von Konzepten sehr viel langsamer abläuft als ihr Wiederaufruf. Die einzelnen Perioden, welche durchlaufen werden, sind hier noch unterscheidbar. Von Interesse ist nun zu erfahren, in welcher Weise der Prozess bis zur Wahrnehmung in sich geschlossener Objekte, dem Ergebnis der ersten Periode verläuft. Es geht also zunächst einmal darum sich eine Vorstellung davon zu verschaffen, wie Konstruktionen im Kopf entstehen, ohne dass auf bereits Vorhandenes zu Vergleichszwecken zurück gegriffen werden kann.

Dazu komme ich noch einmal auf die Frage zurück, zu welchen Bedingungen ein Reiz im System des neuronalen Geschehens als Veränderungen auslösend registriert wird. Ich hatte Selektionsmechanismen genannt, welche die Bedingungen für eine solche Registrierung festlegen: die Regelvariante, an der die beiden anderen Mechanismen - die merkmalspezifischen Neuronen und die Aufmerksamkeit – orientiert sind. Auf der Basis der jeweiligen Variante bewirkt die Aufmerksamkeit die Kopplung des Systems des neuronalen Geschehens an das System der neuronalen Verschaltung. Dies hat zur Folge, dass Nervenzellen, die sich an den Schnittstellen zur Außenwelt befinden, nur auf diejenigen Reize reagieren, die - determiniert durch die Regelvariante -, Veränderungen im System auslösen können. Diese Kopplung ist der schmale Bereich im jeweiligen Sinnessystem, innerhalb dessen das „so viel" eines Reizes in Form von Frequenzen das System des neuronalen Geschehens infiltrieren kann. Beim auditiven System ist dies der Frequenzbereich zwischen ca 20 Hz bis 19 kHz, beim visuellen System sind es die Frequenzen des von einem Objekt reflektierten Lichts innerhalb des für uns sichtbaren Spektrums. Von diesen Nervenzellen werden die Reize in bioelektrische Signale umgewandelt und ins System der neuronalen Verschaltung und seine verschiedenen Regionen eingespeist. Diese Regionen oder Bereiche sind spezifisch für unterschiedliche –z. B. akustische oder visuelle - Modalitäten: Wortbedeutung oder Syntax werden in verschiedenen Regionen des akustischen Systems verarbeitet; Formen, Farben, Bewegung oder Lokalisation eines Objektes in differenten Regionen des visuellen Systems.

Im System des neuronalen Geschehens werden die von den Neuronen in diesen Regionen erzeugten Strukturen weitergeleitet und zu immer komplexeren Konstruktionen ausgebaut. Diese Weiterleitung wird möglich durch die Beobachtungsfunktion der Aufmerksamkeit. Ihr Urteil legt - orientiert an der Regel – das Muster der erzeugten Strukturen fest. Im prädikativen Fall ergibt sich durch das nacheinander erfolgende Erfassen der Reaktionen analog zu den Regelvariablen eine aus Relationen aufgebaute Struktur bzw. entsprechend ein prädikatives Muster (Abbildung 3 Seite 97).

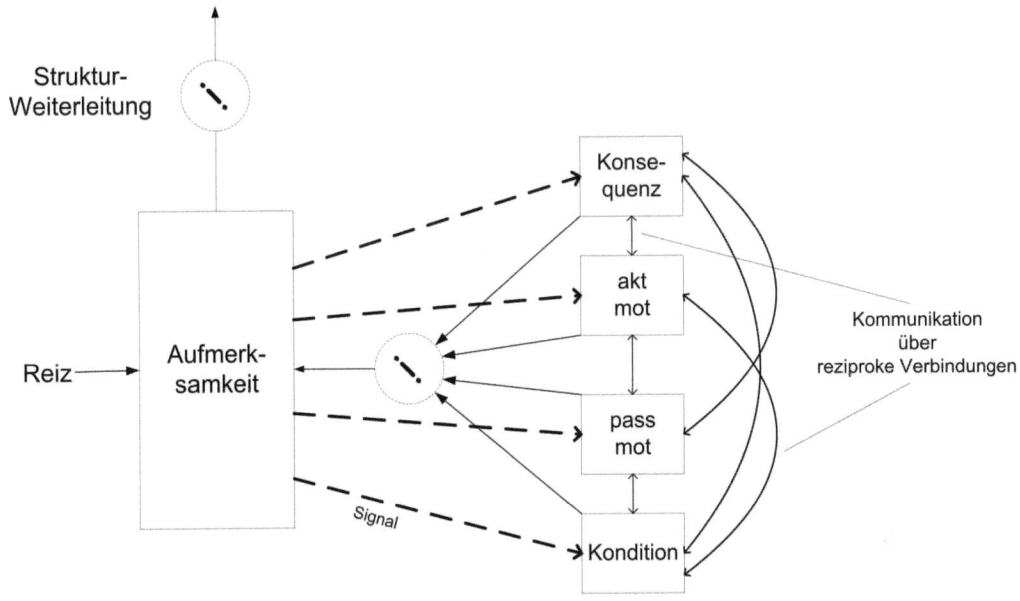

Abbildung 3. *Prädikativer Erzeugungsprozess. In das System eindringende Reize werden von der Aufmerksamkeit registriert und über sie als Signale an die Funktionseinheiten (Konditions-, passmot- aktmot- und Konsequenzeinheit weitergeleitet. Über reziproke Verbindungen erfolgt der Kommunikationsprozess mit dem Effekt der Erzeugung einer prädikativen Struktur. Von der Aufmerksamkeit werden die Aktivitäten der jeweiligen Funktionseinheit(en) separat, aber zeitgleich erfasst, wodurch es zur Bildung einer Beziehungenstruktur kommt. Die erfasste Struktur wird an nachgeschaltete Einheiten weitergeleitet.*

Im funktionalen Fall werden die Reaktionen der Zellen, welche die Funktionseinheiten Kondition und Konfiguration bilden, von der Aufmerksamkeit in einem erfasst, die Reaktion der Neuronen der Evenanzeinheiten dagegen separat. In diesem Fall ergibt sich eine auf Funktionen aufgebaute Struktur bzw. ein entsprechend funktionales Muster (Abbildung 4 Seite 98). Das „Erfassen" der Reaktionen und die sich mit ihm ergebende elektrophysikalische Struktur (das neurale Muster) sichert deren Ausbau durch die Prozesse der nachgeschalteten Neuronen. Die an der Konstruktion dieser ersten Teilstruktur bzw. des Teiles eines Musters beteiligten Neuronen, die hier die drei verschiedenen Funktionseinheiten bilden, formieren sich dann beim nächsten Verarbeitungsschritt auf dieser Ebene gemeinsam zu einer Funktionseinheit des Konditionssystems.

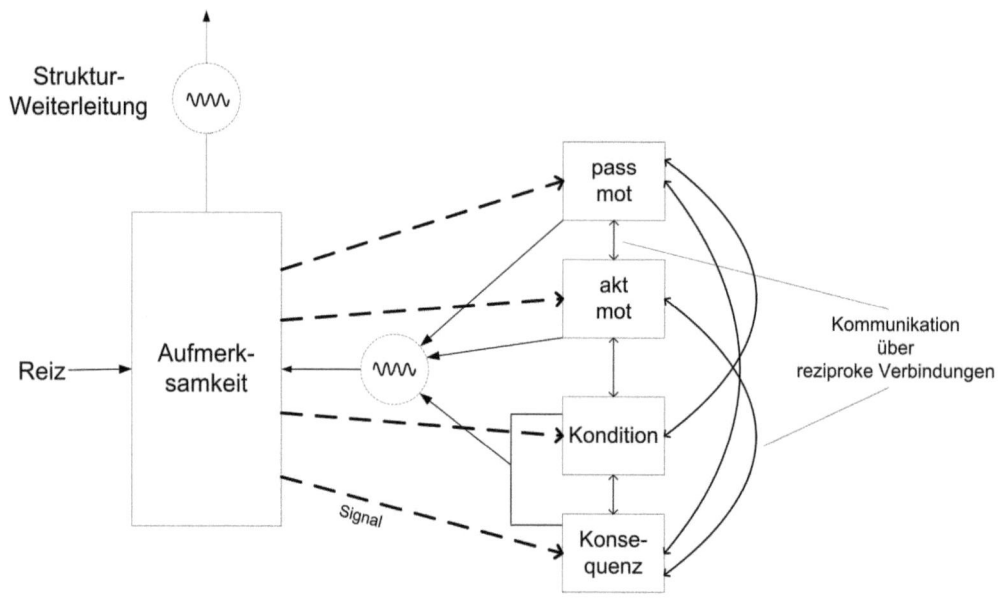

Abbildung 4. *Funktionaler Erzeugungsprozess. In das System eindringende Reize werden von der Aufmerksamkeit registriert und über sie als Signale an die Funktionseinheiten (Konsequenz passmot- aktmot- und Konditionseinheit) weitergeleitet. Über reziproke Verbindungen erfolgt der Kommunikationsprozess mit dem Effekt der Erzeugung einer funktionalen Struktur. Von der Aufmerksamkeit werden die Aktivitäten von Konsequenz- und Konditionseinheit gemeinsam, die Aktivitäten der passmot- und der aktmot-Einheiten separat aber zeitgleich erfasst, wodurch es zur Bildung einer Wirkungenstruktur kommt. Die erfasste Struktur wird an nachgeschaltete Einheiten weitergeleitet.*

Im Folgenden werde ich für das durch die Neuronen erzeugte Produkt statt des Begriffs Struktur die Bezeichnung „Muster" verwenden.

Damit die Kommunikation zwischen den Neuronen stattfinden kann, muss sie mit dem Urteil nach einer Relevanz des Reizes für das System auch gewährleistet sein. Um also noch einmal zu rekapitulieren: Ist der Reiz für das System in einer Weise relevant, so dass mit ihm ein Verarbeitungsprozess in Gang gesetzt werden kann, müssen Neuronen derjenigen Hirnregionen in eine Art Bereitschaft versetzt werden, für deren Beteiligung am Verarbeitungsprozess – von den Ausgangsbedingungen präjudiziert - eine Erwartungswahrscheinlichkeit besteht. Das Urteil der Aufmerksamkeit als Beobachter lässt sich daher an der Veränderung der elektrischen Spannung in denjenigen Regionen feststellen, die für eine Verarbeitung auf der Basis der Regel benötigt werden. Dies gilt auch für diejenigen Bereiche, die zum aktuellen Zeitpunkt noch nicht in den Verarbeitungsprozess involviert sind, sondern erst einbezogen werden sollen. Welche der Nervenzellen dann letztlich tatsächlich am Kommunikationsprozess und damit an der Produktion der Muster beteiligt sind, entscheidet sich aktuell in Abhängigkeit von den internen Bedingungen des Systems: den bereits existierenden Mustern und den für ihren weiteren Aus-

oder Umbau zur Verfügung stehenden Neuronen. Für den Ablauf im Verarbeitungsprozess bedeutet das: Betroffen von der Bereitstellungsfunktion sind auf neuronaler Ebene nicht allein die Nervenzellgruppen, die für ein Handeln benötigt werden. Auch Neuronengruppen, welche den Funktionseinheiten des Konditions– und des Konsequenzsystems angehören, sind in den Bereitstellungsprozess involviert. Damit sind die Bedingungen für eine Verständigung erfüllt. Zu Beginn sind die Produkte des Konstruktionsprozesses Muster, welche identisch sind mit bestimmten Merkmalen von Eigenschaften eines Objekts. Im Verlauf des Prozesses werden sie, sofern es sich um Merkmale des selben Objekts handelt, durch die Aufmerksamkeit zu komplexeren Mustern zusammengesetzt. Das heißt, durch iterierende Prozesse werden zunehmend komplexere Muster erzeugt. Sie sind bei Abschluss der Periode identisch mit den bewusst „wahrgenommenen", jedoch noch nicht identifizierten oder gar in ihrer Bedeutung erkannten Objekten und ihren Merkmalen der Farbe, der Form und des Ortes bzw. der Bewegung. Identisch zu sein bedeutet: es handelt sich bei der Struktur selbst zwar *nicht* um das Merkmal oder das Objekt, welches bewusst wahrgenommen wird, sondern um ein elektrophysikalisches Ereignis; dennoch *ist* dieses neurale Muster als elektrophysikalisches Gegenstück dasselbe, wie das bewusst erlebte Ereignis. Derzeit wird davon ausgegangen, das Gehirn operiere auf der Basis der Muster*erkennung*. Diese Annahme trifft nach meiner These nicht zu. Mittels der Prozesse im System des neuronalen Geschehens werden die Muster *erzeugt*, doch weder das System der neuronalen Verschaltung noch die einzelnen Neuronenensembles *erkennen* die Muster, die sie selbst erzeugen.

Bevor ich den Ablauf des Konstruktionsprozesses darlege, sollten wir uns noch einmal die hochkomplexe anatomische Organisation des Gehirns vor Augen führen inklusive des Systems, welches ich als neuronale Verschaltung bezeichne – um deutlich zu machen, wie schwierig es ist, zu verfolgen, welche Prozesse zu welchem Zeitpunkt ablaufen, aneinander anschließen bzw. ineinander überführt werden, auch wenn es nur um die Erzeugung eines Musters geht, welches mit einem Gegenstand identisch ist. Nach Edelman & Tononi (S.64 ff.) kann man diese Organisation in folgende drei Systeme unterteilen, die sich in der Art ihrer topologischen Anordnung unterscheiden. Eines ist das thalamokortikale System. Es besteht aus einem Netz von Verknüpfungen, durch welches Neuronen in den dazugehörigen Arealen und Regionen miteinander verbunden sind. Das zweite System verbindet den Cortex mit Hirnstrukturen wie dem Hippokampus und den Basalganglien, sowie mit dem Kleinhirn. Diese Verbindungen, lange parallel verlaufende Ketten, führen vom Cortex aus nacheinander und aufeinander folgend zu den genannten Strukturen und auch wieder zurück. Das dritte System fächert sich, ausgehend von Hirnstamm und Hypothalamus auf zu jenen Kernhirnbereichen, welche Hirnstrukturen umfassen, die Produktionsorte von Neurotransmittern wie Serotonin und Dopamin sind. Letzterer Transmitter ist im Zusammenhang mit AD(H)S von Bedeutung, da nach derzeitiger Lehrmeinung eine zu hohe Dichte der Dopamintransporter als eine der Ursachen für die Entstehung von AD(H)S gesehen wird: der Botenstoff wird vermutlich am synaptischen Spalt zu rasch zurücktransportiert, so dass er in dopaminergen Bereichen, vor allem im Frontalhirn, für dopaminabhängige Nervenzellen nicht in ausreichender Menge zur Verfügung steht.

Die Milliarden von Nervenzellen und ihre synaptischen Verbindungen, die unterschiedlichen topologischen Anordnungen, die Verteilung von Funktionen auf verschiedene Bereiche des Gehirns – sie machen eine detaillierte Beschreibung der diversen Prozesse zur Erzeugung der Muster, die mit dem, was wir erleben, identisch sind, zum derzeitigen Zeitpunkt unmöglich. Dennoch muss diese Komplexität berücksichtigt werden.

Der *Integrations*prozess beim visuellen System beginnt in dem Moment, in dem physikalische Reize - von einem Objekt reflektierte Lichtwellen - auf die Netzhaut treffen.

Der Kontakt mit Reizen von außerhalb erfordert für die Neuronen, die sich an diesen Kontaktstellen befinden, eine besondere Eigenschaft. Diese Zellen reagieren auf spezifische Frequenzen. Im Auge sind dies die Stäbchen und Zapfen genannten Zellen in der Netzhaut. Die Zapfen besitzen Pigmentmoleküle, welche unterschiedlich auf Licht innerhalb des Farbspektrums reagieren. Die Sequenz von Aminosäuren eines Pigmentmoleküls bestimmt hier die Reaktion des Pigments und evoziert ein elektrisches Signal. Die Reaktion von Rezeptoren, gleich zu welchem Sinnessystem sie gehören, liefert folglich keine Information über die Art des Merkmals und damit auch keine Vorgabe für das Muster, an dessen Erzeugung sie beteiligt sind. Rezeptoren transformieren nur Frequenzen in bioelektrische Signale, welche am Axon weitergeleitet werden. Da in der Wahrnehmungs- und Kognitionspsychologie, an deren Untersuchungen ich nachfolgend die Vorgänge erläutere, von Reaktionen auf Reizmerkmale und seltener von Reaktionen auf bestimmte Frequenzen gesprochen wird, bezieht sich in der nun folgenden Beschreibung die Zuordnung von Neuronen und ihren Funktionseinheiten auf Merkmale. Auf diese Weise könnte es, wie ich meine, einfacher sein, zu verdeutlichen, in welcher Weise Neuronen zur Bildung von Strukturen beitragen, die mit einem Merkmal oder Objekt identisch sind.

Nach der Transformation in bioelektrische Signale laufen die Impulse zu Ganglienzellen in der Netzhaut. Diese reagieren auf unterschiedliche Aspekte des Reizes. Zellen, die zur Klasse des M-Systems (magnozelluläres System) gehören, sind eher für Kontrast- und Bewegungssehen zuständig, Zellen, die zum P-System (parvozelluläres System) gehören, für Farb- und Formanalyse sowie für die räumliche Auflösung. Mit dem Lichteinfall werden Gruppen von Neuronen aktiv, die simultan auf Frequenzen elementarer Merkmale von Eigenschaften des Objekts reagieren. Das heißt, sie feuern, wenn der Schwellenwert am Axonhügel überschritten ist. Die meisten der zu Signalen transformierten Reize werden an der Sehbahn entlang zum Corpus geniculatum laterale (CGL) geleitet, einer Hirnstruktur, die mit den Sehnervenfasern so verschaltet ist, dass jeder Ort auf der Netzhaut einem Ort im CGL entspricht. Benachbarte Ganglienzellen in der Netzhaut, die auf die Frequenz eines bestimmten Merkmals reagieren, führen also zu benachbarten Orten im CGL, so dass sie dort eine (retinotope) Karte der Netzhaut erzeugen. Das CGL erhält Signale aus beiden Augen, welche in verschiedenen Schichten verarbeitet werden.

Schicht 1 und 2 (linkes und rechtes Auge) sind magnozellulär, die vier anderen Schichten parvozellulär. Vom CGL ziehen die Fasern zur primären Sehrinde (V1), wo sie wiederum mit Zellen verbunden sind, die für das jeweils spezifische Merkmal empfindlich sind, das heißt, der Frequenz, auf welche die Ganglienzellen reagiert haben, mit denen sie über eine Reihe synaptischer Verbindungen verknüpft sind. Ein kleiner Teil der Signale wird zu einer weiteren Struktur im Kernhirnbereich geleitet, dem Collicus superior. Dieser ist an der Bewegung der Augen beteiligt und im Zusammenhang mit AD(H)S und der Blicksteuerung von Bedeutung. Darauf werde ich unten noch eingehen. Mit dem Eintreffen der Signale in der primären Sehrinde beginnt dann die parallele Verarbeitung, auf die ich nun mit einer Beschreibung des Konstruktionsprozesses eingehen werde.

Der *Konstruktions*prozess im System des neuronalen Geschehens beginnt in dem Moment, in dem die Veränderungen, welche durch den Lichteinfall auf die Netzhaut ausgelöst werden, von der Aufmerksamkeit registriert werden. Das bedeutet, dass nur diejenigen Reize, die im System der neuronalen Verschaltung verarbeitet werden, im System des neuronalen Geschehens sinnstiftend und zielführend verarbeitet, d.h. zur Erzeugung von Mustern genutzt werden können. Und nur solche werden von der Aufmerksamkeit als relevant und regelgerecht beurteilt.

Um den Verlauf des Prozesses zu veranschaulichen werde ich nachfolgend nach Funktionseinheiten und deren Aufgaben gliedern. Beispielhaft werde ich an der Verarbeitung verschiedener Merkmale durch die jeweiligen Funktionseinheiten zeigen, wie man sich die Produktion der Muster vorstellen muss.

Exemplarisch werde ich außerdem einen Vorgang des durch die Regel „beschriebenen" Gesamtprozesses zur Erzeugung eines solchen Musters darstellen. Dieses Muster als Produkt, das sich aus den Prozessen ergibt, ist im verwendeten Beispiel mit dem Merkmal einer Farbe, das bewusst erlebt wird, identisch. Die Identität besteht auf der physikalischen Ebene: ein Merkmal, ein Objekt, ein Ereignis und das Muster welches mit dem jeweiligen Merkmal, Objekt oder Ereignis identisch ist, sind physikalisch ein und dasselbe. Der Unterschied, der zwischen einem Muster und seinem identischen Gegenstück im bewussten Erleben (z. B. dem Erleben einer Farbe) besteht, wird, wie ich später zeigen werde, vom Beobachter im System Bewusstsein geschaffen.

1) Die Funktionseinheit Kondition

Da ich ihn gerade angesprochen habe, werde ich mit dem Vorgang beginnen, der zur Erzeugung eines Musters führt, das mit dem Merkmal einer Farbe identisch ist. Neuronen der Funktionseinheit „Kondition" reagieren hier auf Frequenzen innerhalb des Farbspektrums. In den nacheinander ablaufenden Prozessen erfolgen dann die ersten Verarbeitungsschritte zur Konstruktion der Farben des Objektes. Außerdem werden von anderen Neuronengruppen dieser Funktionseinheit Linien verschiedener Orientierungen konstruiert.

Bereits in der Netzhaut und im CGL findet ein Verarbeitungsprozess durch sogenannte Gegenfarbenneuronen statt – ich habe sie bereits erwähnt. Diese merkmalspezifischen Zellen sind als komplementäre Paare angelegt, sie werden als Gelb-Blau- (Ge-B) und Rot-Grün- (R-Gr)Zellen bezeichnet. Daneben gibt es auch solche, die für Helligkeit empfindlich sind, sogenannte Weiß-Schwarz - (W-S) Zellen. Jede dieser Zellen gehört bereits einer anderen Funktionseinheit an.

Von den auf Farbe reagierenden Gegenfarbenzellen gibt es zwei verschiedene Typen. Zellen vom Typ 1 werden durch Wellenlängen am Ende des Spektrums inhibiert und von Wellenlängen am anderen Ende des Spektrums erregt. Gegenfarbenneuronen dieses Typs erhalten ihre Signale von drei Rezeptortypen, auf deren Absorptionsspektren (kurz-, mittel- und langwelliges Licht, abgekürzt: K, M und L) sie unterschiedlich ansprechen. K, L und M sind Bezeichnungen, welche dem jeweiligen Absorptionsmaximum der Wellenlänge entsprechen, auf das die genannten Zellen optimal reagieren. Mit der Kombination dieser drei Typen können im Prinzip alle sensorisch wahrnehmbaren Farben dargestellt werden. Die Rezeptoren sind die bereits genannten Nervenzellen in der Netzhaut, die physikalische Reize aus der Umwelt in elektrische Signale umwandeln. Die Gegenfarbenneuronen sind Ganglienzellen (Detektor-Neuronen), deren Axon zum CGL zieht. Um zu verstehen, wie der Konstruktionsprozess gemäß der Regel funktioniert, soll dies an einem Beispiel anschaulich gemacht werden. Es geht dabei um den Prozess, der zur Konstruktion der Struktur führt, die mit dem Farberlebnis „gelb" identisch ist, und der hier als Bedingung X seinen Anfang nimmt. Dieser Bedingung entspricht die Reaktion einer R-Gr –Zelle, die von Engelkamp & Zimmer, (2006) wie folgt beschrieben wird: „Die Meldung eines Rezeptors an einen Detektor erhöht oder senkt dessen Aktivität. [...] sehen wir uns den R-Gr-Detektor an. Hier wird das Verhältnis $(K+L) / M$ bestimmt. Ist $(K+L) > M$, so signalisiert der Detektor rot, ist $M > (K+L)$ so sinkt die Aktivität des Detektors, und er signalisiert grün." (S. 76). Der Korrektheit halber muss ich anmerken, dass nach Derrington, Krauskopf & Lennie (1984) R-Gr-Zellen ihre Signale nur von M- und L- Zellen (Zapfen) erhalten und eine Subtraktion der Signale $(L - M)$ zu einer Reaktion der R-Gr- Zelle führt.

Die Interpretation des Befundes als Formulierung „der Detektor signalisiert" ist jedoch nicht zutreffend. Sie folgt als Beschreibung dem alten Paradigma. Im System der neuronalen Verschaltung sind es jedoch nur hemmende oder erregende Signale, die jeweils weitergeleitet werden. Weder an dem Vorgang außerhalb noch innerhalb der Zelle deutet irgend etwas darauf hin, das als Signalisierung des Vorhandenseins der jeweiligen Farbe gedeutet werden könnte. Die Formulierung, die Zellen „signalisierten" die Anwesenheit eines bestimmten Merkmals wie beispielsweise eines Farbtons aufgrund ihrer jeweiligen Reaktion, ist daher irreführend. Sie verleitet zu der Annahme, man müsse im Verarbeitungsprozess nur weit genug voranschreiten, um Zellen identifizieren zu können, welche die Anwesenheit des wahrgenommenen Objekts „signalisieren". Dies trifft jedoch nicht zu. Wie Semir Zeki (vgl. dazu Goldstein, 1996, S. 151) feststellte, reagieren auch nachgeschaltete Neuronen nicht nur auf eine spezifische Wellenlänge, sondern feuern auch bei weißem Licht. Zeki nahm deshalb an, dass nicht das einzelne Neuron, sondern Neuronen wie die genannten gemeinsam die Grundlage zur Farbwahrnehmung darstellen. Es kann daher nur das elektrophysikalische Muster sein, das sich aus den Prozessen ergibt, und identisch mit dem Farberlebnis ist. Zur Erzeugung dieses Musters fehlen indessen die beiden anderen Variablen Y und Z, die ich weiter unten bei der Beschreibung der jeweiligen Einheit liefere. Doch mit dieser Reaktion der R-Gr-Zelle, der Hemmung oder Erregung, wird die Grundlage für die Erzeugung des Musters gelegt.

Im primären visuellen Cortex, der Area V1 erfolgt der weitere Aufbau dieser Teilstruktur durch eine Gruppe von Neuronen des Typs doppelte Gegenfarbenzelle. Über deren Prozesse werden mit dem Aufbau weitere Ausgangsbedingungen geschaffen. Zellen dieses Typs reagieren antagonistisch, je nachdem, ob ihr Umfeld oder ob ihr Zentrum erregt wird. So feuern verschiedene dieser Zellen beispielsweise am stärksten, wenn ein roter Punkt vor einem grünen Hintergrund auftritt. Während also positiv auf rot im Zentrum und negativ auf grün reagiert wird, ist die Reaktion im Umfeld gegensätzlich. Diese Zellen stehen in der Verarbeitungshierarchie weiter oben, gehören aber ebenfalls zur Funktionseinheit Kondition.

Da wir die Farbe(n) eines Objekts nicht isoliert wahrnehmen, sondern sie am Objekt sehen, müssen parallel weitere Neuronen zur Verarbeitung basaler Merkmale in den Konstruktionsprozess eingebunden werden, wie beispielsweise das Merkmal einer Kante eines Objekts oder des Unterschiedes in der Helligkeit an den beiden Seiten der Kante. Eine Gruppe von Neuronen ist daher empfindlich für einen Effekt, der entsteht, wenn Licht von zwei unterschiedlich hellen, nebeneinander liegenden Flächen reflektiert wird. Dann wird der Übergang zwischen den beiden Flächen in einer bestimmten Weise wahrgenommen: die hellere Fläche erscheint an der Kante zur dunkleren in einem schmalen Band heller, während die dunklere Fläche an dieser Kante in einem schmalen Band dunkler erscheint. Wieder andere Zellen reagieren auf Lichtkanten mit einer bestimmten Orientierung. Hubel und Wiesel (vgl. Goldstein, 1997) haben nachgewiesen, dass diese einfachen Zellen am stärksten reagieren, wenn beispielsweise die Kante parallel zum rezeptiven (empfangenden) Feld ausgerichtet ist. Die Reaktionen werden schwächer, wenn die Kante geneigt ist, und hören auf, wenn sie senkrecht zum rezeptiven Feld steht. Die Zellen sind folglich nicht spezifisch für „ein" Merkmal. Es kann daher, wie mehrfach betont, nicht die Reaktion einer einzelnen Zelle sein, eines Neurons, das für dieses spezifische Merkmal empfindlich ist, sondern es können nur jeweils eine Gruppe von Neuronen sein, die gemeinsam über ihre Interaktionen und ihre Kommunikation ein Muster erzeugen, das mit dem bewusst wahrgenommenen Merkmal identisch ist. Bei der Darstellung der Funktionseinheit „Konsequenz", werde ich diesen Unterschied erläutern.

Für das Merkmal einer anderen Orientierung eines Streifens sind wieder andere Zellgruppen dieser Funktionseinheit empfindlich. Insgesamt gilt für Zellen dieser Funktionseinheit, sofern sie für das Merkmal „Linie" bzw. „Kante" empfindlich sind, dass sie nicht auf Bewegung, sondern nur auf das statische Merkmal reagieren.

Jede dieser genannten Neuronengruppen erzeugt parallel zu den anderen das Muster bzw. den Teil eines Musters eines bestimmten Merkmals. Die Verknüpfung zu einem komplexen Muster, welches letztendlich mit einem Objekt identisch ist, erfolgt sukzessive durch die nächsten Verarbeitungsschritte. Dazu müssen diejenigen Teile des Musters, die von den beiden anderen Funktionseinheiten (und darüber hinaus auch solche der anderen Sinnessysteme) erzeugt werden, durch die Aufmerksamkeit in ein Gesamtmuster integriert werden.

2) Die Funktionseinheiten Evenanz
a) Passiv-Motor-Funktionen
1. Passiv-motor 1
Neuronen, die zum Evenanzsystem gehören unterteilen sich, wie erwähnt, in zwei Gruppen: die Passiv-Motor- und die Aktiv-Motor-Gruppe. Neuronen, die zur Passiv-Motor-Gruppe gehören, sind Neuronen des Aktiv-Motor-Systems vorgeschaltet, die im motorischen Kortex für die Ausführung von Bewegungen der Muskeln und Gelenke zuständig sind. Passiv-Motor-Neuronen dagegen reagieren auf räumliche bzw. raumzeitliche Merkmale, sowie auf Fremd-, nicht Eigenbewegungen. Nur als Anmerkung: es sind Neuronen dieser Einheiten, deren Aktivität auch als sogenanntes Bereitschaftspotenzial vermerkt wird.

Es bilden sich deshalb parallel zu den oben genannten Prozessen Funktionseinheiten, um Muster zu erzeugen, die mit diesen Merkmalen identisch sind. Die Bildung der Funktionseinheit Passiv-Motor 1 (passmot 1) dient der Lokalisierung eines Objekts. Auf die mit diesem Merkmal verbundenen Aspekte reagieren Neuronen dieser Funktionseinheit folgendermaßen:

Bei der Betrachtung des anvisierten Objekts fällt dessen Bild in beiden Augen auf die Fovea, den Bereich des schärfsten Sehens auf der Netzhaut. Mit dem Fixieren des Objekts ergibt sich ausgehend und in Abhängigkeit von der Entfernung des anvisierten Objekts und aus dem Abstand der Augen zueinander ein Winkel. Dies ist der so genannte Konvergenzwinkel. Wenn Du gedanklich die Schenkel des Winkels vom Fixationspunkt zur Netzhaut jedes Auges durchziehst und die beiden Netzhäute überlappend aufeinander legst, dann fallen die Schenkelpunkte auf der Netzhaut des linken und des rechten Auges auf kongruente bzw. korrespondierende Punkte. Nun denke Dir eine Linie, welche durch den Drehpunkt der beiden Augen und den Scheitelpunkt des Winkels gezogen wird: sie ergibt einen Kreisbogen, den sogenannten Horopter. Zwischen Objekten, die auf dieser gedachten Kreislinie liegen, ist eine Unterscheidung nach „näher oder weiter entfernt" nicht möglich. Sie sind alle gleich weit vom wahrnehmenden Subjekt entfernt. Unterschieden in der Tiefe werden hier Objekte, die entweder innerhalb oder außerhalb dieses Kreisbogens liegen.

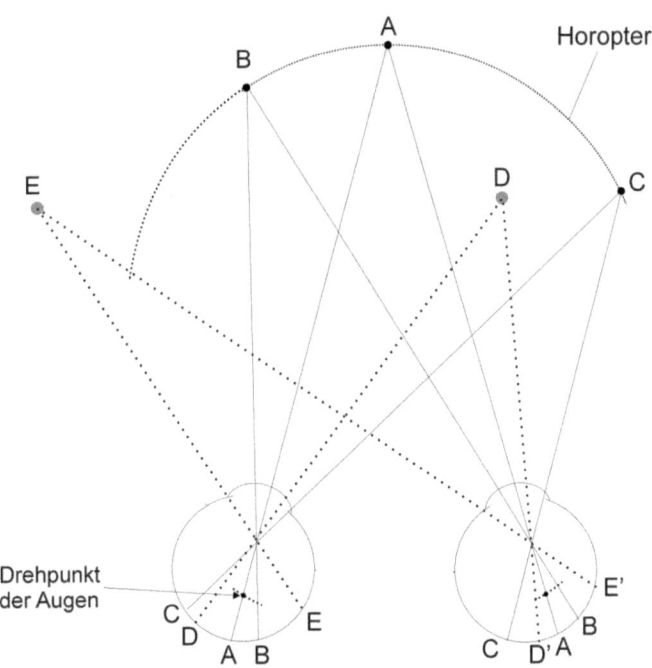

Abbildung 5. *Horopter und Querdisparation.* Erklärung erfolgt im Text (Adaption der Abbildungen nach Prinz,1990, S. 59; mit freundlicher Genehmigung des Verlags Hans Huber, Bern).

Zieht man von diesen anvisierten Objekten – in Abbildung 5 sind dies die Punkte D innerhalb und E außerhalb des Kreisbogens – eine Linie zur Netzhaut des jeweiligen Auges, dann würden die Punkte D und E im linken Auge bei einer Überlappung beider Netzhäute nicht mit den Punkten D´und E´ auf der Netzhaut des rechten Auges übereinstimmen. Sie weichen in einem bestimmten Winkel voneinander ab. Diese Querdisparation genannte Abweichung ist ein Merkmal, für welches eine andere Gruppe von passmot 1-Neuronen empfindlich ist.

Ein weiteres Merkmal, auf das Neuronen reagieren, die eine Passiv-Motor-Funktionseinheit bilden, ist die Orts- bzw. Raumfrequenz. Der Begriff bezieht sich auf die Häufigkeit des Wechsels von Kontrasten, beispielsweise bei einem Streifen- oder Gittermuster, und meint die Anzahl der Perioden pro Streckeneinheit im Muster, so wie dieses auf der Netzhaut abgebildet ist. Eine Periode bezeichnet dabei den Übergang von Hell-Dunkelkontrasten pro Streckeneinheit, sie ist also nicht identisch mit einer Gedächtnisperiode. Einige Neuronengruppen sprechen auf niedrige Frequenzen an, wie beispielsweise auf Umrisse von Gebäuden. Wieder andere sind empfindlich für hohe Frequenzen, wie dem Kontrast von lokalen Details. Jede Zelle dieser Gruppe ist zwar für einen bestimmten Frequenz*bereich* empfindlich, reagiert aber optimal auf eine einzelne *spezifische* Ortsfrequenz. Auch hier ist es also nicht ein einzelnes Merkmal, welches durch eine spezifische Zelle „repräsentiert" würde, sondern jede Zelle reagiert auf ein Optimum am stärksten, aber auch auf Frequenzen innerhalb des jeweiligen Bereichs. Und noch eine Einschränkung kommt hinzu - im Gehirn selbst sind es nicht mehr Frequenzen, auf welche die Neuronen reagieren – diese Reaktion bleibt den Rezeptorzellen vorbehalten -, sondern die Zellen reagieren nur noch auf die Signale und deren Häufigkeit, die sie über die synaptischen Verbindungen erhalten.

Ein weiteres Merkmal für räumliche Tiefe ist die Strecke auf der Netzhaut, die ein Objekt einnimmt. Sie lässt sich mit dem Sehwinkel berechnen: vom Auge des Beobachters ausgehend führt der obere Schenkel des Sehwinkels zur oberen Grenze des anvisierten Objekts, der untere Schenkel zur unteren Grenze (Abbildung 6). Je kleiner nun der Winkel und je geringer der vom Objekt eingenommene Raum auf der Netzhaut, desto weiter entfernt befindet sich das Objekt.

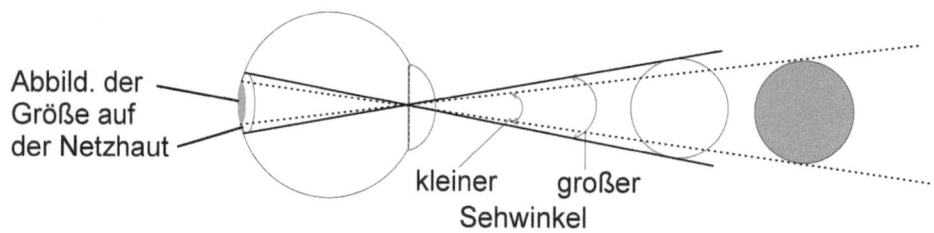

Abbildung 6. *Sehwinkel. Erklärung erfolgt im Text (Adaption der Abbildungen nach Engelkamp & Zimmer, 2006, S. 44; mit freundlicher Genehmigung des Verlags Hogrefe, Göttingen)*

Neuronen der passmot 1- Einheit reagieren zudem auf Helligkeit, unter anderem auf Helligkeitsstreifen an Kanten beim Übergang von einer helleren und einer dunkleren Fläche (und umgekehrt). Einige sprechen hier auf den *Abstand* an, der zwischen den unterschiedlich hellen und dunklen Streifen oder Gittern besteht. Andere reagieren auf die Helligkeit als Merkmal einer Farbe, es sind dies die W-S - Zellen. Der Prozess, der zur Bildung eines Musters führt, das mit dem Farberlebnis „gelb" identisch ist, setzt sich hier wie folgt fort: Während eine Rot-Grün-Zelle gegensätzlich reagiert, wenn sie von einer M- Zelle ein hemmendes und von einer L-Zelle ein erregendes Signal erhält, empfängt das mit ihr verbundene passmot 1-Neuron, welches für Helligkeit empfindlich ist, sowohl von der L- als auch von der M-Zelle erregende Impulse. Schauen wir uns auch hier wieder die Beschreibung des Sachverhaltes in der Beschreibung von Engelkamp & Zimmer (2006) an: „Eine Meldung von irgendeinem Rezeptor aktiviert den W-S-Detektor und übermittelt die Helligkeit des Farbeindrucks." (S.76). Auch hier lässt die Beschreibung des Sachverhaltes Wünsche offen, denn wem die Helligkeit übermittelt wird, erfahren wir nicht. Beschreiben lässt sich dieser Prozess auch als eine Addition von L und M, welche die Helligkeit des Farbeindruckes liefert. (Derrington et al. (1984; Hoffman, 2004)

Dennoch, gehen wir von der Reaktion einer solchen Zelle aus, dann gehören für Helligkeit empfindliche Neuronen aus folgendem Grund zur passmot 1-Einheit: es hat sich gezeigt, dass die Wahrnehmung der Helligkeit u. a. abhängig ist vom Ort, bzw. von der Richtung, aus der das Licht kommt, welches auf das Objekt fällt, von dem es reflektiert wird. Da für die Wahrnehmung der Helligkeit der Ort der Lichtquelle eine wesentliche Rolle spielt und räumliche Faktoren ebenso wie zeitliche der Y-Variable zugeordnet sind, müssen Zellen, die auf Helligkeit reagieren, der passmot 1-Einheit zugeordnet werden.

Wir haben nun schon zwei Variablen der Regel beisammen, die notwendig sind, um das genannte Muster zu erzeugen. Es fehlt noch die dritte, die X-Variable, auf die ich bei der Beschreibung der Funktionseinheit Konfiguration eingehe.

b) Passiv-Motor 2 Funktionen
2. passmot 2
Neuronen dieser Einheit reagieren auf unterschiedliche Arten von Bewegungen sowie auf Bewegungsrichtungen von Objekten. Die Reaktionen auf Bewegungen unterscheiden sich darin, dass zwischen der Bewegung eines Objekts und der Eigenbewegung unterschieden werden muss. Es kommt also darauf an, ob die Augen stationär auf einen Punkt gerichtet sind, also unbewegt bleiben, während sich das Bild des Objekts über die Netzhaut bewegt oder ob die Augen eine Bewegung verfolgen. Ich komme auf Letzteres zurück, wenn ich die Funktion der Aktiv-Motor-Einheit darlege. Neuronen, welche auf die Bewegung des Objekts ansprechen, reagieren selektiv. Sie feuern beispielsweise dann, wenn sich ein Reiz von rechts nach links verschiebt, das Bild des Objekts sich also entsprechend über die Netzhaut bewegt. Sie reagieren jedoch nicht, wenn sich der Reiz von links nach rechts verschiebt. Und sie feuern auch dann nicht, wenn sich die Augen bewegen, das Objekt jedoch nicht, wie es der Fall ist, wenn sich das wahrnehmende Subjekt durch eine Szene mit stationären Objekten bewegt. In diesen Unterscheidungsprozess müssen dann bereits Neuronen der Funktionseinheiten Kondition und Konfiguration involviert sein. Sie tragen zur Aktivierung der jeweils benötigten passmot 1,2 oder 3-Zellen bei, da ihre Reaktionen die Ausgangs- und die Konsequenzbedingungen, also die Vorgaben für die Aktivierung der jeweils benötigten passmot-Neuronen liefern.

Die Reaktion von Neuronen, welche für spezifische Bewegungsrichtungen empfindlich sind, ist zudem abhängig von der Reaktion der zugehörigen passmot-1-Zellen. Für den Konstruktionsprozess bedeutet dies: den Neuronen der passmot-2 Einheit werden von der Aufmerksamkeit die bereits erzeugten Teilmuster aus den Prozessen der vorangegangenen Verarbeitungsschritte zur Verfügung gestellt. Während passmot-1-Neuronen auf ortsfeste Merkmale wie Streifen einer bestimmten Orientierung ansprechen, reagieren passmot-2-Neuronen auf einen Streifen mit einem bestimmten Neigungswinkel optimal dann, wenn dieser sich in einer bestimmten Richtung *bewegt*. Auch diese Zellen sind nicht nur für ein einziges Merkmal spezifisch, denn die Zellen reagieren auch dann noch, wenn die Richtung des Streifens zur einen oder anderen Seite hin abweicht.

Alle Neuronen dieser Funktionseinheit reagieren auf das Merkmal der Bewegung stets in Kombination mit Zeitintervallen. Ihre Kommunikation ergibt damit die Erzeugung eines raumzeitlichen Musters. Die Zeitintervalle sind insofern von

Bedeutung, als in diese Elemente des Musters die Zeitdauer integriert ist und dieses mit bestimmt: ist das Zeitintervall sehr kurz, sind es weniger Prozesse, die zur Produktion eines solchen Musters führen, als wenn das Intervall größer ist.

Mit den parallel verlaufenden Prozessen der Neuronen der Konditionseinheit, die auf den Neigungswinkel von Streifen, jedoch nicht auf deren Bewegungsrichtung reagieren, wird - wenn Signale der anderen passmot-Einheiten und solche über den Zielzustand von Neuronen der Konsequenzeinheit hinzukommen - ein Muster erzeugt, das im Bewusstsein beispielsweise mit dem klappbaren Schirm in Wynns Versuchen identisch ist, hinter dem die Mickeymausfiguren versteckt wurden. Die Kinder in Wynns Versuch konnten den Vorgang des Versteckens verfolgen, weil in ihn die genannten Neuronengruppen inklusive der Neuronen der passmot-2-Gruppe involviert waren, und parallel dazu Prozesse abliefen, in denen Muster erzeugt wurden, die mit den Merkmalen der Farben, der Form, der Entfernung der Mickeymausfiguren, sowie deren Bewegung, die hinter dem Schirm endete, identisch waren.

An der Konstruktion dieser Figuren waren auch Neuronen beteiligt, die auf komplexe Bewegungsmerkmale reagieren. Im Unterschied zu den zuvor genannten Neuronen, die auf die Bewegungsrichtung einzelner Komponenten reagieren, sind diese Zellen empfindlich für die Bewegungsrichtung eines gesamten Musters. In diesen Prozess sind Neuronen der Konfigurationseinheit involviert, die auf die Geschlossenheit einer Form reagieren. Dies ist beispielsweise der Fall beim Phänomen der „biologischen Bewegung". Darauf werde ich bei der Darstellung der Prozesse der Konfigurations-Einheit noch eingehen.

Jede Gruppe dieser Funktionseinheit erzeugt Teile des Musters, die von der Aufmerksamkeit erfasst und gemeinsam mit denen, die von den beiden anderen Funktionseinheiten erzeugt wurden, zu einem komplexeren Muster zusammengesetzt werden. Dies ist, wie ich bereits mehrfach erwähnte, die Aufgabe der Aufmerksamkeit, der sie in der Art ihres Zugriffs nachkommt - beim prädikativen Gehirn, indem diese Muster zu einem Beziehungengefüge, beim funktionalen Gehirn indem sie zu einem Wirkungengefüge zusammengefasst werden.

Da sich Bewegung und Bewegungsrichtung sowohl von wahrgenommenen Objekten als auch bei den wahrnehmenden Subjekten ständig ändern, da Ereignisse zudem nicht konstant sind - anderenfalls würden sie sich nicht „ereignen" - sind tatsächlich von Augenblick zu Augenblick immer wieder andere Neuronen an der Erzeugung der Muster beteiligt. Allerdings nicht in jeder neuen Situation jedes Mal alle: Im Laufe der Zeit reduziert sich die Zahl der Prozesse. Es werden nicht mehr alle Neuronengruppen benötigt, die beim ersten Kontakt vonnöten waren, um das jeweilige Muster erstmalig zu erzeugen.

c) Passiv-Motor 3 Funktionen
3. passmot 3

Neuronen der passmot 3-Funktionseinheit reagieren auf Eigenbewegungen des Subjekts. Diese müssen von den Bewegungen des Objekts unterscheidbar sein und gehen ebenfalls in den Konstruktionsprozess ein. Im Unterschied zu Neuronen der passmot-2- Einheit, welche für die Bewegung eines Objekts empfindlich sind, während die Augen stationär auf einen Punkt im Sehfeld gerichtet sind, reagieren Neuronen der passmot-3- Einheit dann, wenn Objekte stationär sind, sich jedoch die Augen und der Kopf bewegen. Während dieser ersten Periode reagieren im prämotorischen Cortex die zu dieser Einheit gehörenden Neuronen, indem sie Signale an Neuronen der Aktiv-Motor –Einheit leiten, die für Kopf- und Augenbewegungen benötigt werden. Passmot 3-Neuronen empfangen dazu auch Signale von Systemen, die nicht zum Sehsystem gehören, beispielsweise dem vestibulären Sinnessystem. Das heißt, ihnen werden von der Aufmerksamkeit Muster zugeführt, die im Verstibulärsystem nach den gleichen Regelbedingungen erzeugt wurden.

Dass auch der Gleichgewichtssinn bereits in den visuellen Wahrnehmungsprozess involviert ist, darauf wies bereits Gibson (1966/1973) hin. Seine Annahme wurde durch Untersuchungen an Kleinkindern von Lee & Aronson (1974, vgl. Goldstein, 1996) bestätigt: die Kinder befanden sich in einem Raum mit einem festen Boden, dessen Decke und Wände jedoch vor- und zurück bewegt werden konnten. Durch diese Bewegungen, die nur visuell wahrgenommen wurden, denn der Boden selbst bewegte sich nicht, wurde die gleiche Vorstellung erzeugt wie sie auftritt, wenn der eigene Körper selber vor- und zurückschwingt. Die Kinder versuchten daraufhin die vermeintlichen Schwingungen des Raumes durch Gegenbewegungen auszugleichen, mit dem Effekt, dass sie schwankten und stolperten und dass rund ein Drittel von ihnen sogar hinfiel. Versuche mit erwachsenen Personen zeigten ähnliche Effekte.

Der Unterschied zwischen der Wahrnehmung eines sich bewegenden Objekts, dem mit der Bewegung der Augen gefolgt wird, und der Betrachtung eines stationären Objekts, das durch die Bewegung der Augen abgetastet bzw. beachtet wird, während die Person sich bewegt, wird bisher mit dem Reafferenz(prinzip) erklärt: Es besagt, dass von Signalen, die vom Gehirn ausgehend die Motorik – im Fall der Kinder aus Wynns Versuch die Augenbewegung – in Gang setzen, eine „Kopie" dieser Information über die Bewegung erzeugt und an einen Komparator weitergeleitet wird. Der Komparator erhält außerdem das Signal der Verschiebung des Bildes – z. B. beim Betrachten des Objekts – von der Retina und vergleicht nun die Kopie mit dem retinalen Bild. Im Ergebnis hebt dann die Kopie, wenn das Objekt stationär ist, die Verschiebung der Objekte auf der Retina auf, so dass dieses Signal die Großhirnrinde nicht erreicht. Der Betrachter nimmt nun das Objekt als unbeweglich wahr.

Ich werde, wenn wir uns der Aktiv-Motor-Funktionseinheit zuwenden, auf diese derzeit auch in der Neurophysiologie akzeptierte Lösung zurückkommen.

3) Funktionseinheit Konfiguration

Zuvor aber möchte ich die Funktionen der Konsequenzeinheit dieser Periode besprechen, um das Bild mit der Beschreibung der Erzeugung desjenigen Musters, welches mit dem Merkmal einer Farbe identisch ist, abzurunden.

Neuronen dieser Funktionseinheit reagieren auf komplexe Form- und /oder Prozessmerkmale. Mit der Reaktion auf komplexe Formmerkmale ist nicht gemeint, dass einzelne Neuronen auf eine komplexe Form ansprechen, sondern es handelt sich um spezifische Zellen, z. B. in den temporalen Regionen, welche zusammen auf komplexe Merkmale reagieren. Diese Neuronen gruppieren sich gemeinsam auf wenigen Millimetern der Cortexoberfläche, wobei jedes Neuron auf das Merkmal einer bestimmten Orientierung anspricht. Keiji Tanaka (1993) stellte fest, dass dabei jede dieser Zellen auf einen anderen Teil einer Form anspricht, so dass mit der gemeinsamen Reaktion sämtliche Orientierungen eines Objekts dargestellt werden können.

Neuronen, die auf Prozessmerkmale reagieren, sind solche, die in ihrer Gesamtheit auf das Ergebnis eines Prozesses ansprechen, also nicht nur auf statische Details. Sie sprechen auf solche Details an, die mit einer Zeiteinheit verbunden sind und im Bewusstsein als „Zustand" erlebt werden. Ich hatte in der Darlegung meiner ersten These die Antwort einer AD(H)S-Person wiedergegeben auf die Frage zum Kanizsa-Dreieck: Der Fokus lag auf dem Prozess des Eindrückens, auf den Wirkungsweisen, doch es wurde der „Endzustand" des Prozesses beschrieben, in den er mündete.

Darüber hinaus reagieren Neuronen dieser Funktionseinheit während dieser ersten Periode und zu Beginn des Konstruktionsprozesses auf sogenannte Komplettierungsmerkmale. Komplettierungsmerkmale sind solche, die zur Vervollständigung eines Musters benötigt werden, welches mit einem Merkmal wie der Farbe identisch ist. Dazu komme ich wieder auf den Prozess zurück, der zur Erzeugung der Struktur führt, die mit dem Farberlebnis „gelb" identisch ist: Bisher haben wir erfahren, dass die Signale der Rezeptoren M und L beim R-Gr-Neuron - der Bedingung - zu deren Subtraktion führten, wodurch eine Reaktion in Form eines Signals an das W-S-Neuron ausgelöst wurde. Die Addition der Signale von M und L beim W-S-Neuron führte zu einer Reaktion, mit der die Helligkeit berücksichtigt wird. Die (Z) Variable, die Reaktion einer Ge-B (Gelb-Blau)- Zelle, die noch fehlt, beschreiben Engelkamp & Zimmer: „Stärke und Richtung der Reaktion von Ge-B hängen von dem Verhältnis $(M+L)/K$ ab. Ist $(M+L) > K$, erhöht sich die Aktivität von Ge-B und der Detektor signalisiert das Vorhandensein von Gelb." Die Subtraktion führt hier zu einer Erhöhung der Aktivität von Ge-B, da die Signale, die ursprünglich vom M-und L-Rezeptor kamen, in der Summe höher waren als das Signal des K-Rezeptors. Darauf, dass dies nicht die einzige Reaktion sein kann, weisen die Autoren ebenfalls hin: „Ist $K > (M+L)$, dann verringert sich die Aktivität von Ge-B und der Detektor signalisiert Blau. [...]" (Engelkamp & Zimmer, S.76)
Bruce Goldstein (1997), der das W-S- Neuron nur Zelle A nennt, schreibt: „Zelle A, die von beiden Rezeptoren [gemeint sind der M- und L- Rezeptor, Anmerk. d.

Verf.] einen Input erhält, verursacht also die ´Gelb`-Reaktion des B-G-Mechanismus."

Von den Autoren wird nicht angeführt, dass es auch eine wechselwirkende Interaktion zwischen den beteiligten Neuronen (Detektorzellen) geben muss. Auch die Ge-B-Zelle und die W-S- Zelle müssen über reziproke Verbindungen Signale an die jeweils anderen beiden Zellen zurückleiten; anderenfalls käme es zu keiner Verständigung, die aber notwendig ist, da ja alle drei Zellen etwas „melden". Doch auf eine Rückkopplung zwischen den Zellen zum Zweck der Verständigung gehen weder Goldstein noch Engelkamp & Zimmer ein. Die jeweiligen hemmenden oder erregenden Reaktionen der Zellen sind jedoch ursächlich für das jeweils zu erzeugende Produkt, welches aus den Prozessen hervorgeht. In dieser Reaktion drückt sich die Regelvariante aus, welche den Prozessen unterliegt. Sie ist für das Erscheinungsbild des Musters maßgebend. Wie dieser Prozess regelbeschrieben aussieht, zeigt das folgende (prädikative)Beispiel:

Weil *an einer R-Gr- Zelle ein (hemmendes) Signal eines M-Rezeptors und ein (exzitatorisches) Signal eines L-Rezeptors der Fall ist (X) und von einer W-S-Zelle (Y) ein hemmendes Signal hinzukommt,* **deshalb** *gehört in der Konsequenz ein Signal von Ge-B (Z) dazu, um das elektrophysikalische Muster (gelb oder blau) zu erzeugen.*

Die funktionale Variante sieht folgendermaßen aus:

Weil *an einer R-Gr- Zelle ein (hemmendes) Signal eines M-Rezeptors und ein (exzitatorisches) Signal eines L-Rezeptors der Fall ist (X) und in der Konsequenz ein Signal von Ge-B (Z) hinzukommt, um das elektrophysikalische Muster (gelb oder blau) zu erzeugen,* **deshalb** *gehört von einer W-S-Zelle (Y) ein hemmendes Signal dazu.*

Worauf ich hier insistiere ist, dass es *nicht* die Reaktion der Ge-B- Zelle ist, die zur Wahrnehmung der Farbe führt. Diese Reaktionen gehören zu den Prozessen im System der neuronalen Verschaltung, und hier reagiert jede Zelle nur auf die hemmenden oder erregenden Signale, die sie von anderen Zellen empfängt. Wie Goldstein anmerkt, gilt im übrigen das gleiche Argument, welches gegen die Vorstellung spricht, schon die Entladungen der Gegenfarbenneuronen würden sich in Farbwahrnehmungen umsetzen lassen, auch für die Annahme, die Lösung des Problems der Farbwahrnehmung wären Neuronen in Regionen, die in der Verarbeitungshierarchie höher stehen. Doch es sind nicht die Prozesse im *System der neuronalen Verschaltung*, die „Signalisierung" eines oder mehrerer Neuronen, welche die Konstruktion der Farbe bewirken, sondern die wechselseitige Kommunikation im *System des neuronalen Geschehens* bewirkt die Erzeugung eines Musters, das mit der jeweiligen Farbe identisch ist.

Dies entspricht einer Eigenschaft selbstorganisierender Systeme: durch die Kommunikation, aus dem wechselseitigen Prozess der beteiligten Neuronen emergiert als qualitativ neue Eigenschaft ein Muster, welches mit dem jeweiligen Erlebnis identisch ist, und sich nicht auf die Neuronen und ihre Eigenschaften, denen es sein Entstehen verdankt, zurückführen lässt. Dies ist der entscheidende Unterschied zu allen bisherigen Theorien über die Art und Weise, in der wir über die Vorgänge auf neuronaler Ebene zu einem bewussten Erleben kommen.

Ich habe diesen Prozess, der zur Bildung eines mit einem Farberlebnis identischen Musters führt, exemplarisch am Beispiel dreier Zellen beschrieben und ein spezifisches Neuron genannt, welches zur Funktionseinheit Konfiguration gehört, das mit anderen, am gleichen Objekt beteiligten Zellen diese Einheit bildet. Dies geschah aus dem Grund, da hier die Abläufe noch überschaubar sind, und – da allen Prozessen die gleiche Regelvariante unterliegt – sich der Ablauf an ihm veranschaulichen ließ.

Es war der Vorschlag von Helmholtz', dass es zur Wahrnehmung eines Objekts dann käme, wenn dieses mit der größten Wahrscheinlichkeit die Ursache unseres sensorischen Erlebens sei. Die größte Wahrscheinlichkeit sei dann gegeben, wenn das in dieser Form erlebte Objekt Bestand hat und sich nicht als zufälliges Erscheinungsbild entpuppt. Im Grunde setzt diese Erklärung wieder etwas als gegeben voraus, das durch sie erst erklärt werden soll. Dennoch wird sie zugrunde gelegt, beispielsweise bei den Regeln, von denen Donald Hoffman annimmt, dass unser Sehsystem nach ihnen arbeite. Eine davon lautet: „Konstruiere nur die visuellen Welten, für die das Bild eine dauerhafte (d.h. reguläre) Ansicht liefert." Hier wird die Dauerhaftigkeit der Form eines Objekts vorausgesetzt, um dann dieses Dauerhafte konstruieren zu können. Dazu werden dann Regeln für eine Konstruktion formuliert, die sie stützen sollen.

Die Konstruktion der Form aus Einzelmerkmalen eines Objekts, welches mit dem erzeugten Muster identisch ist, ist dennoch nicht beliebig, da sie - determiniert von der jeweiligen Variante, mit der eine Konsequenz vorgegeben wird – eine Abhängigkeit von den genannten Mustern vorsieht, die von Neuronen der Funktionseinheiten Kondition und Evenanz erarbeitet werden. Es sind daher nur diejenigen Neuronen, die auf Einzelmerkmale einer Form reagieren, am Prozess der Formvorgabe beteiligt, die mit Neuronen der Konditionseinheit und den passiv-motor-Einheiten in eine Kommunikation eintreten können. Wenn also von Neuronen der Funktionseinheit Konsequenz als Gruppe auf die Gesamtheit von Merkmalen beispielsweise der Form reagiert wird, müssen an der Vorgabe zur Konfiguration Neuronen der Einheit Kondition beteiligt sein, welche auf jedes einzelne dieser Merkmale unabhängig voneinander reagieren.

In welcher Weise Neuronen der Einheit Konfiguration an der Erzeugung der Struktur eines gesamten Geschehens beteiligt sein können zeigen Untersuchungen von Lange, Georg & Lappe (2006). Es genügen, um das Merkmal der biologischen Bewegung als Muster zu erzeugen, zwölf Lichtreize, welche in einer bestimmten Form angeordnet sind. Um nun den Eindruck entstehen zu lassen, hier handele es sich um eine menschliche Figur, genügen diese Punkte und das Faktum, dass sie sich gemeinsam in dieselbe Richtung bewegen. Beteiligt an der Wahrnehmung dieses Merkmals sind Neuronen von allen bereits genannten Einheiten, da jeder Lichtpunkt, die räumliche Entfernung zum wahrnehmenden Subjekt usw. parallel als Teile des gesamten Musters erzeugt werden müssen. Über das komplexe Zusammenwirken der Zellen ergibt sich dann das Muster, welches mit der Wahrnehmung einer sich bewegenden Person identisch ist. Aber auch wenn die Vorgänge hier bereits hochkomplex sind, bedeutet dies nicht, dass die Signale der beteiligten Neuronen irgendwo zusammenlaufen.

Ich hatte bereits oben die Prozessmerkmale angesprochen, die ebenfalls von Neuronen dieser Einheit erzeugt werden. Hierbei geht es nicht mehr nur um die Konstruktion der Bewegung eines (zu konstruierenden) Objekts, sondern zugleich um die Konstruktion eines Prozesses, der Richtung eines sich bewegenden Subjekts oder Objekts, der wahrgenommen wird. Je nachdem, ob sich das Objekt von links nach rechts und umgekehrt oder von vorn nach hinten und abermals umgekehrt bewegt, sind es verschiedene Neuronen der passmot-Einheiten, von denen diese Konsequenzneuronen ihre Signale erhalten.

Zur Objektwahrnehmung gibt es in der Psychologie unterschiedliche Vorstellungen, die ich kurz anspreche, um anhand von zweien dieser Theorien die Unterschiede zu meinem Ansatz noch einmal deutlich zu machen:

Irving Biederman (1987) geht von der Annahme aus, dass sich die elementare Körperform eines Objekts aus einer Kombination bestimmter Merkmale herleiten lasse, mit der auf die Formeigenschaften geschlossen werden könne. Er nimmt an, dass zweidimensionale Netzhautbilder dazu führen, über diese nicht zufälligen Merkmale die Kontureigenschaften eines Objekts wahrzunehmen. Für die Formerkennung reiche aus, dass von bestimmten Merkmalen wie der Krümmung von Linien oder des parallelen Verlaufs zweier Linien auf die Form des Objekts geschlossen werden kann. Diese Teilmerkmale gehören zu dreidimensionalen Körpern, von denen es nach Biederman sechsunddreißig verschiedene gibt. Er nennt sie Geone. Diese Geone seien die Grundlage für die Konstruktion dreidimensionaler Objekte: „We parse – or segment – its parts at regions of deep concavity and describe those parts with common simple volumetric terms, such as <a block>, <a cylinder>, <a funnel or truncated cone>". (S.115) Biedermans Annahme, es müsse einen Mechanismus für Formsegmente geben, lässt sich mit den Ergebnissen von Tanakas Untersuchungen jedoch nicht in Einklang bringen. Gäbe es solche Geone, so müsste es m. E. spezifische Neuronen geben, die auf ein solches komplexes Formmerkmal reagieren.

Während Biederman annimmt, das Erkennen beruhe auf geometrischen Figuren, die ein Objekt konstituieren, geht Anne Treisman (1993) davon aus, das Erkennen beruhe auf einer Zusammensetzung elementarer Merkmale von Eigenschaften der Farbe, Form usw. Dieser Prozess verläuft nach Treisman in fünf Stufen, wobei bereits bei der ersten Stufe, die noch keine Aufmerksamkeit erfordere, eine Identifikation der elementaren Merkmale erfolge. In Treismans Merkmalsintegrationstheorie spielt folglich die Aufmerksamkeit eine entscheidende Rolle, da sie für die Bindung der Eigenschaften an ein Objekt erforderlich sei.

Auch wenn die Untersuchungen von Biederman und Treisman von unterschiedlichen Hypothesen ausgehen und die Interpretationen bzw. die von den Ergebnissen abgeleiteten Theorien divergieren, so haben beide doch eines gemeinsam: sie stützen sich auf die Annahme, Elemente dessen, was wir erleben, existierten in der Außenwelt bereits, wobei darum gestritten wird, in welcher Weise sie vorkommen und auf welche Art und in welcher Reihenfolge diese Elemente zusammengesetzt werden.

Nach diesem kurzen Exkurs komme ich nun zur Aktiv-motor-Einheit. Auch wenn auf dieser Ebene noch nicht aktiv handelnd in ein Geschehen eingegriffen oder auf einen Gegenstand zugegriffen wird, sind Kopf- und Augenbewegungen Handlungen, zu deren Ausführungen sich Cortex-Neuronen in einem aktiven Zustand befinden.

2) Evenanzfunktionseinheiten
Aktiv-Motor-Funktionen

Anders als in den Ansätzen der experimentellen Psychologie, in denen das Handeln als Reaktion auf einen bereits identifizierten Reiz hin erfolgt und sozusagen den „output" des Systems darstellt, ist in meinem Ansatz eine Aktion in den Vorgang des Erkennens und Verstehens integriert, da sie der Y-Variable der Regel entspricht. Während dieser ersten Periode erfolgt das Handeln in Form von Kopf- und Augenbewegungen, die als Reaktionen auf einen Reiz hin erfolgen.

Bereits mit dem Eintreffen eines Reizes und seiner Verarbeitung durch Neuronen der Funktionseinheit Kondition werden auch diejenigen Neuronen des Aktiv-Motor-Systems (aktmot) aktiviert, die über efferente Verbindungen die Bewegung des Kopfes und der Augen in Gang setzen, um den auslösenden Reiz zu fixieren und seinen Bewegungen zu folgen. Die Signale werden zu den Motoneuronen der Muskeln geleitet und führen dort zur Kontraktion oder Erschlaffung der Muskeln. Mit der wechselseitigen Kommunikation zwischen Neuronen der aktmot-Einheiten und den Motoneuronen werden hier Muster erzeugt, die zur Vervollständigung des Gesamtmusters eines Objekts (Sachverhaltes, Gesprächs, etc.) der jeweiligen Periode beitragen.

Über afferente Verbindungen erfolgt die Rückmeldung an die Neuronen sowohl der aktmot-Einheit, als auch über reziproke Verbindungen an die anderen Funktionseinheiten. Mit der Einbindung von Neuronen aller drei Funktionseinheiten in den Verarbeitungsprozess wird schließlich die Erzeugung des Musters möglich, welches mit dem Objekt identisch ist, von dem der Reiz ausgeht.

Je nach Art und Weise, in der Kopf und Augen bewegt werden, sind unterschiedliche Neuronen der aktmot-Einheit beteiligt, von denen ich hier zunächst auf zwei Arten von Augenbewegungen eingehen möchte. Eine von ihnen ist die so genannte Sakkade. Sakkaden sind sprunghafte Augenbewegungen, mittels derer die Blickrichtung gewechselt wird. Sie treten spontan etwa 2 bis 3 mal pro Sekunde auf (vergl. d. Eysel, 2000, S. 284). Das bedeutet, die Verfolgung eines Objektes oder das Lesen eines Satzes verlaufen entgegen unseres subjektiven Eindrucks nicht kontinuierlich und fließend, sondern in Sprüngen. Diese Blicksprünge dienen der Fixation, dem Festmachen des Fokus auf einen anvisierten Punkt. Daher gleitet der Blick nicht gleichmäßig über eine Fläche, sondern springt von Punkt zu Punkt. Sakkaden erfolgen zumeist unwillkürlich und können deshalb, einmal ausgelöst, willentlich kaum noch korrigiert werden. Mit der Fixation ergibt sich eine stabile Raumwahrnehmung, die kurz vor dem Wechsel der Blickrichtung, wenn die Sakkade ausgelöst wird, unterbrochen wird. An der Auslösung der Sakkaden sowie an der Haltung des Fixationspunktes durch Hemmung der antagonistischen Augenmuskeln sind Neuronen in verschiedenen Arealen des Cortex, u.a. auch im Vermis, einer Struktur im Cerebellum, beteiligt, die zur Funktionseinheit aktmot gehören. Im System der neuronalen Verschaltung sind dies Verknüpfungen zwischen dem System der thalamokortikalen Verbindungen mit den genannten Strukturen im Kleinhirn und Kernhirnbereich.

Untersuchungen der Sakkaden, an denen wie oben erwähnt die Colliculi superiori beteiligt sind, wurden auch im Zusammenhang mit der AD(H)S durchgeführt. Hier sollte die Fähigkeit einer Blicksteuerung der betreffenden Personen erforscht werden.Es zeigte sich, dass Sakkaden bei den betreffenden Personen häufiger auftreten als bei nicht betroffenen Personen. Berquin, Giedd, Jacobsen, Hamburger, Krain, Rapoport & Castellanos (1998) fanden in Untersuchungen bei AD(H)S-diagnostizierten Jungen einen signifikanten Unterschied im Volumen einiger Regionen im Vermis, welche geringer waren als bei den Jungen der Kontrollgruppe. Droll (2000, S. 172) geht davon aus, dass die Verstärkungsfunktion, die dem Halten des Fixationspunktes dient, zu schwach ausgeprägt sei, und die Auslösung einer Sakkade deshalb häufiger aktiviert wird. Er vermutet, dass die Verschiebung der Fixation deshalb zwangsläufig erfolgt und nicht unterdrückt werden kann. Die genannten Befunde können aber mit der These, AD(H)S-Personen gehörten zum funktionalen Geschlecht, auch interpretiert werden als Notwendigkeit, Prozesse und die mit ihnen verbundenen Wirkungen erfassen zu müssen.

In anderen Untersuchungen zur Blicksteuerung im Zusammenhang mit AD(H)S ging es primär um die Frage, welchen Einfluss die Vergabe von Ritalin auf die Fähigkeit zur Blicksteuerung hat. Hier zeigte sich, dass AD(H)S-Kinder bei einer Antisakkaden-Aufgabe - einer Aufgabe, in der es um die willentliche Zuwendung zu einem Blickziel und dessen Festhalten ging -, deutlich auffälliger waren als die Kinder der Kontrollgruppe. Sie hatten sehr viel mehr Mühe, das Ziel festzuhalten (s. dazu Fischer, Mokler & Fischer, 2002), ein Verhalten, welches sich mit seiner vermuteten Ursache erklären lässt, der Notwendigkeit, Prozesse beobachten zu müssen, damit sich die Aufmerksamkeit auf die mit ihnen verbundenen Wirkungen richten kann.

An der Konstruktion von Mustern, die mit einer solchen Aufgabe identisch sind, sind Funktionseinheiten beteiligt, die nicht allein die Objekte am Bildschirm, den Bildschirm selbst sowie die sprachliche Anweisung konstruieren müssen, sondern darüber hinaus auch solche, die die Umgebung konstruieren. Da es sich bei den Konstruktionen der betreffenden Personen um Wirkungenmuster handelt, sind in den Konstruktionsprozess auch Neuronen involviert, welche die Bildung dieser

Muster erst möglich machen, indem der zu beobachtende Bereich weiträumiger erfasst und abgetastet wird.

Im Gegensatz zu den schnellen Sakkaden sind Folgebewegungen, mit denen das Ziel in der Fovea gehalten werden muss, langsame Bewegungen. Für die Funktionen der an diesen Bewegungen benötigten Muskeln sind aktmot-Neuronen beteiligt, die sich vor allem in temporalen Regionen befinden. In diese Vorgänge involviert sind zudem Neuronen, die bei der Bewegung des Kopfes für die Stabilisierung der Augen sorgen. Diese Neuronen gehören zum Vestibulärsystem, welches ich oben bereits erwähnt habe. Außerdem müssen Neuronen an den Prozessen beteiligt sein, welche für Bewegungen der Rumpfmuskulatur zuständig sind, also die Bewegung des Kopfes in Richtung des Reizes bzw. die Verfolgung des Reizes in Gang setzen. Alle die aktmot-Funktionseinheit bildenden Neuronen erhalten neben den Signalen von Neuronen der Konditions- und Konsequenzeinheit außerdem Signale von allen drei passmot-Einheiten.

Nachdem ich mir hier nun die Mühe gemacht habe, den Neuronen der einzelnen Funktionseinheiten verschiedene „Merkmale" zuzuordnen, um psychophysische Befunde einzubinden und einen Eindruck zu vermitteln, wie das Gehirn auf der Basis der jeweiligen Regelvariante arbeiten *könnte,* kommt nun die Ernüchterung:

Statt auf all die genannten Aufgaben der Funktionseinheiten zur Konstruktion von Merkmalen einzugehen, hätte ich eigentlich die jeweiligen Neuronen und Neuronengruppen der diversen Regionen und Areale nennen müssen, um sie den entsprechenden Funktionseinheiten zuzuordnen, um dann zu erklären, welches jeweilige Muster von ihnen erzeugt wird. Angesichts von 100 Milliarden Nervenzellen wäre dies jedoch ein hoffnungsloses Unterfangen, zumal an der Konstruktion des Musters eines einzelnen Merkmals aktuell nicht stets dieselben Neuronen beteiligt sind. Deshalb habe ich auf psychophysische Befunde zurückgegriffen, wohl wissend, dass die Merkmale, die konstruiert werden, in dieser Form in der Außenwelt vermutlich nicht existieren, sondern erst über interne Prozesse erzeugt werden.

Faktisch war dieses Unterfangen also unsinnig: es gibt, worauf ich zwischendurch bereits hingewiesen habe, keine Nervenzellen, die für irgendeines dieser Merkmale empfindlich, empfänglich oder zuständig sein könnten. Kein Neuron ist beispielsweise ausschließlich für einen spezifischen Farbton von „rot", „grün" oder „blau" empfindlich oder signalisiert ihn. Von Fotorezeptoren, den Zapfen im Auge, welche auf hohe, mittlere und kurze Frequenzen reagieren und am Beginn des Verarbeitungsprozesses stehen, ist bekannt, dass sie Pigmentmoleküle besitzen. Die Sequenz von Aminosäuren eines solchen Moleküls legt fest, wie ein Zapfen auf Licht reagiert – und nur nebenbei: ich bin mir sehr sicher, dass auch diese Sequenz der universellen Regel bzw. ihren beiden Varianten unterliegt. Von Rezeptorzellen wie den Zapfen im Auge oder den Zilien in der Nase ließe sich noch sagen, dass sie für ein Merkmal in Form einer Frequenz oder eines Gasmoleküls empfindlich seien. Doch für welches „Merkmal" die nachgeschalteten Neuronen zuständig sein sollten, auf die dann die von den Rezeptorzellen ausgehenden Signale konvergieren, ist unklar. Wie ich zu zeigen versucht habe, reagiert ein Neuron, welches vermeintlich „gelb" signalisiert, nur auf die hemmenden und erregenden Signale, die es von anderen Zellen erhält, und es verrechnet diese „das-ja"- und „das-nein"-Signale, um dann seinerseits ein „das-ja"- und „das-nein" Signal in das Netzwerk des Systems des neuronalen Geschehens einzugeben. Die Bedeutung, die wir mit der Beschreibung „gelb" oder „Linie einer bestimmten Orientierung" diesen Zellen als Merkmal zuweisen, existiert für die Zelle nicht. Sie reagiert nicht auf subjektive Qualitäten - worauf auch von Förster hinweist. Aus diesem Grund *kann nicht* das, was wir subjektiv erleben, festgemacht werden, indem man Neuronen eine einzelne spezifische Eigenschaft zuordnet. Das, was wir als Farbe, als Bewegung, als „in einem bestimmten Winkel gekrümmt" wahrnehmen, ist auf neuronaler Ebene nichts anderes, als die Summe der „das-ja"- und „das-nein"-Signale einer Vielzahl von Nervenzellen, die sich – was ihre Reaktion betrifft – nach der Regel verhalten. Ein Neuron, das feuert, wenn im Blickfeld des Subjekts eine Linie mit bestimmter Orientierung auftaucht, reagiert aufgrund seiner Verschaltung mit anderen Neuronen mit einem Impuls – oder eben auch nicht. Doch es nimmt nicht die subjektive Qualität des ursprünglichen Reizes wahr oder dessen, was bewusst erlebt wird. Mit anderen Worten, der Vorgang der im Bewusstsein zum Erleben von „gelb" führt, sollte in der oben am Beispiel beschriebenen Weise ablaufen.

Diese Annahme stimmt, wie ich meine, überein mit einem Befund, den Singer (2001 abstract) wie folgt beschreibt: „It is proposed that these states are characterized by the dynamic binding of feature-specific cells into functionally coherent cell assemblies which as a whole represent the constellation of features defining a particular perceptual object." Der Annahme, die funktionellen koherenten Neuronenensembles „repräsentierten" die Konstellation eines Musters muss jedoch widersprochen werden.

In der von mir beschriebenen Weise von der Aufmerksamkeit erfasst, erhalten wir hier im System des neuronalen Geschehens das prädikative Muster, welches mit der Wahrnehmung von „gelb" identisch ist.

Angesichts dieser Komplexität ist eine detaillierte Beschreibung der diversen Vorgänge, an der Erzeugung auch nur eines einzigen Musters, welches mit einem Objekt identisch ist, derzeit nicht möglich. In dieser Weise beschreiben es auch Edelman & Tononi: als ein dynamisches, komplexes, sich permanent veränderndes Gefüge:

> „Wir bezeichnen einen solchen Cluster von binnen Sekundenbruchteilen stark untereinander wechselwirkenden Neuronengruppen mit distinkten Funktionsgrenzen gegenüber dem übrigen Gehirn als `flexibles oder dynamisches Kerngefüge´ (dynamic core), womit gleichzeitig seine Integriertheit und seine konstant veränderliche Zusammensetzung betont werden soll. Ein flexibles Kerngefüge ist somit ein Prozess, kein Ding oder Ort, und definiert ist es über seine neuralen Wechselwirkungen, nicht über eine besondere neurale Lokalisierung, Verknüpfung oder Aktivität. Zwar wird es über eine gewisse Ausdehnung verfügen, aber diese wird in der Regel nicht fest umrissen sein, sich in ihrer Zu-

sammensetzung unablässig ändern und daher nicht an einem einzigen Platz im Gehirn dingfest zu machen sein." (Edelman & Tononi, S. 197)

Zwei Punkte sind von mir noch nicht erwähnt worden:

Zum einen geht aus meiner Beschreibung der Vorgänge bislang nicht hervor, wie sich der Unterschied in der Erzeugung prädikativer Muster gegenüber den funktionalen in der Wahrnehmung und im Verhalten auswirkt. Da während dieser ersten Periode das jeweilige Merkmal oder Objekt, welches mit einem Muster identisch ist, von prädikativen wie von funktionalen Personen in einer Weise wahrgenommen wird, die einen Austausch über sie möglich macht, ist es sinnvoller, den Unterschied bei der Darlegung der beiden nachfolgenden Perioden aufzuzeigen. Wir können uns hier jedoch noch einmal die Funktion der Aufmerksamkeit an einem Beispiel vor Augen führen: Wenn wir sagen „der Ball ist rot", dann sehen wir den Ball und seine Farbe. Was wir nicht sehen können ist die Verbindung zwischen ihnen, die mit dem „ist" ausgedrückt ist: die Beziehung, in der das Objekt und die Farbe zueinander stehen (bzw. die Wirkungsweise zwischen Objekt und Farbe). Diese „ist" -Verbindung wird von der Aufmerksamkeit geschaffen.

Wir sprachen außerdem darüber, ob und wie sich die Muster denn messen lassen. Ich hatte hier bereits erwähnt, dass ich vermute, dies müsse möglich sein mit der Messung von Hirnpotenzialen. Ereigniskorrelierte Potenziale, also solche, die an ein bestimmtes Ereignis gebunden sind, müssen aufgrund der geringen Amplitude gemittelt werden. Hierzu wird ein Reiz bzw. eine bestimmte Anzahl an Stimuli wiederholt dargeboten, um die Aktivität zu mitteln. Da an der Kopfoberfläche gemessen wird, lässt sich der Ort, an dem die Aktivität generiert wird, nicht direkt feststellen. Auf bewusste Entscheidungen ist die EKP-Messung nicht angewiesen; sie variiert aber, wie Angela Friederici (2002) schreibt, in vier Dimensionen: „[...] variiert als Funktion spezifischer kognitiver Prozesse in der Latenz, in der Polarität (negativ/positiv), in der Amplitude und in der neurotopologischen Verteilung." (S.369) Bisher gibt es noch keine Geräte, mit denen sich die Unterschiede bei der Konstruktion von Mustern, wie ich sie hier beschrieben habe, feststellen ließen. Ihre entweder prädikative oder funktionale Erscheinung ist daher eine der Vorhersagen, die ich mache.

Mit der Anordnung der Experimente, welche ich im Brief zur Aufmerksamkeit beschrieben habe, lässt sich also (noch) nicht zeigen, ob Hirnpotenziale ein spezifisches, regelabhängiges Muster aufweisen. Für einen ersten Anhalt ließe sich auf Untersuchungen im Zusammenhang mit der Aufmerksamkeitsdefizitstörung verweisen. Allerdings gibt es auch hier unterschiedliche Befunde, wie Huss und Lehmkuhl (2000) anmerken: trotz der Abweichungen in den Forschungsergebnissen könne man insgesamt davon ausgehen, dass die frühen evozierten Potenziale keine Auffälligkeiten zeigen. Nur zur Erinnerung: diese frühen evozierten Potenziale treten unterhalb eines Zeitraumes von 100 Millisekunden nach Darbietung eines Reizes auf, und um diesen Zeitraum geht es in der ersten Periode. Anders, so die Autoren, sehe es dagegen bei den sekundären Potenzialen aus. Hier wurden die meisten Studien mit akustisch evozierten Potenzialen durchgeführt, wobei sich im Bereich von 300 Millisekunden eine verminderte Amplitude zeigte, die als spezifisches Kennzeichen bei AD(H)S-Kindern gilt. Ob hier allerdings ein kausaler Zusammenhang besteht zwischen verminderter Amplitude und einer Periode, deren Ergebnis als Konstruktion eines Zweckes bzw. einer Einsicht in die Funktion determiniert ist, darüber kann zum jetzigen Stand der Forschung nichts ausgesagt werden. Feststellen lässt sich, dass es in diesem Bereich zu einer Synchronisation der Aktivitäten über weit verteilte Regionen des Gehirns kommt:

> „Both perceived and nonperceived words caused a similar increase of local (gamma) oscillations in the EEG, but only perceived words induced a transient long-distance synchronization of gamma oscillations across widely separated regions of the brain. After this transient period of temporal coordination, the electrographic signatures of conscious and unconscious processes continue to diverge. Only words reported as perceived induced (1) enhanced theta oscillations over frontal regions during the maintenance interval, (2) an increase of the P300 component of the event-related potential, [...]" (Melloni L, Molina C, Pena M, Torres D, Singer W, Rodriguez E., 2007).

Möglich wäre also, dass sich durch die Verarbeitung nach der anderen Regelvariante hier insbesondere bei betroffenen Personen Verständnisschwierigkeiten ergeben, die zu einem entsprechenden Resultat im EEG führen.

Erwähnt werden muss in diesem Zusammenhang noch, dass es offenbar Unterschiede in der Synchronisierung gibt: bei AD(H)S-Kindern gibt es größere Bereiche der Hirnoberfläche, die kohärent sind, wobei man davon ausgeht, dass je kleiner und spezialisierter die Bereiche seien, die synchron schwingen, umso ausgereifter sei das Gehirn. Möglich wäre aber auch hier wieder die Interpretation, darin die Notwendigkeit für ein prozessorientiertes Erfassen zu sehen. Festgehalten werden kann, dass die Annahme, die Aufmerksamkeit bringe den Unterschied zwischen den beiden mentalen Geschlechtern hervor, zuzutreffen scheint – auch wenn sie dies in anderer Weise tut als bislang angenommen.

Soweit es den Prozess des Erkennens innerhalb dreier zeitlich aufeinander folgenden Abschnitte betrifft, lassen Befunde zur syntaktischen und semantischen Informationsverarbeitung auf die von mir postulierte These schließen. Darauf gehe ich dann in den nächsten Briefen ein.

Nicht erwähnt habe ich als zweiten Punkt die Gruppe von Verbindungen, welche entscheidend an den Prozessen beteiligt ist, obwohl sie zu keiner der genannten Funktionseinheiten gehören. Es handelt sich um *reziproke Verbindungen*, über welche die Kommunikation der Neurone der Funktionseinheiten verläuft – ich habe sie im Brief „Elemente des Denkens" bereits erwähnt. Diese Neuronengruppe ist sehr viel umfangreicher als die Gruppe der merkmalspezifischen Neuronen und macht etwa 80 % der synaptischen Verbindungen aus. Sie ermöglichen die Rückkopplungen zwischen den Neuronen der Funktionseinheiten, die zu einer Verständigung im Sinne der Regel führen. Eine solche erfolgreiche Verständigung ist beispielweise der Prozess, der zwischen einem R-Gr- Neuron, dem W-S-Neuron und dem Ge-B-Neuron abläuft. Dieser Prozess verläuft, wie oben beschrieben, rekursiv. Ist ein Konsens im Sinne der Regel(variante) erreicht, wird die Übereinstimmung durch eine Synchronisierung der Aktivitäten in Form einer Überlagerung der Schwingungen angezeigt. Die These von einer Korrelation, die anhand eines kohärenten Schwingungsmusters indiziert sei, wird derzeit auch als „Bindungsproblem" diskutiert. 1982 schlug von der Malsburg vor, die zeitliche Synchronisation von neuronalen Entladungen sei Anzeichen für eine solche Korrelation. Fünf Jahre später entdeckten Singer und Gray Oszillationen im 40 Hertz-Bereich, ein Befund, der sich auch in nachfolgenden Versuchen ergab. Der Annahme einiger Hirnforscher, hierbei handle es sich um einen Bindungs*mechanismus* muss jedoch widersprochen werden: die zeitliche Synchronisation kann eigentlich nur der *Indikator* für eine erfolgreiche, weil auf der Regel basierende Kommunikation sein.

Und schließlich: Wie soll man sich nun die *Beschaffenheit eines Gedächtnisses* unter diesen Umständen vorstellen? Edelman & Tononi erklären dies wie folgt:

> „In einem komplexen Gehirn entsteht Gedächtnis durch die selektive Abgleichung der unablässig in ihm stattfindenden, räumlich verteilten neuronalen Aktivität mit den verschiedenen Signalen von Außenwelt, Körper und Gehirn. Die sich daraus ergebenden synaptischen Veränderungen beeinflussen die künftigen Antworten des einzelnen Gehirns auf ähnliche beziehungsweise abweichende Signale. Sie schlagen sich in der Fähigkeit nieder, einen mentalen oder physischen Akt nach einiger Zeit zu wiederholen, auch wenn sich der Kontext geändert hat – sich beispielsweise an ein Bild zu erinnern. Es ist wichtig zu betonen, dass wir mit dem Begriff `Akt´ jede geordnete Abfolge von Hirnleistungen innerhalb einer Domäne der Wahrnehmung, Bewegung oder Sprache bezeichnen, die nach einer gewissen Zeit zu einem neuralen Output führt." (S.130f.)

Mit dieser neurowissenschaftlichen Beschreibung eines nichtrepräsentationalen Gedächtnisses fehlt uns jedoch die Angabe, wie die Inhalte beschaffen sein müssen, um aktuell und mit zeitlichem Abstand auch in der Erinnerung bewusst zu werden. Der Vorschlag Edelmans und Tononis, dies geschehe auf der Basis sogenannter globaler Karten – dynamischer Strukturen, in denen multiple reentrant vernetzte lokale Karten motorischen und sensorischen Inhaltes zusammengefasst seien, sagt über eben diese Inhalte nichts aus. Liefern wir die Inhalte also nach: Es sind die sich in beständigem Wandel befindlichen Strukturen, deren Konsistenz mit der Beobachtung der Veränderungen, die ein neuer Reiz im System auslöst, von der Aufmerksamkeit überprüft wird. Wie sich diese Konsistenzprüfung im bewussten Erleben zeigt, darauf gehe ich im nächsten Brief ein.

Zum Ende komme ich nun noch einmal auf den Anfang dieses Briefes und dem in dieser Periode ablaufenden Prozess zurück: die Mickymausfiguren, welche die Kinder wahrgenommen haben, sind im System des neuronalen Geschehens Muster, die als Produkte aus den Prozessen hervorgegangen sind. In dieser Form - als entweder prädikative oder als funktionale Muster - werden sie durch permanent ablaufende Operationen im System des neuronalen Geschehens vorgehalten. Der unaufhörliche Kommunikationsprozess führt zu einer Konsolidierung häufig genutzter neuronalen Verbindungen. Damit ist gesichert, dass bei einem erneuten Kontakt mit dem den Reiz aussendenden Objekt der gesamte Prozess nicht von vorn beginnen muss. Es werden nur einzelne Teile der Muster umgebaut oder ergänzt.

In meinem letzten Brief hatte ich die Frage angeschnitten, ob angesichts der Arbeitsweise des Gehirns berechtigt sei, von einem dynamischen Gedächtnis und von drei Perioden der Verarbeitung zu sprechen. Die erste dieser Perioden habe ich hier dargestellt: die Operationen, die hier ablaufen, führen zur Konstruktion von Mustern, die identisch sind mit Objekten, die als homogen wahrgenommen werden - wie beispielsweise Wynns Mickymäuse. Dass hier eine Grenze erreicht ist zeigt ein Experiment mit Kleinstkindern, welches von Simon, Hespos & Rochat (1995) durchgeführt wurde. Sie veränderten Wynns Experiment, indem sie hinter dem Schirm die Gegenstände austauschten. Hatte man den Kleinstkindern zuvor zwei Mickymausfiguren gezeigt und diese hinter dem Schirm versteckt, sahen sie nun, wenn der Schirm heruntergeklappt wurde, z.B. zwei Bälle. Während ältere Kinder auf die Transformation der Objekte mit deutlicher Überraschung reagierten – sie betrachteten das unmögliche Ereignis signifikant länger – zeigten Babies im Alter von drei bis fünf Monaten keine derartige Reaktion. Wenn einem Kleinstkind die Transformation eines Gegenstandes in einen anderen jedoch gleichgültig ist, wenn es sich also nicht aufregt, wenn aus zwei Mickymausfiguren plötzlich zwei Bälle geworden sind, dann kann man annehmen, dass das Kind die Gegenstände nicht identifiziert hat. Zweifelsfrei haben auch diese Kinder zwar homogene Objekte gesehen, da sie auf unmögliche *Rechen*operationen mit Überraschung reagiert hatten. Doch trotz signifikanter optisch wahrnehmbarer Unterschiede der Merkmale, welche die Objekte charakterisieren, blieben die Kleinstkinder unbeeindruckt - im Gegensatz zu etwas älteren Kindern. Mit anderen Worten: obwohl die Kleinstkinder die Identität der Objekte anhand ihrer äußeren Erscheinung noch nicht zu erkennen vermochten, konnten sie sich ihrer dennoch erinnern, da sie Überraschung zeigten, wenn die Rechenoperationen nicht stimmten. Folglich waren sie sich ihrer bewusst, wenn auch in einer Weise, die sich von unserer Art der Bewusstheit deutlich unterscheidet. Wir haben hier eine Zäsur im Vollzug des Erkennens, einen Einschnitt, der diese Periode von der nachfolgenden trennt – auch wenn diese Zäsur (möglicherweise aufgrund fehlender technischer Mittel) auf neuronaler Ebene nicht festzustellen ist. Auf welche Weise sich der Übergang von der einen zur nächsten Periode vollzieht und was dazu führt, dass wir nicht die Muster erleben, deren Erzeugung ich dargelegt habe, sondern dass wir die Welt in ihrer erfahrbaren Dinglichkeit erleben, davon mehr im nächsten Brief.

3. Die fünfte These – das System Bewusstsein und die Beobachtungsfunktion des „Ich"

Lieber Peter,

Du fragtest: "Wenn das Ergebnis einer Periode auf der nächsten wieder aufgegriffen wird: was macht denn diese Kontinuität möglich? Es muß doch etwas geben, das das Ergebnis der ersten Periode zum Ausgangspunkt der zweiten macht." Deine Frage war Anlass, das Bewusstsein ebenfalls in meinem Ansatz zu berücksichtigen, denn eine Beschreibung, die auf ein Verständnis der Arbeits- und Funktionsweise des Gehirns zielt, muss das Bewusstsein notwendig mit einschließen. Dies bedeutet, es müssen bewusstseinsphilosophische Thesen bedacht und in den Ansatz integriert werden. Angesichts des Umfanges, den das Thema Bewusstsein hat, kann eine Hypothese dazu im Rahmen meines Ansatzes aber nur fragmentarisch sein. Ich werde mich bei ihrer Darlegung daher auf die für ihn relevanten Aspekte beschränken. Dazu gehört die Beschäftigung mit der Frage, in welcher Weise die auf der Basis neuronaler Prozesse erzeugten Muster in unserem Erleben eine Qualität gewinnen können, in welcher sie uns ganz selbstverständlich bewusst sind. Hier zu einer Erklärung zu kommen ist nur möglich, wenn sich die Frage nach dem Ursprung und der Entwicklung von Bewusstsein zumindest ansatzweise beantworten lässt. Und ich denke schon, dass dies möglich ist. Dazu komme ich noch einmal auf die im letzten Brief erwähnten Experimente von Simon et al. zurück.

Da die sehr jungen Kinder Überraschung zeigten angesichts des physikalisch unmöglichen Ereignisses einer nicht stimmigen Rechenoperation, jedoch nicht überrascht waren, sofern diese stimmte, muss ein Konstruktionsprozess zur Erzeugung der Figuren, welche den Kindern gezeigt wurden, stattgefunden haben. Dieser sollte in der von mir beschriebenen Weise verlaufen sein. Der Prozess führte jedoch nicht zu einem Erkennen bzw. zu einer Identifikation der Gegenstände. Anderenfalls hätten auch die drei Monate alten Babies Überraschung zeigen müssen angesichts der Transformation der Objekte. Dies war jedoch, wie Simon et al. zeigten, erst älteren Kindern möglich. Der Prozess des Erkennens endet offenbar in diesem sehr frühen Alter mit der Konstruktion von in sich geschlossenen Objekten - oder genauer: mit der Erzeugung von Mustern, die mit der Gestalt eines Objekts identisch ist.

Wenig Beachtung findet, dass eine solche Reaktion darauf hindeutet, dass sich auch Kleinstkinder zumindest der Existenz der Gestalt von Objekten, welche sie wahrnehmen, „bewusst" gewesen sein müssen. Anderenfalls hätten sie angesichts der nicht stimmigen Rechenergebnisse nicht überrascht gewesen sein können (ich habe hier das Adjektiv „bewusst" in Anführungszeichen gesetzt, da wir noch keine Bestimmung für Bewusstsein haben). Daraus lässt sich folgern, dass Kinder in diesem Alter noch nicht über die gleiche Art von Bewusstsein oder vielleicht genauer: von Bewusst*heit* verfügen können wie Erwachsene, da wir spontan und unmittelbar die Identität der jeweiligen Objekte mit sich selbst erkennen.

Den Ablauf eines solchen Konstruktionsprozesses, der mit dem Ergebnis endet, Objekte als homogen wahrzunehmen, habe ich in meinem letzten Brief beschrieben, und ich habe darauf insistiert, dass die Produkte der Prozesse – die Muster - mit den Merkmalen und Objekten, die wir bewusst erleben, identisch seien. Searle (2006) beschreibt eine solche Art des „Identischseins" anhand eines Beispiels: auch Wasser ist mit H_2O identisch. Dennoch, es ist nicht die Struktur des H_2O-Moleküls, die wir erleben, wenn wir mit Wasser in Berührung kommen. Das Erleben von Objekten und Sachverhalten besitzt für uns eine Qualität, deren wir uns „bewusst" sind, die wir als von uns selbst verschieden erleben. Diese Qualität, das Erleben von Objekten und ihren Eigenschaften - einer Farbe, eines Klangs oder auch eines Schmerzes - ist jedoch subjektiv. Das bedeutet, Qualitäten sind mit den Mitteln der Naturwissenschaften nicht messbar und folglich nicht im Experiment zu überprüfen. Damit stellt sich die Frage, ob möglich ist, zu einer objektiven und damit kausalen Erklärung dieses Phänomens zu kommen. Denn ein Phänomen muss, wenn man davon ausgeht, dass es existiert, nach dem naturwissenschaftlichen Paradigma im Experiment nachweisbar sein. Es muss, wie Sabine Windmann (2005) schreibt, „in Wechselwirkung mit anderen materiellen Strukturen und deren Eigenschaften treten" (Windmann, S. 188), entweder direkt oder indirekt, und es muss sich in irgendeiner Form messen lassen. Aber eben diese Eigenschaften, die wir subjektiv erleben, lassen sich experimentell nicht nachweisen. Es gibt innerhalb dieses naturwissenschaftlichen Paradigmas keine Möglichkeit zu zeigen, ob und wie mentale Eigenschaften Wirkungen im Physischen hervorbringen. Eine Wechselwirkung scheint es nicht zu geben, und nicht wenige Wissenschaftler stellen die Frage, ob so etwas wie ein Bewusstsein dann überhaupt existiert oder ob es auf neuronale Prozesse reduziert werden muss.

Wie ich in meinem letzten Brief betont habe, gibt es *auf neuronaler Ebene* kein Bewusstsein - weder das Gehirn noch die einzelnen Nervenzellen erleben oder brauchen überhaupt Qualitäten. Aus diesem Grund wird in den Naturwissenschaften der Begriff „Bewusstsein" zumeist vermieden, oder Bewusstsein wird auf neuronale Vorgänge reduziert. Der Neurobiologe Andreas Kreiter behauptete in der ZEIT Wissen (04/2006): „Bewusstsein ist vielleicht nicht mehr als das Nebenprodukt eines bestimmten Typs von Informationsverarbeitung", und vertritt die Ansicht, Bewusstsein könne ersatzlos gestrichen werden, weil ein falsches Konzept dahinter stecke.

Du weißt, ich teile diese Auffassung nicht, und hierin sind wir uns einig. Meiner Bezugnahme auf das Modell des „philosophischen Zombies" konntest Du indessen nicht so viel abgewinnen, obwohl gerade auch im Hinblick auf den Unterschied zwischen der prädikativen und der funktionalen Art dieses Modell m. E. eine hilfreiche Parallele bietet. Deshalb lasse mich bitte darstellen, worum es hierbei geht.

Die Überlegung, die diesem Modell zugrunde liegt, lautet: in einem physikalischen Universum ist widerspruchsfrei denkbar, dass sich Systeme entwickeln, die über Bewusstsein verfügen - wie eben menschliche Wesen. Es ist ebenso logisch möglich, dass sich in diesem physikalischen Universum Systeme entwickeln mit den gleichen Eigenschaften, die Menschen besitzen, die im Unterschied zu Menschen aber über kein Bewusstsein verfügen. Searle bringt hierzu einen sehr bedeutsamen Einwand, auf den ich später eingehen werde. Menschen können beispielsweise, weil sie Bewusstsein besitzen, Freude ebenso wie Schmerz empfinden. Zumindest behaupten wir das, doch da diese Empfindungen subjektiv und weder objektivierbar noch quantifizierbar sind, lassen sie sich nicht als Merkmale von Eigenschaften untersuchen. Theoretisch denkbar ist, dass ein Empfinden beispielsweise von Schmerz nicht notwendig sein muss. Es ist durchaus denkbar und logisch möglich, dass es Wesen geben könnte, bei denen eine Zerstörung ihres Haut-, Muskel- oder Knochengewebes - so wie bei uns auch - eine Reaktion von Aδ- und C-Fasern zur Folge hat: die Verletzung wird von Nozizeptoren registriert und gelangt über Fasern, die den Reiz weiterleiten, ins Gehirn, wo sie mit Nervenzellen verknüpft sind, die über efferente Verbindungen die Signale zu den Laut produzierenden Organen weiterleiten. Menschen empfinden unter diesen Umständen Schmerzen, ihr Schmerz ist ihnen bewusst und da sie ihn erleben, da er für sie existiert, reagieren sie mit Lautäußerungen, die ihrem Schmerzempfinden entsprechen. Für einen philosophischen Zombie ist indessen nicht notwendig, den Schmerz zu *erleben*, um sich dennoch in gleicher Weise zu verhalten. Eine entsprechende Reaktion seiner Zellen kann, wie oben beschrieben, deshalb durchaus die gleichen Lautäußerungen hervorrufen, ohne dass es zu einem Erleben des Schmerzes kommen muss. Die Reaktion kann einfach eine logische Folge sein, dann nämlich, wenn das neuronale System des Zombies so mit dem vokalen System verschaltet ist, dass die Zerstörung von Haut-, Knochen-, oder Muskelgewebe durch die Verknüpfung mit dem sprachlichen System diese Lautäußerungen bei ihm hervorruft, ohne dass er tatsächlich subjektiv Schmerz empfindet. Nur zur Erinnerung: die diversen Rezeptoren unserer Sinnessysteme, die für Reize von außerhalb empfindlich sind, reagieren ja auch nicht auf deren Qualität, sondern nur auf deren Quantität. Ein Erleben von Qualia gibt es auf dieser Ebene nicht. Es wäre daher denkbar, dass auch wir nur auf die Quantität der Reaktion von Nervenzellen reagieren, beispielsweise auf die Feuerrate: je höher die Rate, umso heftiger das vermeintliche Erleben. Diese Annahme hat aber, wenn man sie zugrundelegt, Konsequenzen für das bewusste Erleben: Denn wenn nun aufgrund der neuronalen Verschaltungen auf eine Verletzung mit Lautäußerungen und Mimiken reagiert wird und dies *nicht* bedeuten muss, dass derjenige, der sich so verhält, auch tatsächlich Schmerz empfindet, dann *kann* derjenige nicht wissen, dass er keinen Schmerz erlebt. Er wird einfach die Reaktion seiner Nervenzellen mit dem Erleben von Schmerzen gleichsetzen. An sich selbst kann er nicht erfahren, dass diese Reaktion nicht mit dem Empfinden des Schmerzes identisch ist, weil diese Schmerzerfahrung außerhalb seiner Möglichkeiten liegt. Mehr noch: auch die Fähigkeit zu *erkennen*, dass er keine Schmerzen erlebt, sondern sein Verhalten aufgrund einer „technischen" Verschaltung nur eine Reaktion auf einen Reiz ist, liegt außerhalb seiner Möglichkeiten.[6] Ebenso liegt außerhalb seiner Möglichkeiten, eine Veränderung der Aktivität

---

[6] Hier möchte ich anmerken, dass ich an diesem Beispiel zwischen dem Erleben eines Menschen im Unterschied zu einem Zombie eine Analogie zum prädikativen und funktionalen Geschlecht sehe:

seiner Nervenzellen zu erkennen. Windmann beschreibt es am Beispiel des Farbensehens wie folgt:

> „Farberleben müsste in denselben Termini definierbar sein wie <metapräsentierte Wellenlängenverarbeitung>. [...] Das eine ist eine Rot-, Grün- oder Gelbempfindung, die ich einem Farbenblinden nicht beschreiben kann; das andere sind neuronale Prozesse, die durch elektrische Impulse zustande kommen, welche von bestimmten Wellenlängen ausgelöst werden, die auf die Retina treffen – Prozesse, die ich sehr wohl einem Farbenblinden beschreiben kann. Wie können nun aber diese beiden völlig unterschiedlichen Phänomene dasselbe sein?" (Windmann S.205)

Der Sinn des Modells eines philosophischen Zombies ist, wie Metzinger (1995a) schreibt, zu einer explanatorischen Basis für phänomenales Bewusstsein zu kommen. Ansonsten muss unvermeidlich irgendwann die Frage auftauchen, ob das alles, unser gesamtes Sein nicht auch ohne Bewusstsein möglich sei. Eine solche Basis zu finden ist vor allem auch deshalb notwendig geworden, weil durch die Erfolge der naturwissenschaftlichen Disziplinen auf dem Gebiet der Hirnforschung diese nun ihrerseits Anspruch auf eigene Erklärungen zu Fragen erheben, die bis dahin die Domäne der Philosophie waren – denke nur an die Diskussionen zur Willensfreiheit. Ich verweise hier noch einmal auf Edelman und Tononi, die mit dem Hinweis auf Charles Darwins Bemühungen zu erklären, wie „Wahrnehmung, Gedächtnis und Sprache durch das entstehen können, was er Abstammung nannte". (Edelman & Tononi, S. 107). Sie nehmen für die Neurowissenschaften in Anspruch, dass ihnen obliege, Darwins Programm mit der Lösung des Problems der mentalen Abläufe zu vollenden.

Die Frage ist, in welcher Weise man versucht, sich dem Phänomen Bewusstsein zu nähern. Man kann, wie David Chalmers (1990) ausführt, dies aus der Erste-Person-Perspektive tun und – wovon Du ausgehst - den transzendentalen Ansatz zugrunde legen, der besagt, dass man das Bewusstsein nicht aus etwas anderem ableiten kann, weil eben diese Erklärung schon an Bewusstsein gebunden und nur eine Aussage eines bewusst Erlebenden ist. Jede Erklärung setzt daher immer schon Bewusstsein voraus, um es erklären zu können, und dies auch in dem Sinne, dass es

---

wenn der Unterschied in der Regelvariante liegt, welche in der Verschaltungsarchitektur des jeweiligen Gehirns realisiert und den neuronalen Prozessen implizit ist, dann sind die Erlebnisse, die aus diesen neuronalen Vorgängen hervorgehen, aufgrund ihrer anderen Struktur für das jeweils andere mentale Geschlecht schlicht nicht erfahrbar und daher nicht nachvollziehbar. Je nachdem, ob wir prädikativ oder ob wir funktional sind, liegt es deshalb für uns außerhalb unserer Möglichkeiten, die jeweils andere Art des Seins zu erleben. Wir können sie niemals an uns erfahren und wir werden sie auch niemals jemandem erklären können, der nicht dem gleichen mentalen Geschlecht angehört. Dieser Sachverhalt ist in Diskussionen kaum zu vermitteln, da die Vorstellung existiert, im menschlichen Denken müsse der jeweils andere „Denkstil" nachvollziehbar sein.

keinen Begriff zur Erklärung von Bewusstsein gibt, der unabhängig von einem Vorverständnis davon, was Bewusstsein ist, bestimmt oder definiert werden kann. Aus dieser Sicht wäre dann zu fragen, ob das menschliche Denken dazu in der Lage ist, den Übergang von Nichtbewusstsein zu Bewusstsein, die Entstehung des Bewusstem aus dem Nichtbewusstem zu denken.

Man kann aber auch die Dritte-Person-Perspektive einnehmen und Bewusstsein als wissenschaftliches Problem behandeln, eine Position, die von Neuro- und Kognitionswissenschaftlern sowie einigen Philosophen eingenommen wird. Diese um die objektive Perspektive bemühte Herangehensweise führt jedoch zu einem Problem, von dem Windmann schreibt: „Bewusstsein kann nur dann naturwissenschaftlich untersucht und erklärt werden, wenn es aus der Perspektive der Natur beschrieben wird, also in kausal wirksame, materiell-energetische Entitäten und Eigenschaften überführt werden kann." (Windmann, S. 190) Folgerichtig müsste, da der Nachweis einer kausalen Wirksamkeit mentaler Eigenschaften nicht möglich ist, Bewusstsein aus der naturwissenschaftlichen Perspektive auf neuronale Prozesse reduziert werden, wenn man nicht von der Annahme ausgehen will, so etwas wie (phänomenales) Bewusstsein existiere nicht. Vertreter beider Positionen - der Erste-Person- wie der Dritte-Person-Perspektive - haben Argumente für und gegen die jeweilige Perspektive vorgebracht; ich kann das hier jedoch nicht vertiefen. Für meinen Ansatz interessant sind Fragen, die sich für die Entwicklung einer Theorie des Bewusstseins ergeben, wenn man so, wie ich dies tue, von der Annahme ausgeht, es gebe Bewusstsein und dieses ließe sich nicht auf neuronale Prozesse reduzieren. Aus diesem Grund habe ich zu Beginn dieses Briefes auf die Experimente aus der Entwicklungspsychologie rekurriert und die Frage gestellt, wie aus diesen rudimentären Anfängen eines phänomenalen Bewusstseins als einer Wahrnehmung von in sich geschlossenen und von einem Hintergrund separierten Objekten ein Erkennen wird, also eine Weiterentwicklung im Erleben, wie dies ab einem bestimmten Alter der Fall ist und von da an bei älteren Kindern auch beobachtet werden kann. Zwischen der bloßen Wahrnehmung eines Objekts und seinem Erkennen liegt also eine Grenze - vergleichbar dem Übergang zwischen zwei Systemen – auch wenn sie im System der neuronalen Verschaltung möglicherweise nicht nachweisbar ist. Wir - als Erwachsene - unterscheiden zwischen dem (subjektiven) Erleben und dem phänomenal Erlebten, dem Ich- und dem Ist- Bewusstsein, von dem Du sagst, dass es beides nur zugleich als Erlebtes eines bewusst Erlebenden geben kann. Wenn eine solche Unterscheidung zwischen dem Selbst und dem Nichtselbst in Form von Objekten bereits beim Kleinstkind beobachtet werden kann, bedeutet dies nicht, dass ihm diese *Unterscheidung* zwischen eigenem Erleben und dem Erlebten - dem, was es sich entgegensetzt -, bereits bewusst sein muss, und zwar bewusst in dem Sinne, dass es sich damit auch der Bedeutung der Dinge bewusst ist. Denn letzteres ist, wie das Experiment von Simon et al. zeigt, offensichtlich nicht der Fall. Ihre Bedeutung ist folglich nicht in den Dingen selbst angelegt, sondern wird ihnen von uns zugeschrieben, was bedeutet, sie entsteht in unserem Kopf.

Wie sich der Übergang von der bloßen Wahrnehmung eines Objektes zu seinem bewussten Erkennen und Verstehen vollzieht, ist für meinen Ansatz insofern relevant, als sich hier die Verarbeitung nach der jeweiligen Regelvariante auswirkt und im Verhalten ausprägt (s. hierzu Dägling, 2004). Ich komme damit auf die Frage zurück, die ich am Ende meines letzten Briefes gestellt habe: Welche Umstände führen dazu, dass ein Objekt in seiner Identität erkannt werden kann, wie kommt es zu einer Kontinuität der Abläufe und auf welche Art und Weise werden Strukturen, die im System des neuronalen Geschehens erzeugt werden, zu Qualitäten, die wir erleben? Um zu einer These zu kommen, greife ich hier zwei Punkte heraus, die in der Bewusstseinsphilosophie diskutiert werden und die für meinen Ansatz bedeutsam sind:

Der erste Punkt betrifft die Frage nach der physikalischen Grundlage: Wie kann in einem physikalischen Universum ein so komplexes Phänomen wie Bewusstsein entstehen? Diese Frage impliziert, dass Bewusstsein nicht schon apriori gegeben, sondern entstanden sein muss aus etwas, das nicht schon Bewusstsein ist. Hier geht es folglich um die Rahmenbedingungen, die physikalisch-materieller Natur sind. Mit dieser Frage verbunden ist der zweite Punkt, die Ich-Perspektive. Welche Rolle kommt dem „Ich" innerhalb des Bewusstseins zu? Gibt es und wenn ja, was ist dieses „Ich", das sich selbst subjektiv erlebt und sich von dem, was nicht Ich ist, zu unterscheiden vermag?

Im Zusammenhang mit diesen Punkten werden in der Philosophie – und nicht nur dort - Thesen kontrovers diskutiert, wie beispielsweise die zu einer Supervenienz des Bewusstseins, also seiner vollständigen Abhängigkeit von neuronalen Prozessen, oder zum Epiphänomenalismus - der These, dass mentale Zustände kausal nicht wirksam seien, obwohl sie existieren. Ich nenne diese Punkte, um das Problem deutlich zu machen, mit dem wir es hier zu tun haben. Fragen danach, wie physikalische Reizwirkungen mentale Phänomene verursachen und ob mentale Phänomene Reaktionen (Verhalten) verursachen können, oder ob sie kausal tatsächlich unwirksam seien, werden also ebenfalls beantwortet werden müssen.

Die Erzeugung von Mustern, wie ich sie im letzten Brief beschrieben habe, setzt voraus, dass diese erlebbar, weil mit einem Erlebnis identisch sind. In der Form jedoch, in der sie mittels der Prozesse erzeugt werden, sind sie es nicht. Wir erleben gerade nicht ein entweder prädikatives oder funktionales Muster von etwas, das wir „Wasser", „rot" oder „Schmerz" nennen, sondern wir erleben Eigenschaften, Objekte und haben Empfindungen. Sie zu erleben setzt Bewusstsein und damit auch die Bewusstheit um sie bei demjenigen, der erlebt, voraus. Denn er vermag sie ja von sich zu unterscheiden. Mit anderen Worten: Wir unterscheiden zwischen uns als den Erlebenden und den Dingen, die wir uns entgegensetzen, denn wir empfinden sie als nicht mit uns selbst identisch.

Das Modell des Zombies ist nun, mit diesem Ansatz, nicht mehr sinnvoll. Es war stimmig unter der Annahme, dass Erleben auf neuronale Prozesse reduziert werden kann. Es ist aber nicht mehr stimmig, wenn das Erlebte mit Mustern identisch ist, die durch diese Prozesse erzeugt werden. Denn diese Muster können nur in ein Medium hinein erzeugt werden. Anders formuliert heißt das: sie, und nicht etwa ein durch neuronale Prozesse ausgelöstes Verhalten, sind output des Systems des neuronalen Geschehens. Da diese Muster jedoch nicht in die Außenwelt emittiert werden und als Erlebtes auch nicht identisch mit einem Handeln und Verhalten sind, gibt es m. E. nur eine Alternative: die *Muster sind Reizeinwirkungen für ein anderes System*. Dieses System ist nach meiner These das Bewusstsein. Diese Annahme führt uns zurück zum ersten Punkt, den ich genannt habe: welches sind die Bedingungen für ein Entstehen von Bewusstsein in einem physikalischen Universum?

Betrachten wir zunächst die Rahmenbedingungen, die gegeben sein müssen. Von einer Beschreibung dieser Bedingungen, welche physischer bzw. physikalischer Natur sein müssen, hängen die Antworten auf die unter Punkt 1. gestellten Fragen ab. Zu diesen Rahmenbedingungen gehört in erster Linie die biologische Grundlage; im Falle des menschlichen Gehirns sind dies die Nervenzellen (die Gliazellen lasse ich hier unberücksichtigt). Voraussetzung, damit Bewusstsein entstehen kann, ist die Komplexität ihrer Verbindungen, die den Ablauf von Prozessen zwischen den Zellen ermöglichen. Edelman und Tononi drücken dies wie folgt aus: „Bewusstes Erleben scheint mit der zeitgleichen neuronalen Aktivität vieler, über ganz verschiedene Gehirnregionen verteilter Neuronengruppen assoziiert. Bewusstsein ist damit nicht das Privileg einer bestimmten Gehirnregion; vielmehr sind seine neuralen Substrate weiträumig über das thalamokortikale System verteilt, sowie über verschiedene Regionen, die mit diesem in Verbindung stehen. [...] Um bewusstes Erleben zu ermöglichen, muss eine große Anzahl von reziprok miteinander verknüpften Neuronen sehr rasch über einen Prozess miteinander interagieren, den wir *Reentry* bezeichnen wollen." (Edelman & Tononi, S. 56)

Diese Verschaltungsarchitektur bildet sich während der pränatalen Phase, und liegt auch bei der Geburt noch nicht in einem fertig entwickelten und voll ausgebildeten Zustand vor – wenn man überhaupt davon sprechen kann, dass es einen solchen Zustand jemals geben kann. Die Entwicklung des Organs Gehirn - wie die Entwicklung des Organismus´ ganz allgemein - verläuft jedoch nicht willkürlich oder beliebig. Wie oben erwähnt, weist Searle (2006) auf eine Eigenschaft des physikalischen Universums hin, die ich bereits in meinem Brief über die „Regeln" genannt habe: auf die Naturgesetze bzw. die Regeln, die unser physikalisches Universum mit konstituieren. Searle argumentiert, es sei logisch nicht möglich, dass „das physische Universum genauso sein könnte, wie es ist, Atom für Atom, ohne daß sämtliche seiner physischen Eigenschaften genauso sind, wie sie sind." (S.140) Daraus könne aber nicht der Schluss folgen, dass Bewusstsein in einem anderen metaphysischen Bereich angesiedelt und etwas über das Gehirn hinausgehendes sein müsse, denn mit dieser Argumentation würden die Naturgesetze außer Acht gelassen. In eine Beschreibung des physikalischen Universums müssten die Naturgesetze folglich mit eingeschlossen werden. Deshalb habe ich insistiert, es müsse sich bei der jeweiligen Regelvariante, die in der Verschaltung des Gehirns realisiert ist, um eine universelle Regel handeln: auch eine Beschreibung des menschlichen

Gehirns als Ganzes muss die jeweilige Regelvariante einschließen, da sich ansonsten ein System Gehirn nicht in Einklang mit den Naturgesetzen befinden - und somit nicht existieren könnte. Zudem müsste man folgern – wenn man davon ausgeht, dass alle Prozesse im Gehirn der jeweiligen Regelvariante unterliegen - dass sie als Instrument, mit dessen Hilfe einem Organismus ein Überleben in seinen Umwelten möglich wird, eher untauglich wäre, wenn mit ihr keine Adaption an diese gewährleistet wäre.

Dies sind daher die Rahmenbedingungen, die wir zugrundelegen müssen: die biologische Substanz bestehend aus Nervenzellen und ihren Verknüpfungen, und eine Regel bzw. deren Variante, welche die *Vorschrift* für den Aufbau des Gehirns und die „Vorlage" für die Verschaltung seiner Zellen zu einem hochkomplexen Organ liefert - eine Regel, die darüber hinaus auch den Prozessen zur Erzeugung von elektrophysikalischen Mustern unterliegt. Aus diesen Bedingungen entwickelt sich das System des neuronalen Geschehens dann, wenn exogene (aus dem Milieu stammende) wie endogene (aus dem eigenen Organismus stammende) Reizeinwirkungen eine Reaktion des Gehirns bzw. seiner Nervenzellen erfordern, um die Reize zu verarbeiten. Diese Prozesse sind daher genau zu betrachten, und wir kennen sie auch schon:

Ein System beginnt - und davon müssen wir ausgehen, um zu einem Verständnis zu gelangen - mit einer Operation. Diese Operation ist die Beobachtung der internen Prozesse, die das System konstituieren. Im System des neuronalen Geschehens – so hatte ich es gesagt - obliegt die Funktion der Beobachtung der Aufmerksamkeit. In diesem partiell offenen System hat sie nach meiner These damit auch die Funktion, den Kontakt in Form einer strukturellen Kopplung zwischen dem System des neuronalen Geschehens und dem System der neuronalen Verschaltung hervorzubringen. Das System der neuronalen Verschaltung wiederum ist über unsere Sinnessysteme an die Außenwelt gekoppelt. Durch die Kopplung der Systeme gelangen Reizeinwirkungen, welche in Form von Wellenlängen bzw. Molekülen vorliegen, in das System der neuronalen Verschaltung. Da sie in dieser Form vom System jedoch nicht verarbeitet werden können, werden sie an den jeweiligen Schnittstellen - den Rezeptorzellen unserer Sinnesorgane - in die einzige „Sprache" übersetzt, die das System versteht: in bioelektrische Signale, die alle vom gleichen Typ sind. Diese Signale nutzt das System des neuronalen Geschehens mit dem Effekt, dass Produkte erzeugt werden, welche von der Aufmerksamkeit aufgegriffen und mittels nachgeschalteter Neuronen weiter ausgebaut werden. Diese *Produkte* sind *Muster*, von denen ich gesagt hatte, sie seien mit dem jeweiligen Erlebnis identisch.

Ich habe die Begriffe Produkt und Muster hervorgehoben, um den Unterschied zwischen meiner Annahme und der Frage von Windmann, die ich oben zitiert habe, zu verdeutlichen. Windmann fragte, wie das Empfinden einer Farbe das gleiche sein könne wie die *neuronalen Prozesse*, „welche von bestimmten Wellenlängen ausgelöst werden, die auf die Retina treffen". Es sind jedoch nicht die neuronalen Prozesse, die mit dem Empfinden gleich zu setzen wären, und sie können es auch nicht sein. Denn in diesem Falle wären Bewusstsein und Muster, welche mittels der Prozesse gebildet werden, eins. Bewusstsein wäre dann das Erlebnis der Farbe, der Form, der Bewegung eines Objektes; es wäre identisch mit dem Erlebnis des Schmerzes, dem Erlebnis eines Klanges, usw. Mit anderen Worten: zwischen (eigenem) Erleben und (fremd) Erlebtem gäbe es keinen Unterschied mehr - beides wäre das selbe. Dies wäre auch der Fall, wenn wir annehmen, dass Bewusstsein als neue Qualität aus den Prozessen emergiert: auch in diesem Fall müssten wir davon ausgehen, dass Bewusstsein mit den Produkten der neuronalen Prozesse identisch wäre. Nun erleben wir uns aber durchaus als verschieden von unseren Erlebnissen. Wir vermögen zwischen uns als den Erlebenden und den Dingen, die wir erleben, zu unterscheiden. Das aber wäre nicht möglich, wenn beides identisch wäre. Daraus folgt, dass Bewusstsein, wenn wir davon ausgehen wollen, es existiere, nicht auf die Prozesse auf neuronaler Ebene zurückgeführt werden kann. Wenn diese Lösung nun ausfällt, wie sollen wir uns dann die Entstehung von Bewusstsein vorstellen?

Lasse uns dazu bitte noch einmal zu den Rahmenbedingungen zurückkehren: Wir haben eine hochkomplexe neuronale Verschaltungsarchitektur, in der die universelle Regel in ihrer jeweiligen Variante realisiert ist und nach der die internen Abläufe organisiert sind. Dies sind unsere Ausgangsbedingungen. Aus ihnen, oder besser: gemeinsam mit ihnen entwickelt sich das neuronale Geschehen als eigenständiges System innerhalb des Gesamtsystems Gehirn, weil die Reizeinwirkungen aus der Umwelt Veränderungen im System der neuronalen Verschaltung bewirken und interne Prozesse auslösen. Diese werden von der Aufmerksamkeit als einem Subsystem registriert bzw. beobachtet, wodurch es zur Differenz zwischen neuronaler Verschaltung und neuronalem Geschehen kommt. Prozesse, die der Verarbeitung dieser Reizeinwirkungen dienen, bilden nun das System des neuronalen Geschehens, in welchem es zur Produktion von Mustern kommt.

Wie sollen wir nun in diesen Bedingungen das Bewusstsein unterbringen? Du hattest schon darauf hingewiesen, dass es nicht möglich ist, aufzuzeigen, dass das Ich und das Bewusstsein aus etwas hervorgehen, in dem nicht bereits Ich-sein oder Subjekt-Sein vorausgesetzt wird. Es ist aber auch, wie ich meine, nicht nötig. Denn nach meiner Auffassung lässt sich zumindest verständlich machen, dass Bewusstsein als separates, an physikalische Prozesse des Gehirns gebundenes System zu verstehen ist und der Gesetzmäßigkeit der "Welt" überhaupt unterliegen muss. Das bedeutet, Bewusstsein kann, da es sich um ein System handelt, nicht auf neuronale Prozesse reduziert werden, sondern wir müssen die Eingangs- bzw. Rahmenbedingungen als Voraussetzungen annehmen *sowohl* für die Entstehung des Systems des neuronalen Geschehens *als auch* für die Entstehung eines Systems Bewusstsein. Meine These ist daher: alle drei Systeme - das System der neuronalen Verschaltung, das System des neuronalen Geschehens und das Bewusstsein - entstehen gemeinsam aus denselben grundlegenden Bedingungen. Die Entstehung des einen Systems geht einher mit der Entstehung der beiden anderen, wobei das Bewusstsein dem neuronalen Geschehen komplementär ist. Alle drei Systeme, Bewusstsein, neuronale Verschaltung und neuronales Geschehen, entwickeln sich, da sie denselben Ursprung haben, parallel und beeinflussen sich wechselwirkend. Das heißt, mit dem Moment der Verschmelzung der beiden Chromosomenstränge werden die Grundlagen geschaffen, die im Verlauf der embryonalen Entwicklung des Fetus zur Herausbildung aller drei Systeme zum selben Zeitpunkt führen.

Dieser parallele Verlauf lässt sich am Verhalten der Kleinstkinder beobachten, welchen die Transformation der Objekte keine Beunruhigung verschaffte: sie besaßen noch kein unverwechselbares Bild der Objekte, ihnen waren die Gegenstände noch nicht in ihrer Identität mit sich selbst bewusst. Im System „neuronales Geschehen" ist der Prozess der Konstruktion von Objekten über die Produktion von Mustern, die mit in ihnen identisch sind, nicht hinausgekommen. Im System Bewusstsein ist, parallel dazu entwicklungspsychologische Ergebnisse zugrunde legend, das bewusste Erleben der Objekte ebenfalls noch nicht über das Stadium der Wahrnehmung ihrer äußeren Erscheinung hinausgekommen.

Bisher habe ich hier von einer Entwicklung dieser beiden Systeme gesprochen und ihrer wechselseitigen Abhängigkeit. Mit der Entwicklung dieser beider Systeme geht jedoch, wie ich es oben gerade geschrieben habe, der Entwicklungsprozess auf physischer Ebene, im System der neuronalen Verschaltung, einher. Das System Gehirn differenziert sich folglich in drei Systeme: das System der neuronalen Verschaltung, das System des neuronalen Geschehens und das Bewusstsein. In Abbildung 7 Seite 132 habe ich dies dargestellt.

Das System der neuronalen Verschaltung wird dabei konstituiert durch Operationen, wie sie u.a. von Wissenschaftlern des Bernstein-Zentrums für Computational Neurosciences in Berlin entdeckt wurden: während des ganzen Lebens werden Verknüpfungen im Gehirn neu gebildet und andere aufgelöst. In tierexperimentellen Untersuchungen wurde gezeigt, dass „Lernen und Erfahrung zu einer Vielzahl spezifischer und unspezifischer makroskopisch-anatomischer, histologischer und molekularer Veränderungen führen" (Birbaumer & Schmidt, 2002, S. 438). Im Hippokampus beispielsweise bilden sich neue Nervenzellen, indem die bestehenden Zellen Fasernetze an den Endknöpfen ihrer Zellfortsätze - den Dornfortsätzen an den Dendriten – bauen, die sich in eine Richtung hin bewegen und auf diese Weise die Zellmembran verschieben. Während der ersten Lebensjahre entstehen synaptische Verbindungen, von denen solche, die nicht frequentiert werden, zwischen dem fünften Lebensjahr und der Pubertät wieder abgebaut werden.

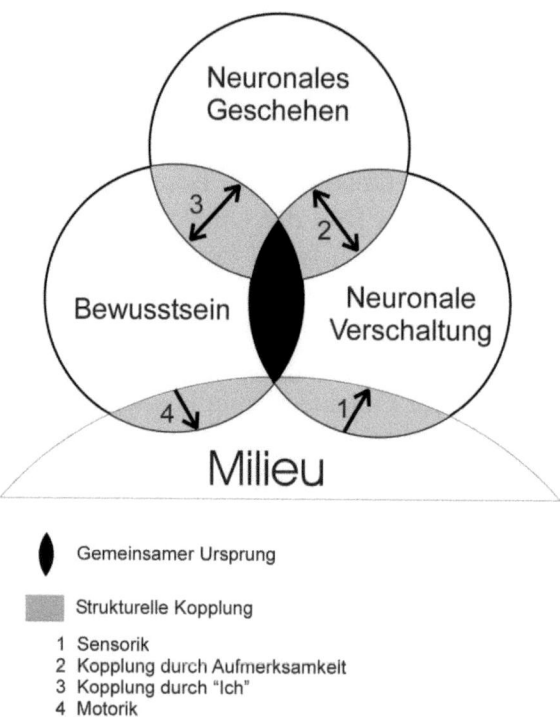

Gemeinsamer Ursprung

Strukturelle Kopplung

1 Sensorik
2 Kopplung durch Aufmerksamkeit
3 Kopplung durch "Ich"
4 Motorik

Abbildung 7. *Die drei Systeme und ihre Kopplungen. Reize aus der Außenwelt (Milieu) gelangen über die strukturelle Kopplung (1; Rezeptorsysteme) in das System der neuronalen Verschaltung. Diese Einwirkung erfolgt nur in einer Richtung. Eine weitere Kopplung (2) zur Verarbeitung der Reize wird von der Aufmerksamkeit im System des neuronalen Geschehens hervorgebracht. Die Verbindung zwischen diesen beiden Systemen – neuronales Geschehen und neuronale Verschaltung – verläuft wechselwirkend. Eine ebenfalls wechselwirkend verlaufende Kopplung (3) zwischen dem System des neuronalen Geschehens und der Aufmerksamkeit wird vom „Ich" hervorgebracht: die im System des neuronalen Geschehens erzeugten Strukturen (output) gelangen als input ins System Bewusstsein. Die vierte Kopplung (4) verläuft wieder einseitig: über das Bewusstsein wird das Handeln initiiert, welches zu Veränderungen im Milieu führt.*

Keines der beiden Systeme, weder das System des neuronalen Geschehens noch das Bewusstsein, entwickeln sich, *nachdem* das System der neuronalen Verschaltung bereits in fertig entwickeltem Zustand vorliegt. Sondern alle drei entwickeln sich gemeinsam, indem sie über zirkuläre Prozesse aufeinander einwirken. Aus diesem Grund habe ich auch stets vom neuronalen Geschehen als dem System gesprochen, welches sich auf der Basis der genannten Bedingungen entwickelt und *nicht* vom neuronalen Netzwerk. Dies, um deutlich zu machen, dass es sich bei ihm wie beim Bewusstsein um einen *Vollzug* handelt und nicht um einen Zustand. Beide, neuronales Geschehen einerseits und Bewusstsein andererseits, bewirken wie oben erwähnt, über ihr Zusammenwirken physische Veränderungen im System der neuronalen Verschaltung. Trifft dies zu, dann erübrigt sich möglicherweise die Frage, ob Bewusstsein ein Epiphänomen sei oder nicht.

Mit der Idee dreier verschiedener Systeme, die gemeinsam ein Ganzes bilden, welches an die Außenwelt gekoppelt ist, wird die Annahme verworfen, das Gehirn sei eine Art Schaltstelle zwischen der Außenwelt, die über die Sensorik ins System Gehirn gelangt, und dem Individuum, welches über die Motorik auf die Bedingungen außerhalb seiner selbst einwirkt. Die These einer 1 : 1 – Umsetzung von Sensorik in Motorik, die allein durch Vorgänge auf neuronaler Ebene erfolgt, wird sich nicht halten lassen. Wechselwirkungen zwischen Organismus und Außenwelt dürften daher nur über das komplementäre Verhältnis von neuronalem Geschehen und Bewusstsein und den beständigen Austausch zwischen den drei Systemen des Gehirns zustandekommen. Das heißt, der input in Form von Reizeinwirkungen aus der Außenwelt gelangt in ein anderes System als das, durch welches es das Produkt seiner Verarbeitung im output wieder verlässt.

Meine These einer Komplementarität von neuronalem Geschehen und Bewusstsein enthält jedoch noch keine Begründung für die Annahme einer Existenz des Bewusstseins. Es fällt auf, dass in verschiedenen Diskussionen das Bewusstsein behandelt wird, als habe man es mit einem isolierten und dauerhaften, weil unvergänglichen Phänomen zu tun; man redet von dem Bewusstsein so, als ob es sich unterscheide vom Bewusstsein eines Selbst. Wir finden eine solche Annahme beispielsweise bei Aristoteles, der forderte, es müsse etwas geben, das immer Bestand habe und dem Werden und Vergehen nicht unterworfen sei. Diese Forderung der Existenz einer metaphysischen Wesenheit ist grundlegend für eine solche Auffassung von Bewusstsein, und sie nährt insbesondere die dualistischen Vorstellungen. Im Descartes`schen Dualismus beispielsweise wurde dem Bewusstsein mit einer Teilung der Welt in die res extensae als die Dinge in dieser Welt und den res cogitantes als seelische Zustände eine Sonderstellung eingeräumt. Wenn jedoch Bewusstsein als abstrakte Größe behandelt wird, wenn es im Metaphysischen angesiedelt gedacht wird, dann begeben wir uns der Möglichkeit seiner Erforschung und Erklärung.

Die dualistische Vorstellung von einem Bewusstsein als einer von jeder physischen Grundlage getrennt existierenden Wesenheit ebenso wie die entgegengesetzte Vorstellung von der Reduktion von Bewusstsein auf neuronale Prozesse, mit der die Objektivität der Dritte-Person-Perspektive gewahrt bleiben soll, sind, wie ich meine, beide nicht zutreffend. Nach meiner These ist Bewusstsein als ein dem neuronalen Geschehen komplementäres System an ein Gehirn gebunden, und damit tatsächlich an jeweils nur *eines*: an das Gehirn des jeweiligen Individuums. Bewusstsein ist daher immer nur das eigene Bewusstsein, das Bewusstsein eines Selbst. Das Bleibende und Bestandhabende manifestiert sich in der Erfahrung unseres als kohärent erlebten Selbst über die Zeitspanne unseres irdischen Daseins hinweg. Ein Bewusstsein ohne ein Selbst kann m. E. ebenso wenig existieren wie ein Bewusstsein außerhalb eines Organismus´. In meiner Annahme eines Bewusstseins als Bewusstsein eines Selbst sehe ich eine Verbindung zu Kants „ursprünglicher Einheit der Apperzeption", die er wie folgt beschreibt:

„Also hat alles Mannigfaltige der Anschauung eine notwendige Beziehung auf das *Ich denke* in demselben Subjekt, darin diese Mannigfaltigkeit angetroffen wird. Diese Vorstellung aber ist ein Actus der *Spontaneität*, d.i. sie kann nicht zu einer Sinnlichkeit gehörig angesehen werden. Ich nenne sie die *reine Apperzeption*, die *ursprüngliche Apperzeption,* weil sie dasjenige Selbstbewusstsein ist, in dem es die Vorstellung des Ich denke hervorbringt, die alle anderen muß begleiten können, und in aller Bewußtsein ein und dasselbe ist, von keiner weiteren begleitet werden kann." (B 129ff).

Von Beginn an ist das Bewusstsein daher immer das Bewusstsein eines Selbst, welches von Newen und Vogeley (2000, S.13) wie folgt definiert wird: „Selbstbewußtsein ist ein aktuelles Bewußtsein der eigenen mentalen Zustände, so daß wir es dabei immer mit einer besonderen Form von phänomenalem Bewusstsein zu tun haben. [...] Ein wesentlicher Aspekt von Selbstbewußtsein ist die Einheit des Bewußtseins trotz vielfältiger Sinnesmodalitäten zu einem Zeitpunkt (synchrone Einheit des Bewußtseins) und die darauf aufbauende Einheit über die Zeit hinweg (diachrone Einheit des Bewußtseins)."

Wenn man nun die kontroversen Auffassungen zu einer Existenz des Bewusstseins bedenkt, scheint mir die Frage berechtigt zu sein, ob für seine Entwicklung überhaupt eine Notwendigkeit gegeben ist. Diese Notwendigkeit ergibt sich nun mit der Behauptung, es gebe zwischen dem System des neuronalen Geschehens und der Außenwelt keinen direkten *wechselwirkenden* Austausch. Das System der neuronalen Verschaltung ist zwar partiell offen für eintreffende Reize, es selber gibt aber keine Energie an die Außenwelt ab, die dort zu Veränderungen führen würde. Es empfängt Reize über die Sinnessysteme, steht aber über sie nicht unmittelbar in wechselseitigem Austausch mit der Umwelt, der die Reize entstammen.

In verschiedenen Modellen zur Arbeitsweise des Gehirns wird dieses als Inputoutput-System dargestellt: Über die sensorischen Systeme gelangen Reize als input in die black box des Gehirns und werden dort verarbeitet. Den output bilden dann die über die Motorik in Handlung umgesetzten Reaktionen auf die Reize. Faktisch wäre unter dieser Annahme möglich, auch ohne jegliches Bewusstsein zu entsprechenden Verhaltensweisen zu kommen - eben weil eingehende Reize mit der Anwendung spezifischer Regeln spezifische Reaktionen auslösen. Der Austausch zwischen System und Außenwelt käme also zustande, weil es innerhalb des Systems - auf neuronaler Ebene – zu Reiz-Reaktions-Effekten kommt, die ein Verhalten auslösen, welches Veränderungen in der Außenwelt bewirkt. Wollten wir davon ausgehen, dass diese Vorstellungen zutreffen, so müssten wir annehmen, dass es sich beim Verhalten um reine Automatismen handelt, dass motorische Systeme in Gang gesetzt würden, weil interne Konstellationen sie dazu determinieren. Dann wäre Bewusstsein tatsächlich überflüssig und der freie Wille eine Illusion - falls wir unter diesen Umständen überhaupt fähig wären, uns über irgend etwas Illusionen zu machen.

Wir gehen aber davon aus, dass Menschen Bewusstsein und einen freien Willen besitzen und unser Verhalten nicht als eine rein mechanische Reaktion auf neuronaler Basis interpretiert werden kann. Anderenfalls müssten wir das Verhalten der Babies, ihre Überraschung angesichts einer nicht stimmigen Rechenoperation als einen solchen Automatismus ansehen. Dann hätten wir aber keine Erklärung dafür, weshalb sie diese Überraschung nicht auch zeigten, als die Objekte ohne erkennbaren Anlass ihre äußere Erscheinung geändert hatten. Folglich *kann* der Austausch zwischen System und Außenwelt nicht auf neuronale Prozesse reduziert werden. Denn auf der Basis neuronaler Prozesse gibt es kein Wahrnehmen, kein Erkennen und kein Erleben - Qualitäten, von denen wir für uns aber in Anspruch nehmen, dass wir über sie verfügen. Insofern wäre auch nicht erklärbar, wie aus diesen Prozessen Bewusstsein entstehen sollte. Wenn nun neuronales Geschehen einerseits und (Selbst-)Bewusstsein andererseits aus denselben physikalischen Bedingungen entstehen, erklärt dies noch nicht, wodurch die im neuronalen Geschehen erzeugten Muster im System Bewusstsein zum Erlebten werden, welches für uns subjektive Qualitäten besitzt. Es erklärt auch nicht, wodurch sich der Prozess des Erkennens denn nun fortsetzt.

Nun spricht ja auch Luhmann davon, dass das Bewusstsein ein eigenständiges System sei und er weist hierbei auf einen entscheidenden Punkt hin: „Das Bewusstsein ist auch ein geschlossenes System, aber die Eigentümlichkeit scheint, wenn man eine sehr formale Beschreibung wählt, im Übergang von purer operativer Geschlossenheit der elektrophysischen Sprache des neurophysiologischen Apparates zu einer Differenz von Selbstreferenz und Fremdreferenz zu liegen, sodass diese Zentralunterscheidung überhaupt erst Bewusstsein konstituiert, natürlich auf der Grundlage von neurophysiologischen Korrelaten." (S. 86f.) Um eben diese Zentralunterscheidung geht es, und hierzu stelle ich zwei weitere Thesen auf:

1. Seitens des Systems des neuronalen Geschehens gibt es keine Möglichkeit, mit der Außenwelt in *Wechselwirkung zu treten* - es kann Energie in Form von Reizwirkungen empfangen, nicht aber an die Außenwelt abgeben; denn die auf der Basis neuronaler Prozesse erzeugten Muster werden nicht in die Außenwelt emittiert, um dort für Veränderungen zu sorgen.
2. Das System Bewusstsein hat *keinen* sensorischen Kontakt zur Außenwelt. Es kann Energie in Form von Verhalten an sie abgeben, sie aber nicht von ihr empfangen.

Zwischen diesen beiden Systemen – dem System der neuronalen Verschaltung und dem System Bewusstsein - fungiert das System des neuronalen Geschehens als eine Art Transformator: es erzeugt mittels des Instrumentes „Signal" des Systems der neuronalen Verschaltung Muster, die im System Bewusstsein interpretiert werden als Dinglichkeiten in dieser Welt und als Wahrnehmung des eigenen Selbst, als das wir uns von anderen unterscheiden.

Der Aufbau des Systems des neuronalen Geschehens beginnt mit der Aufmerksamkeit in der Funktion der Unterscheidung, sprich: der Beobachtung der systeminterne Prozesse und der Veränderungen durch die der Außenwelt entstammenden Reizeinwirkungen. Der Aufbau des Systems des Bewusstsein *muss* folglich nach dieser Definition ebenfalls mit der Operation der Beobachtung beginnen. Doch die Systeme des neuronales Geschehens und des Bewusstseins unterscheiden sich trotz gleicher Ausgangbedingungen fundamental durch ihre Operationen, welche sie als jeweiliges System konstituieren. Im System Bewusstsein wird unterschieden zwischen den systeminternen Prozessen des Erlebens und den einer Umwelt – dem System des neuronalen Geschehens - entstammenden Reizeinwirkungen. Diese Reizeinwirkungen können nicht dieselben sein wie die, welche in das System des neuronalen Geschehens gelangen. In diesem Falle wäre, da die Ausgangsbedingungen für beide Systeme die gleichen sind, eine weitere Unterscheidung nicht erforderlich. Folglich können diese Reizeinwirkungen, welche in das System Bewusstsein eindringen, nur dem System des neuronalen Geschehens entstammen. Als solche können sie nur die Muster sein, welche durch die Prozesse auf neuronaler Ebene erzeugt wurden und von denen ich annehme, dass sie sich physikalisch manifestieren, beispielsweise in Form Ereignis-korrelierter Potenziale. Doch wie auf neuronaler Ebene, so können auch auf der Bewusstseinsebene Reizeinwirkungen nur über eine vom Beobachter des Systems hervorgebrachte strukturelle Kopplung ins System gelangen.

Du hattest einmal gefragt, wie es dazu kommen könne, dass das Gehirn die Vorstellungen von Identität, Einheit und Differenz ausbildet und in der Lage ist, die eigene Identität zu reflektieren, d.h. sich als Subjekt und nicht Objekt des Erlebens zu setzen. Ich würde aus systemtheoretischer Sicht fragen, wem die Beobachtungsfunktion zukommen könnte - wer sich in diesem System des Bewusstseins, von dem er Teil sein muss, unterscheiden kann. Wer vermag noch einmal eine Grenze zu ziehen zwischen sich als dem erlebenden Teil und den Mustern, welche als Ereignisse erlebt werden? Dieser Beobachter, der ein eigenes System sein muss, der zwischen sich und dem Erlebten unterscheiden muss, um sich im Selbst als der- bzw. diejenige erfahren zu können, der/die erlebt und sich dieses Erlebens auch bewusst ist, er muss sich als Operation innerhalb des Bewusstseins dennoch von ihm differenzieren, um beobachten zu können. Welchem System können wir diese Funktion des Differenzierens zuordnen, zu unterscheiden zwischen dem eigenen Erleben und dem Erlebtem, sich alles andere, was nicht es selbst ist, entgegenzusetzen und dieses zugleich auf sich zurückzubeziehen? Ich denke, die Antwort auf diese Frage drängt sich auf: es kann nur das „Ich" sein, welches zu dieser Differenzierung in der Lage ist. Und ich meine, auch hierin könnten wir übereinstimmen: Du sagtest zwar, aus Deiner Sicht sei grundsätzlich nicht möglich, zu zeigen, wie ein Ich aus dem Nicht-Ich entstehen kann, ohne dass man bereits etwas „setzt", das Ich-Sein und Subjekt-Sein impliziert. Dennoch meine ich, dass es möglich sein kann, eben weil auch ein Bewusstsein den Bedingungen eines physikalischen Universums unterliegen muss. Wenn ich nun, wie oben erwähnt, behaupte, dass mit der Verschmelzung der Chromosomenstränge zugleich die Grundlagen für die Existenz eines Bewusstseins geschaffen wurden, so kann dies nur bedeuten, dass mit dem Zeitpunkt, in welchem sich im *Physischen* das *System der neuronalen Ver-*

schaltung von anderen physischen Strukturen differenziert, damit zugleich die Differenzierung des Systems *Bewusstsein* auf *transzendentaler Ebene* einhergeht. Dies ist jedoch nur möglich – unter dem systemtheoretischen Aspekt betrachtet -, wenn es eine Operation gibt, die dieses System Bewusstsein konstituiert, indem sie die internen Prozesse beobachtet. Aus dieser Annahme folgt, dass, wenn sich das Bewusstsein als System bereits im pränatalen Entwicklungsstadium herausbildet, es interne Prozesse geben muss, von denen sich noch nicht sagen lässt, dass es sich bereits um Gedanken, sondern allenfalls um Empfindungen handeln kann.

Hier greife ich noch einmal auf eine Aussage Luhmanns zurück: „Beobachten wird als eine Operation gesehen und der Beobachter als ein System, das sich bildet, wenn solche Operationen nicht nur Einzelereignisse sind, sondern sich zu Sequenzen verketten, die sich von der Umwelt unterscheiden lassen." (Luhmann, S.142). Eine Antwort auf die Frage, ob denn im pränatalen Stadium schon davon gesprochen werden kann, dass diese beobachteten Operationen bereits Gedanken sein könnten, so wie wir sie verstehen, wäre Spekulation. Fakt aber ist, dass bereits in einem sehr frühen Stadium der vorgeburtlichen Entwicklung Verhaltensweisen des Fetus beobachtbar sind, welche als Qualitäten gedeutet werden könnten, auch wenn es "nur" reflexhafte Reaktionen sind. Somit, um dies ganz explizit hervorzuheben, kann das Ich als Operation zugleich als Subjekt aufgefasst werden, das sich jedoch nicht selbst identifizieren kann. Dazu gleich mehr.

Die obengenannte Unterscheidung zwischen „selbst" und „fremd" mit der Folge einer Verkettung von Fremderlebtem und Selbsterleben in immer neuen Variationen ist untrennbar mit einem Ich verbunden, welches sich selbst als Beobachter der eigenen Beobachtungen - beispielsweise der eigenen Gedanken - erlebt. Hier muss ich allerdings einschränkend hinzufügen, dass das „Ich" per se im Bewusstsein nur als Operation vorkommt. Wie ich im nächsten Brief darlegen werde, ist es nicht schon das „Ich", welches erlebt, sondern das „Ich-Selbst", welches durch die Verschmelzung vom Ich als Operation und vom Selbst als Konstruktion aus den Prozessen im System des neuronalen Geschehens hervorgeht. Momentan jedoch wollen wir uns hier nur mit der Operation, dem Ich, befassen. Im Bewusstsein kann daher nach meiner These nur das „Ich" die Funktion sowohl der Beobachtung der internen Prozesse als auch die Funktion der Unterscheidung zwischen eigenem Erleben und den Mustern als dem Erlebten haben. Und daher kann es auch nur das Ich sein, welches für die Kontinuität im Erleben sorgt, weshalb die Übergänge von einer Periode zur nächsten nicht bewusst werden können: Die Unterteilung in Perioden gehört zum System des neuronalen Geschehens. Im System Bewusstsein jedoch können vom Ich nur die innerhalb dieser Perioden erzeugten Muster aufgegriffen werden, da sie der input für das System Bewusstsein sind. Für eine Kontinuität bei der Erzeugung dieser Muster, dem output des Systems des neuronalen Geschehens, sorgt die Aufmerksamkeit in ihrer Funktion als Beobachter.

Mit der Unterscheidung zwischen dem eigenen Erleben und den einer Umwelt – dem neuronalen Geschehen – entstammenden Mustern, wird diese in die Unterscheidung und damit in das System Bewusstsein als eines Bewusstseins des Selbst eingeführt. Dieses Selbst aber muss wie das fremd Erlebte im System des neuronalen Geschehens erst erzeugt bzw. konstruiert werden. Dadurch unterscheidet es sich vom Ich: Das Ich ist die Operation, die das System Bewusstsein konstituiert, indem sie die internen Prozesse(Gedanken) beobachtet und die strukturelle Kopplung an das System des neuronalen Geschehens hervorbringt. Das Selbst dagegen ist eine Konstruktion, die mittels der Prozesse im System des neuronalen Geschehens erzeugt wird. Ich gehe im nächsten Brief darauf ausführlicher ein. Wir haben hier also den Gedanken des Reentry aufgegriffen, den Wiedereintritt in die Unterscheidung, von der Simon sagt, sie erfordere die Ebene der Zeichen und Symbole, und das ist: die Sprache.

Die Idee, das Ich als „zentralen Beobachter" (s. M. Pauen, 2005, S. 12) zu postulieren, ist dabei keineswegs neu. In diesen Vorstellungen fehlt mir allerdings die Angabe, wovon denn eigentlich das Ich Beobachter sein soll. Ohne eine solche klare Bestimmung dessen, was beobachtet wird und vor allem in welcher Weise es beobachtet wird, geraten wir sehr schnell in die Gefahr, einen Homunkulus als Instanz im Gehirn zu positionieren, der als ein, wie Singer (1997/2002) schreibt, „mit mentalen Eigenschaften ausgestatteter Beobachter die einlaufenden Informationen sammelt und adäquat interpretiert" (S.144). Mit der These, dem Ich die Funktion der Beobachtung der internen Prozesse im System Bewusstsein (und nicht etwa in den Systemen der neuronalen Verschaltung oder des neuronalen Geschehens) zuzuordnen, um dort und nur dort ihre Anschlussfähigkeit herzustellen, ist jedoch bestimmt, was wo beobachtet wird, nämlich die eigenen Gedanken, als Prozesse, die Mittel sind zur Verknüpfung der zu Erlebnissen transformierten Muster im System Bewusstsein. An der mangelnden Differenzierung der Bestimmung kranken auch die Modelle zur Aufmerksamkeit, die ihr eine Funktion im System Bewusstsein zuordnen – z. B. mit der Annahme, Aufmerksamkeit könne willentlich gelenkt werden oder sei ein Instrument zur Organisation des Erlebens. Da jedoch die Aufmerksamkeit als Operation der Beobachtung das System des neuronalen Geschehens konstituiert, müsste sie, wenn sie auch als Operation im System Bewusstsein vorkommen soll, die Grenze zwischen diesen beiden Systemen kreuzen. In diesem Fall wäre sie keine Operation des Systems des neuronalen Geschehens mehr; das System würde aufhören zu existieren und mit ihm die Erzeugung der Muster, die mit dem Erlebten identisch sind. Da aber die Theorie der operationalen Geschlossenheit besagt, dass interne Operationen immer nur an interne Operationen anschließen können, kann die Aufmerksamkeit nicht genutzt werden, um über die Systemgrenzen in seine Umwelten – in diesem Fall das Bewusstsein – hinauszugreifen.

Mit der Operation der Beobachtung wird das Ich selber Teil dessen, was es beobachtet, wie ich dies in einem meiner ersten Briefe am Beispiel der kindlichen Entwicklung beschrieben habe: mit der Beobachtung des eigenen Tuns im Umgang mit den Dingen wird das eigene Verhalten reflektiert und entsprechend angepasst: Sand z. B. kann man nicht ergreifen wie man eine Schaufel ergreift, denn er rinnt durch die Finger. Über diese Beobachtung, die eine Adaption des Verhaltens an die

Bedingungen erfordert, wird Bedeutung generiert: Denn die Änderung des Verhaltens, um sich den Bedingungen anzupassen, ja erproben zu müssen, was es mit dieser unterschiedlichen Beschaffenheit des Objekts auf sich hat, erfordert die Reflexion auf das eigene Verhalten. Mit dieser Reflexion gelingt die Einsicht in den Zweck des Objekts, dem damit eine Bedeutung zuerkannt werden kann.

Das Ich bringt in seiner Funktion als Beobachter zwei Arten einer strukturellen Kopplung hervor: die eine ist die zwischen dem System Bewusstsein und dem System des neuronalen Geschehens, die andere ist die zwischen Bewusstsein und Außenwelt. Bedeutsam ist hier die Unterscheidung zwischen dem Ich als Operation und dem Ich-Selbst als Produkt der Verschmelzung von Operation und Konstruktion: Nicht jede unserer Handlungen ist uns zu einem jeden Zeitpunkt, in dem wir sie ausführen bewusst, und auch nicht jedes der Dinge, die uns umgeben. Für ein bewusstes Erleben ist dies auch nicht erforderlich. Erforderlich und bewusst im Sinne eines aktuellen Erlebens muss uns nur eins sein: unser phänomenales und unhintergehbares Ich-Selbst, als welches wir uns wahrnehmen. Aus dem Prozess der Verschmelzung ergibt sich unsere Persönlichkeit, als die wir uns erleben, die Person, welche Absichten zu generieren und Entscheidungen zu treffen vermag. Es ist dieses Ich-Selbst, welches in der Erste-Person-Perspektive die eigenen Prozesse als seine eigenen Gedanken, Befindlichkeiten und Gefühle erlebt. Als Ich-Selbst erleben wir uns als mit uns identisch über die Zeit hinweg. Und als diese einmalige Persönlichkeit, als die wir uns erleben und uns von allen anderen unterscheiden, verfügen wir über einen freien Willen. Wir können und tun dieses, da wir als Persönlichkeit Teil des Systems Bewusstsein sind und dieses System *nicht* auf den physikalisch konstituierten Systemen des neuronalen Geschehens und der neuronalen Verschaltung basiert. Es hat mit ihnen zwar den Ursprung gemeinsam, ergibt sich aber nicht aus ihnen. Das Ich-Selbst ist Inhalt seines Bewusstseins und Erlebende(r) seiner / ihrer Bewusstheit, die ihm/ihr durch das Ich als Operation und dessen Differenzierungsleistung erlebbar werden. Indem das Ich im System Bewusstsein die eigenen (Denk-)Prozesse beobachtet, sorgt es in dieser Funktion für die Einheitlichkeit von Erleben und Erlebtem. Es ist folglich nicht das Gehirn, welches sich ein „Ich" erzeugt, wie Metzinger (s. Schnabel & Sentker, 2004) meint, sondern das Ich als Beobachter ist für das System Bewusstsein die Konsequenz aus den Gesetzen, nach denen Systeme funktionieren. Ohne das Ich als Operation kann Bewusstsein nicht entstehen.

Als Beobachter unterscheidet das Ich in Bezug auf sich selbst zwischen dem eigenen Selbst und der Umwelt. Zur Verdeutlichung greife ich noch einmal auf eine Aussage von Simon zurück, der es wie folgt formulierte: Da nun „[...] die Unterscheidung zwischen innen und außen /Selbst/Umwelt), mit der er intern operiert, von ihm selbst gebildet wird, ist sie in die Unterscheidung (d.h. auf der Innenseite) eingeführt worden. Die Außenseite der Unterscheidung (Umwelt) kann nunmehr auf der Innenseite (d.h. innerhalb des Systems) lokalisiert und beobachtet werden (und ist damit - zumindest aus der Sicht des Beobachters 2. Ordnung – zu einem Teil des als Selbst bezeichneten Phänomenbereichs geworden)". (Simon, S.66)

Diese Aussage deckt sich mit der Forderung, dass Erleben und Erlebtes beide zum System Bewusstsein gehören.

Es ist daher auch das Ich, das entscheidet, welche der Muster als Produkte des neuronalen Geschehens als Reize für das System Bewusstsein Relevanz besitzen und einer Verarbeitung in Form einer bewussten gedanklichen Tätigkeit zugeführt werden. Und so, wie von den Rezeptoren im System der neuronalen Verschaltung Frequenzen in Signale transformiert werden, und wie im System des neuronalen Geschehens diese Signale genutzt werden zur Erzeugung von Mustern, welche von der Aufmerksamkeit erfasst und innerhalb des Systems weitergeleitet werden, so werden im System Bewusstsein vom Ich, das sich diese Transformation durch die Verschmelzung mit dem Selbst nicht bewusst machen kann – da dieses Selbst ein Konstrukt ist, erzeugt durch die Prozesse im System des neuronalen Geschehens -, die Muster in Erlebnisse transformiert, um damit arbeiten zu können.

Die Entwicklungen in den Systemen neuronales Geschehen und Bewusstsein verlaufen analog. Der Erzeugung von Teilmustern im neuronalen Geschehen und ihre Zusammensetzung durch den Zugriff der Aufmerksamkeit entspricht im System Bewusstsein eine Unterscheidung nach Merkmalen von Eigenschaften, die wir am Objekt wahrnehmen: wir vermögen zu differenzieren zwischen diesen Eigenschaften, die wir nach Farbe und Form, nach Klang oder Konsistenz analysieren – und können sie benennen. Ein Problem dagegen stellt der Prozess der Transformation dar. Im System der neuronalen Verschaltung ist er beim visuellen System gut untersucht. Im System Bewusstsein sind wir auf Vermutungen angewiesen. Hier könnte die Erweiterung der so genannten Transparenzannahme (Metzinger , 1995a; 2005), die das phänomenale Selbst betrifft, eine Erklärung für diesen Vorgang anbieten. Sie besagt, dass durch die Nähe und die Vertrautheit, in der wir unsere phänomenalen Zustände erleben, diese in einer Weise für uns transparent sind, dass wir durch sie hindurch schauen und sie in ihrer direkten Gegebenheit wahrnehmen. Bezogen auf die physikalischen Muster des neuronalen Geschehens würde dies bedeuten, dass wir durch das unmittelbare Erleben unseres Selbst, welches wir ebenfalls aufgrund der Verschmelzung mit dem Ich nicht als elektrophysikalisches Muster - erzeugt aus Prozessen auf neuronaler Ebene - wahrnehmen, auch diese Muster unmittelbar in der Art, in der wir sie erleben, wahrnehmen. Mit der Verschmelzung von Ich und Selbst ist der unmittelbare Zugang zu den im System des neuronalen Geschehens erzeugten Mustern unwiderruflich unmöglich gemacht. Da das Ich als Beobachter zugleich das Mittel zur Wahrnehmung sowohl seines Selbst wie auch der fremd erlebten Muster ist, kann es, wie Metzinger (2005) schreibt: „[...] nicht noch einmal als solches dargestellt werden und darum wird das erlebende System notwendigerweise in einen naiven Realismus verstrickt, weil es sich selbst als in direktem Kontakt mit dem Inhalt seines Bewusstseins erleben muss." (Metzinger, S.259)

Die Aufgaben des Ichs wären damit klar bestimmt: es ist als Beobachter zugleich der Interpreter für das System **Bewusstsein**: es transformiert die Muster in für uns - unser Ich-Selbst - nutzbare Erlebnisse, ohne diesen Transformationsprozess bewusst erleben zu können.

In Kurzform stellt sich das Zusammenspiel der drei Systeme wie folgt dar: Reize aus der Außenwelt (elektromagnetische Wellen, Gasmoleküle) werden vom Rezeptorsystem des jeweiligen Sinnessystems in elektrophysikalische Signale transformiert. Diese Signale breiten sich im System der neuronalen Verschaltung in Sekundenschnelle aus. Da Neuronen Elemente sowohl des Systems der neuronalen Verschaltung als auch des Systems des neuronalen Geschehens sind, werden die biophysikalischen Signale von den Neuronen im System des neuronalen Geschehens zur Produktion von elektrophysikalischen Mustern genutzt. Während im System der neuronalen Verschaltung die Weiterleitung der Signale über neuronale Verbindungen erfolgt, obliegt die Aufgabe der Weiterleitung der Muster im System des neuronalen Geschehens der Aufmerksamkeit. Diese ist, bedingt durch die Regelvariante, in der Art ihres Zugriffes ausschlaggebend für deren entweder prädikative oder funktionale Struktur. Die Erzeugung dieser Muster bewirkt im System Bewusstsein Veränderungen, welche vom Ich in seiner Beobachtungsfunktion registriert werden. Das Ich transformiert diese Muster in für das Ich-Selbst operational handhabbare Erlebnisse mit dem Effekt, dass nun handelnd in die Außenwelt ausgegriffen werden kann.- In den beiden folgenden Briefen werde ich darauf noch ausführlicher eingehen.

Nun habe ich in einigen Punkten vorgegriffen, die ich jetzt nachreichen muss. Ich hatte bereits im letzten Brief auf Deinen Einwand hin geschrieben, dass in der Beschreibung des Ablaufs fehle, wodurch es zu einer Hinwendung des Kopfes in Richtung eines Reizes und zur Verfolgung des Reizes durch die Bewegung der Augen komme. Die bisherigen Annahmen zur Arbeitsweise des Gehirns enthalten unterschiedliche Vorstellungen zu einer Auslösung von Verhaltensweisen. So werden beispielsweise „intelligente" Neuronen im prämotorischen Cortex postuliert, die ganze Programme für Handlungen gespeichert haben sollen; von sogenannten Spiegelneuronen im rechten inferioren Cortex wird angenommen, sie seien daran beteiligt, die Intention hinter einer beobachteten Handlung zu verstehen; verschiedene theoretische Modelle postulieren Regeln, die auf bestimmte Konstellationen hin feuern, um nur ein paar Beispiele zu nennen. Nach diesen Vorstellungen wäre ein Bewusstsein nicht unbedingt erforderlich: wir könnten den Kopf auch einfach deshalb drehen und die Augen einfach deshalb bewegen, weil eine solche Reaktion durch die Verschaltung von Nervenzellen die zwangsläufige Folge auf einen Reiz hin ist. Wie in meinem Brief zur Aufmerksamkeit erwähnt, gibt es in der Psychologie zur Erklärung dieses Effektes die Vorstellung der „Spotlight-Metapher", der präattentiven Registrierung eines Reizes noch ohne Augenbewegung. Diese komme erst mit dem Aufmerksamkeitswechsel zustande. Nachdem jedoch in meinem Ansatz der Aufmerksamkeit die Funktion der Beobachtung im System des neuronalen Geschehens zukommt, kann sie nur Veränderungen innerhalb dieses Systems beobachten, welche durch die Reizeinwirkungen verursacht sind. Sie kann jedoch nicht auf außerhalb des Systems existierende Erscheinungen reagieren. Wir geraten in einen Widerspruch zur Regel der operativen Geschlossenheit von Systemen, wenn wir annehmen wollten, der Aufmerksamkeit käme auch die Reaktion auf solche in der Außenwelt vorhandenen Reize zu. Das System des neuronalen Geschehens kann daher diese Operation nicht nutzen, um mit der Umwelt in Verbindung zu treten. Und sie kann keinesfalls dazu genutzt werden, Veränderungen in der Außenwelt zu registrieren, bei denen es sich um elektromagnetische Wellen und Molekülverbindungen handelt, um Handlungen wie die Bewegung des Kopfes oder der Augen zu initiieren. Sie bringt den Kontakt zwischen dem System des neuronalen Geschehens und der Außenwelt hervor, hat aber für das System Bewusstsein keine Funktion. Du hattest hier eingewandt, dass wir aber Aufmerksamkeit als Funktion auch im Bewusstsein kennen würden, da sie hier u.a. benötigt wird für das Festhalten eines Gesichtspunktes, um diesen identifizieren und beispielsweise von anderen unterscheiden zu können. Diese Funktion aber gehört in meinem Ansatz zu den Aufgaben des Ichs als dem Beobachter im System Bewusstsein. Dagegen siehst Du im Ich die Funktion eines Koordinators der Aufmerksamkeit, um zu vermeiden, dass Gesichtspunkte ungeregelt, beliebig und unvorhersehbar gewechselt werden. Dies aber soll nach meiner These zu den Aufgaben des Ich-Selbst gehören. Und es mag vielleicht aus dem bisher Gesagtem nicht deutlich genug hervorgegangen sein – aber eben dieses Ich-Selbst, diese Verschmelzung ineins aus dem Ich als Beobachter und dem Selbst als Konstrukt, liefert die Erklärung dafür, dass wir uns nicht selbst vergegenständlichen können. Diese Integration wiederum kann nur vom Ich ausgehen, weil nur das Ich die Identität mit sich setzen kann. Durch die Notwendigkeit, unser Selbst konstruieren zu müssen, um uns als vereinzelt und als Individuen erleben zu können, musste das Ich, um unterscheiden zu können, in eben diese Unterscheidung eintreten, wodurch einerseits die Verschmelzung gelingt, mit der es sich etwas entgegensetzen kann. Andererseits gelingt dies aber nur auf Kosten der Möglichkeit, die Muster inklusive des Musters, welches mit dem Selbst identisch ist, direkt und unmittelbar erleben zu können.

Der Vorgang der Initiierung einer Handlung kann daher in keinem Fall von der Aufmerksamkeit bewirkt werden. Auch dem Ich ist dies nicht möglich, sondern nur dem erlebenden „Ich-Selbst". Doch dazu braucht es einen „Anstoß", ein Interesse des Ich-Selbst, um handelnd aktiv zu werden bzw. zu entscheiden, ob es handeln werden möchte oder nicht. Dazu müssen wir zu den Ereignissen im System des neuronalen Geschehens zurückkehren.

In ihrer Funktion als Beobachtung sichert die Aufmerksamkeit wie erwähnt die Anschlussfähigkeit der internen Prozesse. Diese Aufgabe beschränkt sich nicht allein auf die Prozesse innerhalb der sensorischen Systeme. Sie betrifft auch ein System, welches ich bislang nicht erwähnt habe. Dieses ist mit seinen Operationen ebenfalls am Konstruktionsprozess und an der Entstehung von Verhalten beteiligt: es ist das Motivationssystem. Anatomisch gesehen, gehören zu diesem System Bereiche des Mittelhirns (z. B. das ventrale Tegmentum), Teile der thalamischen Region, Teile der Basalganglien, aber auch Teile des Frontalhirns. Fallen diese Regionen aus, oder auch nur einige dieser Bereiche, hat dies Störungen wie Apathie oder Abulie zur Folge. Sie äußern sich in Form von Unentschlossenheit und Willenlosigkeit. Die wohl schwerste dieser Störungen ist der Akinetische Mutismus, bei der der Patient zwar wach ist, sich jedoch weder bewegt noch redet oder Gefühle zu zeigen vermag. Wenn im System Bewusstsein das Ich-Selbst die Absicht zum Handeln generiert und der Wille zum Handeln vorhanden sein soll, dann müssen Neuronen des Motivationssystems beteiligt sein, Muster zu erzeugen, die mit einem Interesse bzw. einem Bedürfnis als identisch erlebt und von der Aufmerksamkeit mit den bereits erzeugten Mustern der sensorischen Systeme verknüpft werden, so dass auf diese Muster vorrangig zugegriffen wird.

Auch hier haben wir es wieder mit einer Wechselwirkung zu tun: Einerseits muss im System des neuronalen Geschehens ein Muster erzeugt werden, in welches die im Motivationssystem erzeugten Muster integriert werden. Andererseits legt das Ich-Selbst fest, ob es sich mit diesem als Sachverhalt erlebten Muster näher befassen will, indem das Ich sich dazu bestimmt, die eigenen Prozesse zu beobachten, aus denen neue „Erzeugnisse" in Form von neuen bzw. sich vermehrenden Gedanken hervorgehen. Aus diesen heraus trifft das Ich-Selbst eine Entscheidung. Diese wirkt sich über die vom Ich hervorgebrachte strukturelle Kopplung an das System des neuronalen Geschehens auf die in ihm ablaufenden Prozesse aus. Von Bedeutung ist auch hier, dass die Erzeugung von Motivationsmustern abhängig ist von der Regelvariante, die den Zugriff der Aufmerksamkeit und, dies insbesondere, auch die Auswahl der Muster, mit denen die Motivationsmuster verknüpft werden sollen, bestimmt. Die Aufmerksamkeit richtet sich folglich nur dann auf die Motivationsmuster, um sie zur Erzeugung einer Gesamtkonstruktion zu erfassen, wenn mit ihnen der Übergang zur entsprechenden zweiten Periode gewährleistet ist. Mit anderen Worten: entspricht der zu konstruierende Sachverhalt – beispielsweise in Form einer Unterrichtsvermittlung - nicht der gehirneigenen Regelvariante, werden wenige oder keine Motivationsstrukturen erzeugt, die es ermöglichen, das Interesse des Ich-Selbst auf diesen Sachverhalt zu richten. Die häufig beklagte „Unaufmerksamkeit" von AD(H)S-Kindern im Unterricht ist folglich keine Störung, sondern eine Folge der auf der falschen Regelvariante beruhenden Vermittlung des zu lernenden Stoffes. Um dies noch einmal zu verdeutlichen: es ist das Ich als Operation in seiner Funktion als Beobachter, welches eine Änderung im System registriert. Es ist jedoch das Ich-Selbst, welches entscheidet, ob es sich dieser neuen Situation auch zuwenden will oder nicht.

Im Brief zur Aufmerksamkeit hatte ich bereits darauf hingewiesen, dass Potenziale, an denen die Musterbildung ablesbar sein sollte, auch motivationale Aspekte reflektieren. Die Erzeugung von einzelnen Mustern durch Neuronen in den genannten Regionen kann unter der Voraussetzung, die Regel sei universell, nur in der gleichen Weise verlaufen, wie bisher beschrieben. Dazu wird ein sensorischer Reiz als Signal nicht nur an Neuronen des betreffenden Sinnessystems weitergeleitet, er breitet sich über neuronale Verbindungen auch in weit voneinander entfernte Regionen des Gehirns aus. Die beteiligten Neuronen dieser Regionen bilden gemeinsam mit Nervenzellen des prämotorischen Cortex die passiv-motorische Funktionseinheit. Von den Systemen des neuronalen Geschehens und dem Bewusstsein wird das Motivationssystem genutzt, um zwischen vor- und nachrangig zu behandelnden Mustern – bzw. ihren Gegenstücken im Bewusstsein, den wesentlichen und unwesentlichen Sachverhalten und Ereignissen – zu unterscheiden. Das Motivationssystem liefert damit die Intention zum Handeln, nicht aber die Entscheidung bzw. den Willen zum Handeln. Das bedeutet, das entsprechende Muster, welches motivationale Anteile enthält, wird vom Ich im System des Selbst-Bewusstseins als Veränderung der eigenen Operationen registriert, in ein Interesse oder Bedürfnis transformiert und als solches vom Ich-Selbst interpretiert. Mit der Interpretation wird die Situation bewusst, und vom Ich-Selbst kann nun die Entscheidung zu einer Handlung getroffen werden. Die zeitliche Verzögerung, die zwischen der auf neuronaler Ebene noch undifferenzierten Aktivation von passiv-motor-Neuronen, die in Erwartungsbereitschaft versetzt werden, und der bewussten Absicht zum Handeln liegt, könnte daher hier ihre eigentliche Ursache haben: das System des neuronalen Geschehens „erwartet" die Entscheidung des Ich-Selbst. Doch bedingt durch die universelle Regel müssen Neuronen aktiviert sein, da anderenfalls die Erzeugung von Mustern nicht gewährleistet wäre.

Je nachdem, ob die Signale, welche in diesen für die Motivierung zum Handeln relevanten Regionen verarbeitet werden, exogener Natur sind, also der Außenwelt entstammen, oder endogener/internaler Natur sind und daher aus dem eigenen Organismus kommen, sind Neuronen verschiedener der genannten Regionen beteiligt. Die Beteiligung der jeweils aktivierten Neurone hat damit Auswirkungen auf die Konstruktion bzw. das Muster. Entsprechend wird dieses im Bewusstsein vom Ich unterschiedlich registriert. Im subjektiven Bewusstsein wird es daher entweder als mit einem Interesse oder mit einem Bedürfnis verbunden erlebt. Mit der Unterscheidung zwischen vom Ich-Selbst als Bedürfnis oder als Interesse erlebten Mustern erfolgt dann auch eine Beurteilung über die jeweils erforderlichen Maßnahmen, die zunächst die aktiv-motorischen Funktionseinheiten betreffen. Es ist daher das Ich-Selbst, welches sich bewusst als der-/diejenige erlebt, der/die die Entscheidung zum Handeln trifft.

Damit komme ich noch einmal zur Funktion des Ichs und seiner mit der Beobachtung verbundenen Eigenschaft zurück. Als Beobachter der internen Prozesse baut das Ich aus den zu Erlebnissen transformierten Mustern mit Hilfe bewusstseinsimmanenter Denkprozesse Gedankenstrukturen auf und verknüpft diese miteinander. In dieser Weise ermöglicht es die Erzeugung immer neuer gedanklicher Gebilde als Produkte der Prozesse, die über die Kopplung zum System des neuronalen Geschehens in diesem zur Erzeugung weiterer Muster sowie zu deren Verknüpfungen (Assoziationen) mit bereits vorhandenen von den Sinnessystemen erzeugten Mustern führen. Diese Tätigkeit ist es, die im allgemeinen Verständnis mit dem Begriff Denken verbunden wird. Hier, im System Bewusstsein, findet das Lösen von Aufgaben statt, eine Tätigkeit, bei welcher bewusste Denkoperationen Anwendung finden. Zu diesen Operationen gehört beispielsweise die Bearbeitung der von Schwank entwickelten QuaDIPF- Aufnahmen (S. Abbildung 2 Seite 74), die wir in unseren ersten Untersuchungen zur Unterscheidung von prädikativem und funktionalem Denken bei AD(H)S-Kindern verwendet haben. Wie Du weißt, kamen wir mit diesen Aufgaben nicht zu den erwarteten Ergebnissen. Der Grund dafür sollte nun einsichtig sein: diese Aufgaben erfordern die Anwendung von

Denkoperationen und Denkstrategien, die im System Bewusstsein stattfinden und in dieses operational geschlossene System gehören. Da der Unterschied zwischen einem prädikativen und einem funktionalen Gehirn aber durch die Anwendung der jeweiligen Regelvariante auf die Prozesse im System des neuronalen Geschehens zustandekommt, ließ er sich mit diesen Aufgaben nicht einwandfrei nachweisen. Denn Strategien können gelernt werden, und zwar auch solche, die dem Muster der Reihenfolge der anderen Regelvariante folgen. Selbst wenn die Aufgaben also noch im System des neuronalen Geschehens auf funktionale Weise konstruiert und so im System Bewusstsein als Ausgangsbedingungen wahrgenommen wurden, war es möglich, nun bei der Lösung nach der anderen Variante vorzugehen, oder – und dies war sehr häufig der Fall - einen Zweck zu konstruieren, wie dies die funktionale Variante vorsieht, um eine Lösung zu liefern, die mit dem, was wir untersuchen wollten, nichts zu tun hatte.

Neben den Mustern, die auch solche aus dem Motivationssystem enthalten, müssten auch Muster ins Bewusstsein gelangen können, die diese Motivationsmuster nicht oder nur in sehr geringen Anteilen enthalten,. Wir wollen daher für Muster, die motivationale Anteile enthalten, das Attribut „präsentbewusst" verwenden, da für diese eine Präferenz besteht, sie bevorzugt – und das heißt unmittelbar bewusst - zu behandeln. Sie haben für das Ich Priorität, weshalb sich ihnen das Interesse zuwendet. Für Muster, welche keine motivationalen Anteile enthalten oder deren motivationale Muster von anderen dominiert werden, beispielsweise solchen aus dem Emotionssystem, wollen wir das Attribut „latentbewusst" verwenden. Bei diesen latentbewussten Mustern kann es sich um solche handeln, die mit automatisierten Prozessen identisch sind. Es kann sich aber auch um Muster handeln, die mit dem erlebten Kontext identisch sind, wie beispielsweise Pflanzen am Straßenrand, die aber aufgrund der aktuellen Situation vernachlässigt werden. Und es kann sich um Muster handeln, die als „unbewusste" Bedürfnisse und Interessen das Verhalten und Handeln beeinflussen. Diese Muster können bei entsprechender Relevanz präsentbewusst werden. Die Entscheidung, welche davon letztendlich bevorzugt behandelt werden trifft das Ich-Selbst, indem es das Ich als Operation nutzt, sie in bewusste Denk- und Handlungsprozesse umzusetzen. Mit seiner Entscheidung können dann auch latentbewusste Erlebnisse präsentbewusst werden. Die Entscheidung, welche vom Ich-Selbst getroffen wird, bewirkt im System des neuronalen Geschehens Veränderungen, die dazu führen, dass dem ursprünglichen, durch die Entscheidung betroffenen Muster nun weitere motivationale Anteile hinzugefügt werden.

Von den Mustern, deren Erzeugung ich im letzten Brief beschrieben habe, ist zu vermuten, dass die Art, in der die Aufmerksamkeit auf sie zugreift, zu einer festeren Verbindung führt, nämlich dann, wenn sie demselben Sinnessystem angehören. Dies sollte sich ändern mit der Zusammensetzung von Mustern unterschiedlicher Systeme. Diese behalten ihren individuellen, systemspezifischen Charakter normalerweise bei, ausgenommen vielleicht im Gehirn von Synästhetikern. Unabhängig von einer Unterscheidung zwischen latent- und präsentbewussten Erlebnissen aber soll gelten: bedeutsam ist, dass ein Urteil immer vom Ich getroffen wird. Mit anderen Worten: nicht das Erlebnis und nicht die jeweilige Handlung müssen unmittelbar bewusst erlebt werden. Erlebt werden muss vom Subjekt nur sein Ich-Selbst als Inhalt seines Bewusstseins über die Dauer der Zeit hinweg. Es muss sich als Person bewusst als erlebend und handelnd wahrnehmen.

Als Ich registriert es dazu die Veränderungen, welche durch die Muster des neuronalen Geschehens im eigenen System ausgelöst werden, trägt zu ihrer Selektion bei, indem es auswählt, welche relevant für eine präsentbewusste weitere interne Auseinandersetzung sind und welche als latentbewusst ebenfalls Zugang zum System erhalten. Muster, welche von der Aufmerksamkeit im System des neuronalen Geschehens über einen längeren Zeitraum hinweg nicht erfasst werden, zerfallen. Im System der neuronalen Verschaltung sollte sich dies durch den Abbau synaptischer Verbindungen zeigen, im System Bewusstsein zeigt sich dies als Vergessen. Da die Muster dynamisch sind, sie also nicht in einer dauerhaften „Gestalt" gespeichert, sondern permanent neu gebildet und/oder aus- oder umgebaut werden, können, wenn diese permanente Erzeugung ausbleibt, bereits gebildete Muster wieder zerfallen. Ist der Zerfall noch nicht allzu weit vorangeschritten, und existieren noch Teilmuster, die aber aufgrund des Strukturzerfalls vom Ich nicht in Erlebnisse transformiert werden können, besteht die Möglichkeit, diese über den wechselseitigen Austausch zwischen dem Bewusstsein und dem System des neuronalen Geschehens zu rekonstruieren – die „Erinnerung kehrt zurück", „es fällt einem wieder ein." Der Rekonstruktionsprozess gewährleistet jedoch nicht, dass diese Produkte in ihrer ursprünglichen Struktur wieder hergestellt werden.

Auch im System Bewusstsein erfolgt eine Strukturierung, um mittels gedanklicher Prozesse Erlebtes zu ordnen - wir hatten einmal versucht, dies für uns fassbar zu machen. Dabei hatten wir unterschieden zwischen Denkmustern, beispielsweise in Form von Vorurteilen oder von Paradigmen, und Denkweisen, die von Denkmustern geprägt sind und unsere persönliche Einstellung widerspiegeln. Davon unterschieden hatten wir die Denkstile. Diese hatten wir wie folgt bestimmt: Denkstile sind Instrumente, Operatoren zum Wechseln von Perspektiven. Es gibt Präferenzen für bestimmte Denkstile, von denen wir anteilig über verschiedene verfügen, die je nach Bedarf eingesetzt werden, also aufgabenbedingt gewechselt werden können, sofern geeignetere zur Verfügung stehen. Denkstile zeigen sich in der Art, in der jemand seine Gedanken strukturiert und sie können sich in der Einstellung der Perspektive ausprägen. Sternberg (2000) hat die Bestimmung des Begriffs Denkstile weiter gefasst als wir und diese von Fähigkeiten unterschieden: „A style is a preferred way of thinking. It ist not an ability, but rather how we use the abilities we have." (Sternberg, S.19)

Eine andere, auf der Regelvariante basierende Form der Strukturierung, die Bildung von Kategorien, die ebenfalls durch die Verarbeitung von Reizen nach der jeweiligen Regelvariante erfolgt und sowohl für das System des neuronalen Geschehens als auch für das Bewusstsein von Bedeutung ist, werde ich in meinem nächsten Brief darstellen.

Aus entwicklungspsychologischer Sicht entsteht die Vorstellung eines Ich als eines sich als Subjekt erlebenden individuierten phänomenalen Selbst erst im Verlauf der ersten drei Lebensjahre. Dieser Auffassung habe ich mit meiner Bestimmung des Ich als dem Beobachter scheinbar widersprochen. Es ist jedoch nicht das „Ich" als Operation, sondern das Ich-Selbst, als welches wir uns als denjenigen/diejenige erkennen, der/die das eigene Erleben ebenso wie die eigenen Gedanken als zu sich gehörig, als seine eigenen erkennt. Dieses Erleben manifestiert sich in den Eigenschaften der Meinigkeit - des sich selbst Erlebens - der Selbstreferenz in Form des unhintergehbaren Ich-Empfindens und der Ich-Perspektivität in Bezug auf die Personen und die Dinge in dieser Welt (s. d. Metzinger, 2005, S.245f). Dies kann als Voraussetzung auch schon bei Kleinstkindern angenommen werden. Auch wenn das Gehirn der Kinder in diesem Alter noch nicht zur vollständigen Konstruktion eines Selbst fähig ist, eines Schemas, das auf Mustern beruht, die u.a. von zum propriozeptiven System gehörenden Nervenzellen erzeugt werden, kann dies nur bedeuten, dass die Vorstellung, mit sich selbst identisch und damit Inhalt des eigenen Bewusstseins zu sein, noch nicht vollständig entwickelt ist. Es muss aber zumindest eine rudimentäre Konstruktion des eigenen Selbst möglich sein, da die Kinder sich anderenfalls nicht als Hunger, Unwohlsein oder Schmerz erlebend erfahren könnten. Beides, der Erwerb von Konzepten der Objekte wie der Erwerb eines Selbstkonzeptes entwickeln sich parallel und in Abhängigkeit voneinander.

Abschließen und zum nächsten Brief überleiten will ich mit einem Zitat von Luhmann: „Wenn man radikal formuliert, kann man sagen, dass Erkenntnis nur möglich ist, weil es keine Beziehungen, keine operativen Beziehungen zur Umwelt gibt. (...) Erkenntnis ist nicht nur möglich, *obwohl*, sondern *weil* das System operativ geschlossen ist. Es kann mit seinen erkennenden Operationen nicht in die Umwelt ausgreifen, sondern es muss stets innerhalb des Systems Anschlüsse, Folgerungen, nächste Erkenntnisse, Rückgriffe auf das Gedächtnis und so weiter suchen." (2006, S. 92f)

4. Das dynamische Gedächtnis – die zweite Periode

Lieber Peter,

nicht ohne Grund habe ich meinen Vorschlag zu einer Lösung für das Problem des Bewusstseins zwischen die Beschreibung der ersten und der nun folgenden zweiten Periode gesetzt. Denn für den Übergang in die zweite Periode ist das Bewusstsein oder genauer: die Bewusstheit „von etwas" Voraussetzung – und sei es auch nur eine rudimentäre Art der Bewusstheit wie die der Kleinstkinder.

Die erste Periode hatte ich abgeschlossen mit der Feststellung, dass mit der Konstruktion von Mustern, die mit in sich homogen Objekten identisch sind, eine Grenze im Prozess des Konzepterwerbs erreicht sei. Es muss daher ein besonderes Ereignis gegeben sein, um diese Grenze zu überschreiten und damit die Kontinuität im Erleben zu gewährleisten, die Du angesprochen hattest. Dieses besondere Ereignis ist das mit einem Interesse oder Bedürfnis verbundene zielorientierte Handeln. Es wird ausgelöst durch das Interesse des Ichs und ersetzt den Reflex als Reaktion. Dieses Interesse am Objekt ist vorhanden sofern in Mustern, die von zum visuellen System gehörenden Neuronen erzeugt wurden, auch Muster aus den Prozessen des Motivationssystems integriert sind. Sie müssen dazu sowohl von der Aufmerksamkeit im System des neuronalen Geschehens als auch vom Ich-Selbst als relevant beurteilt werden. Mit dem Urteil des Ich-Selbst für eine Relevanz des Objekts in Bezug auf das wahrnehmende Subjekt erfolgt nun über eine Rückkopplung zum System des neuronalen Geschehens die Aktivierung von Neuronen zur Bildung von aktmot-Funktionseinheiten, und zwar zeitgleich mit der Ausführung einer Handlung. Bei dieser Rückkopplung handelt es sich nicht um einen kausalen Vorgang, sondern um eine Korrelation von Bewusstseinsprozessen und den Prozessen im System des neuronalen Geschehens: die einen entsprechen den anderen, sie verursachen die Prozesse im anderen System also nicht.

Ich werde im Folgenden bei der Beschreibung der zweiten Periode die Schritte darlegen, die nun nach meiner These als nächstes absolviert werden, und zwar sowohl zum Erwerb von Konzepten der Dinge in dieser Welt als auch zum Erwerb des Konzeptes vom eigenen Selbst. Die Frage, von der ich ausgegangen bin, war ja, wie Wissen denn überhaupt angelegt wird, um für ein Erinnern, Vergleichen, Assoziieren zur Verfügung zu stehen.

Die Grundlegung für den Erwerb von Konzepten - sowohl für ein Wissen über die Welt als auch für ein Wissen um das eigene Selbst - beginnt in der präverbalen Phase (und möglicherweise bereits in der Schwangerschaft). Sie erstreckt sich hier über einen vergleichsweise langen Zeitraum hinweg, in welchem kontinuierlich mit der Durchführung der einzelnen in der jeweiligen Periode erforderlichen Prozesse an deren Ende die Basis geschaffen ist, auf der die Einheitlichkeit des Welterlebens beruht. In der Folge ist für den Erwerb des darauf aufbauenden Wissens nicht mehr erforderlich, die einzelnen Prozesse jeder Periode in dieser zeitlichen Ausdehnung zu vollziehen. Nachdem die Grundlagen geschaffen sind und ein Basiswissen um Objekte und Sachverhalte vorhanden ist, werden nur noch die wesentlichen Verbindungen zur Erhaltung der Muster benötigt, einmal, um ihren Um- und Ausbau zu gewährleisten, aber auch, um assoziativ zu neuen Konstruktionen zu kommen.

Doch zunächst müssen dazu die zweite und dritte Periode vollständig durchlaufen werden. Da die Prozesse auch hier der immer gleichen Regelvariante unterliegen und die Anzahl der daran beteiligten Neuronen bereits exorbitant hoch ist, ist eine detaillierte Beschreibung der Konstruktionsprozesse nicht mehr möglich.

Die Universalität der Regel bzw. ihrer jeweiligen Variante bedingt, dass ihr nicht allein die Prozesse zur Erzeugung der Muster unterliegen. Sie legt auch die Abfolge der Perioden fest. Während das Ergebnis der ersten Periode - die der Ausgangsbedingung entspricht und damit in die Leerstelle X einzutragen ist -, sowohl für das prädikative wie für das funktionale Gehirn als die Konstruktion von Objekten festgelegt ist – und zwar unabhängig von den Vorgängen, die zur Erzeugung entweder prädikativer oder funktionaler Muster führen – ändert sich dies bei den nun folgenden Perioden. Für das prädikative Gehirn schließt nun eine Periode an, die mit dem Ergebnis der Identifikation von Objekten endet. Sie entspricht der Y-Variablen der Regel, da nun vom Subjekt handelnd in die Außenwelt eingegriffen wird. Beim funktionalen Gehirn folgt dagegen die Periode mit der Z-Variablen, die mit dem Ergebnis der Einsicht in den Zweck bzw. die Funktion einer Sache abschließt. Das Ergebnis, welches aus diesem gesamten Vorgang emergiert, ist das Wissen um die Bedeutung des Objekts bzw. der Sache.

Es gilt also für das prädikative Gehirn:
Weil erste Periode (X) und zweite Periode (Y), *deshalb* auch dritte Periode (Z).

Für das funktionale Gehirn gilt entsprechend:
Weil erste Periode (X) und dritte Periode (Z), *deshalb* auch zweite Periode (Y).

Bevor ich dies weiter ausführe komme ich noch einmal auf die These in meinem letzten Brief zurück.

Hier hatte ich die Annahme zurückgewiesen, Bewusstsein lasse sich auf neuronale Prozesse reduzieren, und ich hatte dies damit begründet, dass wir sonst nicht in der Lage wären, zwischen uns als den Erlebenden und den Dingen und Sachverhalten als dem Erlebten zu unterscheiden. Es genügt daher nicht, sich eines Objekts bewusst zu werden, es bewusst zu erleben. Erforderlich ist eine Unterscheidung zwischen dem Objekt als fremd Erlebtem und der eigenen Person als selbst Erlebendem/Erlebender. Im Bewusstsein des Selbst muss das Ich folglich unterscheiden zwischen dem Selbst und den als fremd erlebten Mustern. Dies kann es nur dann, wenn Ich und Selbst verschmelzen und als eins erlebt werden. Zur Unterscheidung zwischen Selbst und Umwelt wird das Selbst daher im Bewusstsein eins mit dem Ich als dem, der/die diese Unterscheidung vollzieht. Dazu ist notwendig, im System des neuronalen Geschehens neben der Erzeugung von Mustern, die mit Objekten identisch sind und die als nicht zum Selbst gehörend erlebt werden, auch ein Konzept vom eigenen Selbst zu erwerben. Das bedeutet, auch das Bild, das wir von uns haben, unser Selbst muss als Muster im neuronalen Geschehen erzeugt werden, um dann im Verlauf der kindlichen Entwicklung während der ersten beiden Jahre mit dem Ich sukzessive verschmelzen zu können. Die Verschmelzung von Selbst und Ich ermöglicht dann, sich das Erlebte als nicht zum Selbst gehörend im bewussten Erleben entgegenzusetzen und sich so von ihm zu unterscheiden.

Der Erwerb der Konzepte von Dingen, mit denen wir umgehen müssen, wenn wir in dieser Welt überleben wollen, sowie der Erwerb des Konzeptes eines Selbst, bedingen sich dabei gegenseitig, das heißt, wir erfahren uns selbst im Umgang mit den Dingen. Beides, sowohl die Prozesse zur Entwicklung eines Bewusstseins unseres Selbst als auch die Prozesse zur Entwicklung eines Bewusstseins der Dinge in dieser Welt verlaufen daher parallel und wirken aufeinander ein. Dabei führen die Erlebnisse aus der visuellen und kinästhetischen Erfahrung bei der Bewegung von Teilen des eigenen Körpers zur Bildung von Mustern, welche unabhängig von denen erzeugt werden, die aus Prozessen zur Erzeugung von visuell-haptisch-taktilen

Erlebnissen beim Umgang mit Objekten hervorgebracht werden. Beide Prozesse vollziehen sich innerhalb der drei Perioden. Sie tun dies während der gesamten Spanne unseres Lebens, wenn auch nicht mehr in diesem Umfang wie zu Beginn unseres Lebens. Auch wenn für den Erwerb des Konzepts unseres Selbst gilt, dass ihm die Eigenschaften der Meinigkeit, der Selbstvertrautheit und der Perspektivität[7] inhärent sind und wir uns durch die Verschmelzung des Selbst mit dem Ich über die Zeit hinweg als mit uns selbst identisch und als Mittelpunkt unseres Erlebens empfinden, so verändert sich dennoch das Bild, welches wir von uns selbst besitzen über diesen Zeitraum hinweg, da durch die permanente Konstruktion des Selbst immer neue Facetten hinzukommen.

Mit der Darlegung des Konzepterwerbs in der zweiten Periode beim prädikativ arbeitenden Gehirn schließe ich an die Ereignisse der ersten Periode an. Dort hatte ich mich mit der Beschreibung der Abläufe ausschließlich auf das visuelle System beschränkt, dabei aber nicht erwähnt, dass Licht auch vom eigenen Körper reflektiert wird und in Form physikalischer Reize ins System der neuronalen Verschaltung gelangt. Die Prozesse, welche zur Bildung von Mustern führen, die Merkmalen von Eigenschaften des eigenen Körpers entsprechen, verlaufen nach der gleichen Regel und in der gleichen Weise wie die Prozesse zur Erzeugung der Muster, die identisch sind mit dem fremd Erlebten. Es ist daher von Belang zu ermitteln, wodurch sich die unmittelbare Wahrnehmung der eigenen Person – und hier zunächst einmal als Wahrnehmung des eigenen Körpers - von anderen Wahrnehmungsinhalten unterscheidet, um zu einer Identifikation mit sich selbst zu kommen. Dazu kehre ich ein weiteres Mal zu den Anfängen zurück, der Entwicklung des Bewusstseins eines Selbst im Kleinstkindalter.

Die Entwicklung des Selbst-Konzepts verdankt ihr Entstehen einem besonderen Phänomen: der Fähigkeit, den eigenen Körper aus zwei verschiedenen Perspektiven sensorisch erfahren zu können. Die visuelle Wahrnehmung des eigenen Körpers - seiner Teile und ihrer Bewegungen - in Verbindung mit der kinästhetischen Wahrnehmung der eigenen physischen Befindlichkeit u.a. bei der Bewegung des eigenen Körpers oder seiner Teile bewirkt die besondere Empfindung des „Zu-mir-Gehörens". In beiden sensorischen Systemen werden daher mittels der Prozesse Muster erzeugt, die – da sie aufgrund des Faktums, zum gleichen Körper zu gehören – mit der Beobachtung durch die Aufmerksamkeit nahtlos in ein Gesamtmuster integriert werden, die mit dem Erleben des eigenen Selbst identisch ist. Mit der prädikativen Regelvariante ergibt sich daraus das Muster eines Zueinander-in-Beziehung-Setzens der Muster, mit der funktionalen Regelvariante ergibt sich das Muster eines Zusammenwirkens der Muster. Daraus könnte eine andere Art der Selbstwahrnehmung resultieren, die jedoch keinen Einfluss hat auf das Empfinden, mit sich selbst identisch zu sein.

---

[7] S. Metzinger, Th.(2005): Die Selbstmodell-Theorie der Subjektivität. UTB, S. 245f.

Bleiben wir bei der Beschreibung der Vorgänge während der zweiten Periode zur Konstruktion eines Selbst zunächst beim visuellen System und den Reizeinwirkungen, die über die Rezeptorsysteme im Auge in das System der neuronalen Verschaltung gelangen und hier die Prozesse im System des neuronalen Geschehens auslösen. Schon bei fünf Monate alten Kleinstkindern konnte festgestellt werden, dass sie anhand von Videoaufnahmen die Beine, die Hände und Arme, sowie den Bauch eines anderen Kindes von den eigenen Körperteilen zu unterscheiden vermögen. Zwischen Aufnahmen des eigenen Gesichts und den Gesichtern anderer Kinder unterscheiden sie bereits mit drei Monaten: das andere Gesicht wird bevorzugt betrachtet (s. d. Pauen, S. 293, 2000/2001).

Eine entscheidende Rolle für die Konstruktion des eigenen Selbst spielen Propriozeptoren. Dies sind sensorische Rezeptoren - Nervenzellen in Muskeln, Sehnen, Gelenken und in der Haut -, die für mechanische Reize empfindlich sind. Diese Mechanorezeptoren reagieren auf unterschiedliche Frequenzen: Merkel-Zellen reagieren auf Druck und ihre optimale Frequenz liegt zwischen 0,3 und 3 Hz.. Auf ein Antippen der Haut, das auch als Zittern wahrgenommen wird, reagieren die so genannten Meissner-Körperchen. Beide Arten von Zellen befinden sich z. B. in den Fingerspitzen, dienen damit der taktilen Wahrnehmung beim Berühren von Objekten oder auch der eigenen Haut. Die Reaktion einer dritten Art von Mechanorezeptoren, den so genannten Vater-Pacini-Körperchen, wird als Vibration registriert. Diese Zellen reagieren durch ihre großen rezeptiven Felder auch empfindlich auf Vibrationen von weiter entfernt liegenden Hautstellen, beispielsweise auch auf die Berührung von Körperhaaren. Von einer vierten Art, den Ruffini-Körperchen, die auf Frequenzen von 15 – 400 Hz reagieren, wird angenommen, dass sie auf die Dehnung der Haut bzw. auf die Bewegung der Gelenke, beispielsweise denen der Finger, aber auch im Ober- und Unterkiefer, reagieren. Über afferente Fasern werden die von diesen Zellen ausgehenden Signale über das Rückenmark zum Hirnstamm, von dort zum Thalamus und schließlich zu Nervenzellen des somatosensorischen Cortex´ geleitet.

Bereits während der ersten Periode wurden von Neuronen des kinästhetischen und haptisch-somatischen Systems Muster erzeugt, die identisch sind mit Bewusstseinsinhalten zur Position von Gliedmaßen, Kopf und dem Körper im Raum, zur Stellung der Gelenke und zur Anspannung oder Erschlaffung von Muskeln. Nun werden in der zweiten Periode diese Muster mit denen anderer Sinnessysteme - soweit es sich um die Beteiligung an der Konstruktion des eigenen Selbst handelt - zu einem komplexeren Ganzen zusammengesetzt.

Einen wesentlichen Anteil an der Konstruktion des Selbst-Konzeptes haben deshalb neben den soeben genannten auch das visuelle und das akustische System. Die Komplexität der Prozesse, die hier ablaufen, macht es unmöglich zu ermitteln, welche Neuronen all der Sinnessysteme zum aktuellen Zeitpunkt gerade welche der drei Funktionseinheiten bilden. Das Prinzip zur Erzeugung von Mustern ist jedoch stets dasselbe, da dieser Vorgang immer nur nach der gleichen universellen Regelvariante ablaufen kann. Entscheidend ist nun, dass mit der Einbeziehung des zielgerichteten Handelns weitere Muster hinzugefügt werden, die von Neuronen der motorischen Cortizes erzeugt werden. Mit ihnen wird das haptisch-somatische System in einer Weise eingebunden, die zu einer Doppelempfindung im System Bewusstsein, und im System des neuronalen Geschehens zu einer extrem festen Strukturverbindung führt, da die Muster beider Sinnessysteme von der Aufmerksamkeit in einem erfasst und vom Ich auch ineins erlebt werden.

Für den Erwerb des Selbstkonzeptes ist, wie Pauen (2000/2001) ausführt, diese Doppelempfindung z. B. bei der Berührung der eigenen Haut auf zwei Hautarealen grundlegend. Im alltäglichen Erleben manifestiert sich beim Kleinstkind über diese Doppelempfindung einerseits und die nur dem eigenen Erleben zugängliche Doppelempfindung der Beobachtung eigener Bewegungen und der Beobachtung der vom eigenen Körper erzeugten Laute andererseits über die neuronal erzeugten Muster das Konstrukt eines unverwechselbaren Selbst. Die Berührung durch eine andere Person oder die Beobachtung anderer Personen in ihrem Umgang mit den Objekten löst dagegen keine Doppelempfindung aus. Darin ist die Unterscheidung zwischen Selbst und fremd begründet: in der Erzeugung unterschiedlicher Muster einerseits der Doppelempfindung, die zu einer Verschmelzung vom Selbst mit dem Ich als Beobachter führt und der Konstruktion von fremd Erlebtem, welche nicht mit dieser dem somatischen System entstammenden Doppelempfindung einhergeht. Im Unterschied zu den als nicht zum Selbst gehörenden und als fremd erlebten Objekten werden Teile des eigenen Körpers nicht als unabhängig voneinander wahrgenommen, sondern wie Helmuth Plessner, zitiert von Čuplinskas (2000/2001) schreibt: „[...] ` ist der lebendige Körper ein *Selbst*, oder das in der Einheit aller seiner Teile nicht allein aufgehende.´[...] weil `dieses Ganze *gegenüber* seinen Teilen *keine eigene* Stellung (hat).´" Eine entscheidende Rolle für die Entwicklung eines Selbstkonzeptes im Unterschied zum Objektkonzept spielt hier die Interaktion mit anderen Personen, die grundsätzlich eine andere ist als die mit unbelebten Objekten, da über den Austausch mit Personen auch die Bestätigung der eigenen Annahmen erwartet und darüber hinaus auch das Verhalten anderer Personen imitiert wird. Die Beobachtung und Nachahmung von Verhaltensweisen anderer Personen korreliert im System des neuronalen Geschehens mit der Erzeugung von Mustern, an denen Neuronen im prämotorischen Cortex beteiligt sind, die sowohl dann aktiv sind, wenn das Individuum selbst handelt als auch dann, wenn es dieselbe Handlung nur beobachtet. Zumeist sind diese Neuronengruppen an der Bildung der Passiv-Motor-Einheiten 2 und 3 beteiligt. Denn beobachtet wird hier neben der eigenen Bewegung auch der Vorgang des beobachteten Ereignisses.

Die unterschiedlichen Empfindungen, die als Muster aus den Prozessen der verschiedenen Sinnessysteme hervorgehen und im Bewusstsein erlebt werden, ermöglichen über Rückkopplungen im System des neuronalen Geschehens die Bildung von Mustern, die mit dem haptisch erfahrbaren Erlebnis von Teilen des eigenen Körpers identisch sind und nun eine Vorstellung von diesem im Bewusstsein erzeugen.

Zur Erzeugung eines Selbstkonzeptes trägt neben den Erfahrungen in der Auseinandersetzung mit dem eigenen Körper auch der Umgang mit den als nicht zum eigenen Körper gehörenden Objekten bei. Die Unterschiedlichkeit der taktilen Wahrnehmung aufgrund der auf verschiedene Frequenzen reagierenden Zellen macht es möglich, über die manipulative Erforschung von Objekten wie auch dem eigenen Körper Muster zu erzeugen, die jede einem Merkmal entsprechen, welche in ihrer Gesamtheit dazu beitragen, dass Objekte ebenso wie der eigene Körper in ihrer unverwechselbaren Identität erkannt und über den Vergleich mit anderen unterschieden werden können. Bereits während der ersten Periode erfolgt eine erste Integration einzelner Muster, welche von den verschiedenen Sinnessystemen gebildet werden, in eine Gesamtstruktur. Eine solche intermodale Integration – zwischen auditorischem und visuellem System - bei der „Wahrnehmung" von Objekten wurde kürzlich von Smith, Grabowecki und Suzuki (2007) nachgewiesen.

Das oben angesprochene Ereignis, welches den Beginn der zweiten Periode markiert, ist das Interesse, sich handelnd mit den Dingen auseinander zu setzen. Während in der ersten Periode Muster desselben Sinnessystems nahtlos in eine Gesamtstruktur integriert werden können, trifft dies vermutlich nicht im gleichen Maße für die Integration von Mustern verschiedener Sinnessysteme zu, auch wenn sie jeweils mit dem gleichen Objekt identisch sind. Dies ändert sich mit den Abläufen in der zweiten Periode. Hier werden zunächst die von den verschiedenen Systemen erzeugten Muster von der Aufmerksamkeit erfasst und der jeweiligen Regelvariante entsprechend zu komplexen Mustern zusammengefügt. Die während der ersten Periode erzeugten Muster der verschiedenen Sinnessysteme werden dabei erneut hervorgebracht. Das heißt, es wird im System des neuronalen Geschehens über reziproke Verbindungen auf Prozesse der ersten Periode rekurriert, um die Konsistenz der Muster zu bewahren und damit die Kontinuität im Erleben zu gewährleisten. Wir haben es hier folglich mit einer prozessualen Selbstreferenz zu tun, einer Beobachtung der Differenz von einem Vorher und einem Nachher durch die Aufmerksamkeit, um zu einem Erkennen – und das ist hier, beim prädikativen Gehirn, die Fähigkeit zu identifizieren - zu kommen. In gleicher Weise verfährt im System Bewusstsein das Ich in seiner Beobachtungsfunktion, indem es zwischen dem, was zuvor erlebt wurde und dem, was mit dem Handeln neu erlebt wird, unterscheidet.

Für das prädikative wie für das funktionale Geschlecht beginnt die zweite Periode zunächst mit einem zielgerichteten Handeln, welches sie einleitet. Mit dem Handeln einher geht die Integration von Mustern, welche vom visuellem und vom haptisch-taktilem System erzeugt werden und in der die Teilmuster der verschiedenen Sinnessysteme nun eine Gesamtstruktur bilden: die Farbe und der Ort des Objekts sowie seine raue oder glatte Oberfläche, seine weichen oder harten Kanten sind nun untrennbar mit diesem verbunden. Der Integrationsprozess gelingt dabei durch die zunehmend erfolgreichere Auge-Hand-Koordination. Dies zeigte Rochat (1989) in seinen Untersuchungen zur Manipulation und Exploration von Objekten durch Kleinstkinder im Alter von zwischen zwei bis fünf Monaten. In mehreren Experimenten untersuchte Rochat, worin sich bei diesen Kindern ein altersabhängiger Unterschied in der Manipulation von Objekten zeigt. Während in diesem Zeitraum von drei Monaten das Greifen eines Objekts mit nur einer Hand abnahm, stieg mit zunehmendem Alter das Befingern und orale Untersuchen des Objekts ebenso an, wie dessen intensive Betrachtung. Während Babies im Alter von zwei Monaten noch kaum Interesse zeigten, die Objekte intensiv manuell, oral und visuell zu untersuchen, wechselten sich bei Kindern ab dem vierten Lebensmonat manuelles und orales Erfassen mit dem Betrachten des Objekts ab. Die manuelle Untersuchung durch die älteren Kinder beschreibt Rochat: „In the present research, fingering was considered to occur when one hand grasped and supported the object while the other hand scanned it with the fingertips where the density of tactile receptors is highest." (Rochat, S.882). Dieser Wechsel zwischen optischem Begutachten einerseits und oralem und haptisch-taktilem Begreifen von Objekten andererseits führt zu einem ersten Erkennen und Unterscheiden von Objekten, und damit zu einem anderen Umgang mit ihnen. Die andere Behandlung eines Gegenstandes und ihre Wiederholung bei einer erneuten Präsentation des Objekts lässt darauf schließen, dass dieses in seiner Identität wiedererkannt wird. Analog zum Vorgang des Erwerbs eines Selbstkonzeptes führt daher auch der wiederholte Umgang mit den Objekten zu deren Erkennen in der Art ihrer Identität. In einem weiteren Experiment Rochats wurden den Kindern zwei verschiedene Gegenstände zur Exploration präsentiert. Hier spielten auch akustische Erlebnisse eine Rolle: die Kinder hatten bemerkt, dass von zwei präsentierten Objekten nur eines ein Geräusch verursachte, wenn man es entsprechend handhabe.

> „Within seconds of interaction with a novel object, young infants display manual actions that are appropriate to potentially maximize the affordancees of the object. For instance, the scratching of the large object afforded an interesting noise that the small object did not. [...] Twelve of the 20 infants tested in the third study were observed scratching the big object, and non of them showed this behavior with the small object. Thus, this behavior was not merely accidental. Scratching was umistakeable for the observer, both by the form of its movement and the noisy effect that it produced." (Rochat, S. 882 f.)

Es wird nun Zeit, den Bogen wieder zu schließen und zum Ausgang unserer Gespräche zurück zu kehren - zum Unterschied, die Wirklichkeit auf entweder prädikative oder funktionale Weise zu konstruieren und damit zum Unterschied im Verhalten von funktionalen und AD(H)S-Personen zu prädikativen Personen. Die zweite Periode endet beim prädikativ arbeitenden Gehirn mit dem (Wieder-)Erkennen eines Objekts anhand seiner statischen, invarianten Eigenschaften. Dieses Ergebnis – die Identifikation eines Objekts anhand seiner sensorisch wahrnehmbaren Eigenschaften – bestimmt die Dimension der zweiten Periode. Dazu ist, wie Rochats Versuche zeigen, von entscheidender Bedeutung, dass mit der Manipulation der Gegenstände möglich wird, diese aus verschiedenen Perspektiven zu betrachten und zu betasten, und sie so in ihrer dreidimensionalen Beschaffenheit sowohl visuell als auch haptisch-taktil zu erfahren. Gleiches gilt für die Auseinandersetzung mit dem eigenen Körper zum Zweck des Erkennens und der Entwicklung eines Selbstmodells, welches in diesem Zeitraum mit dem Ich zu verschmelzen beginnt. Über das wechselseitige Einwirken der Systeme Bewusstsein und neuronales Geschehen werden weitere Teilmuster erzeugt oder bestehende umstrukturiert. Dies ist beispielsweise der Fall, wenn das Ich-Selbst gedanklich einen Sachverhalt mit einem anderen verbindet. Im Ergebnis führt die Zusammensetzung der Teilmuster, die von Neuronen des visuellen, akustischen, kinästhetischen und haptisch-somatischen System erzeugt werden, sowohl zur Identifikation der zum eigenen Körper gehörenden Teile als auch zur Identifikation von Objekten. Von entscheidender Bedeutung ist hierbei die Einbeziehung von Neuronen der motorischen Cortizes, durch welche die aktive, handelnde Auseinandersetzung möglich wird.

Wesentlich für den erfolgreichen Ablauf der zweiten Periode ist der Akt des Wiederholens. Es müssen Vorgänge zur Konsolidierung des neu Erworbenen handelnd wiederholt (eingeübt) werden, um später das unmittelbare Wiedererkennen, seine Reproduktion möglich zu machen. In der Wiederholung ist für das prädikative Gehirn unabdingbar, auf statische und invariante Details des Gegenstandes zu achten, da an ihnen angesetzt wird, um zum gleichen Ergebnis zu kommen. Für das System der neuronalen Verschaltung bedeuten diese Verhaltensweisen die Konsolidierung der synaptischen Verbindungen. Im System des neuronalen Geschehens geht der jeweilige Vorgang einher mit dem beständigen Wiederaufbau der Muster.

Dass dieses während der zweiten Periode erzielte Ergebnis nur für das prädikativ arbeitende Gehirn gilt, habe ich bereits erwähnt. Es ergibt sich aus der Reihenfolge der Variablen, die der prädikativen Regelvariante implizit ist und den strukturellen Aufbau von Konstruktionen der Wirklichkeit auf der Basis von Prädikaten erzwingt. Im Gegensatz dazu entspricht der Wiederholung beim funktionalen Gehirn die Variierung des Handelns und deren Beobachtung, um aus den Ergebnissen Folgerungen für ein jeweils situationsangemessenes Verhalten ziehen zu können. Im System des neuronalen Geschehens erzwingt dies den Aufbau von Konstruktionen auf der Basis von Funktionen.

Während auf neuronaler Ebene die Strukturbildung durch die einzelnen Sinnessysteme parallel und zeitgleich erfolgt, kommt auf der nächsthöheren Ebene, der Ebene des Verhaltens, mit dem Handeln der Zeitfaktor zum Tragen. Die während der ersten Periode gebildeten Muster, welche im Bewusstsein als homogen erlebt und wahrgenommen werden, werden auf Verhaltensebene zu den Ausgangsbedingungen X, auf die handelnd (Y) eingewirkt wird. Beides gehört zur Konsequenz Z - im Falle der Kinder aus Rochats dritter Studie - zur Erzeugung von Geräuschen bei einem der beiden Objekte. Mit diesem Vorgehen wird die Unterscheidung möglich zwischen einer Konsequenz Z - dem Erzeugen von Geräuschen - und dem Ergebnis, welches sich aus dem Prozess ergibt: dem Erkennen des Objekts anhand seiner invarianten Farb- und Form– sowie seiner akustischen Merkmale. Der Umgang mit einem Objekt, welches sich von dem unterscheidet, mit dem sich keine Geräusche erzeugen lassen, führt zur Identifikation beider Objekte, anhand ihrer sensorisch – visuell, akustisch und haptisch-taktil – erfahrbaren Merkmale.Auf einer Metaebene haben wir mit dem gesamten Vorgang die Beschreibung einer basalen Verhaltensweise, an der sich die prädikative Variante der Regel ablesen lässt. Das Ergebnis des gesamten Prozesses – die Identifikation des Objekts - geht damit über die Konsequenz hinaus, es emergiert aus den Vorgängen als neue Eigenschaft. Das Zusammenwirken dieser drei auf der Regel basierenden Funktionseinheiten führt damit zu einem qualitativ neuen Erlebnis, welches sich nicht mehr auf die Bedingungen zurückführen lässt, denen es sein Entstehen verdankt. Diese Emergenz einer neuen Qualität - und in dieser zweiten Periode ist es die Fähigkeit, zu einer Identifikation von Objekten, Sachverhalten, Anforderungen usw, zu kommen - ist jedoch nur möglich, wenn im System Bewusstsein die invarianten Details, welche die Objekte markieren, genau beachtet werden. Das bedeutet, es werden von der Aufmerksamkeit die erzeugten Muster in einer Weise zusammengefasst, wie die Regelvariante vorschreibt. Diese Vorschrift erfordert im System Bewusstsein die explizite Beachtung der Ausgangsbedingungen - der Form- , der Farb-, der Textur- und Materialmerkmale. Diese Details müssen zueinander in Beziehung gesetzt werden, um eine Identifikation des Objekts zu ermöglichen, denn an diesen wird die Unterscheidung festgemacht. Sie müssen zueinander in Beziehung gesetzt werden, um eine Identifikation zu ermöglichen.

Wir finden also auf der Verhaltensebene das gleiche Grundmuster der Regel wieder, das den Prozessen auf neuronaler Ebene implizit ist. Die im System des neuronalen Geschehens ablaufenden Prozesse, die der prädikativen Variante unterliegen, führen mit der Erzeugung von relational verbundenen (prädikativen) Mustern in der zweiten Periode zu einem Ergebnis, welches im System Bewusstsein Objekte mit ihrer Identifizierbarkeit verbindet. Zugleich führt dieser Umgang mit den Objekten über das Phänomen der Doppelempfindung zur Identifikation des Ich als Selbst, als dem- bzw. derjenigen, dem / der diese Erlebnisse eignen. Im System des neuronalen Geschehens führt der zielorientierte Umgang mit den Dingen im Konstruktionsprozess des Selbst zur Bildung von Mustern, die identisch sind mit den Merkmalen der Meinigkeit als dem Zu-Mir-Gehören und der Selbstvertrautheit.

Die Vorstellung, dass das menschliche Gehirn in der hier beschriebenen Weise arbeitet, birgt ein Problem. Es stellt sich wie folgt dar: Mit der Beschreibung der Prozesse, die während der ersten Periode ablaufen, wurde bereits ersichtlich, dass die Menge an Mustern, die jeweils mit einem bewusst wahrgenommenen Merkmal identisch sind, bereits exorbitant ansteigt, um daraus eine Gesamtstruktur zu konstruieren, die als ein in sich geschlossenes Objekt wahrgenommen werden kann. Wenn wir nun davon ausgehen wollten, dass ein Objekt erst über die Summe seiner konstituierenden Merkmale hinreichend beschrieben ist und uns dazu die Anzahl der erforderlichen Prozesse vor Augen halten, die innerhalb der drei Perioden zum Erwerb des Konzepts eines Objektes führen, dann muss dies, wie Hoffmann (1982) ausführt, zu einer „unübersehbaren Menge von individuell erfahrenen Reizeindrücken, aufsummiert über die Spanne eines gesamten Lebenslaufes" (Hoffmann, S. 48) führen. Dieser Gefahr entgehen wir im System des neuronalen Geschehens nur zum Teil durch den permanenten Auf- und Abbau der Muster, mit dem einzelne Teilmuster eliminiert und durch andere ersetzt werden. Auch die Bildung komplexer Konstruktionen durch die Zusammensetzung von Mustern ist nicht hinreichend, um im Bewusstsein zu einer Reduktion der mit den Mustern identischen Erlebnisse zu führen. Rechnet man hinzu, dass diese Konstruktionen Ausgangsbedingungen für Prozesse sind, die im Bewusstsein der Erzeugung unserer Gedanken in Form von Überlegungen, Vorstellungen, Plänen dienen und über diese den Reichtum unseres Erlebens ermöglichen, dann würde dies die Kapazität unseres bewussten Erlebens übersteigen. Die bevorzugte bewusste, weil mit einem Interesse verbundene Behandlung von Mustern löst dieses Problem nicht. Denn wir nehmen auch Objekte in unserer Umgebung wahr, ohne uns mit ihnen handelnd auseinanderzusetzen. Diese sind uns zwar bewusst, sind daher als Muster im System des neuronalen Geschehens erzeugt worden. Doch die Vorstellung, jegliches jemals von uns wahrgenommene Objekt müsse von uns in der Weise, in welcher der Konstruktionsprozess wie beschrieben erstmalig abläuft, mehr oder minder bewusst wahrgenommen werden, wird von der Realität ad absurdum geführt. Eine Reduktion der Muster auf ein operationalisierbares Maß ist daher unerlässlich. Sie vollzieht sich mit der Bildung von Kategorien. Durch die Zuordnung zu Objektklassen zum handhabbaren Umgang der Dinge in dieser Welt können diese gemäß ihrer Typikalität auf ihre wesentlichen Merkmale reduziert werden.

Die Fähigkeit, Kategorien bzw. Objektklassen bilden zu können, ist eine Eigenschaft des Bewusstseins. Sie lässt sich bereits bei Kleinstkindern nachweisen. Generell werden drei Ebenen natürlicher Kategorien unterschieden: der basic level, der subordinate level und der superordinate level (s. hierzu: S. Pauen, 1996). Diese Einteilung geht von der Annahme aus, dass hier eine Orientierung und Beurteilung zunächst an äußerlich wahrnehmbaren Merkmalen und erst im zweiten Schritt auch an funktionellen Merkmalen erfolgt. Dies zeigen Resultate von Untersuchungen von Rosch (1978) und van der Meer, Friedrich, Nuthmann, Stelzel und Kuchinke (2003). Auf dem basic level - er umfasst Begriffe wie Hund, Blume oder Tisch - werden Objekte am schnellsten erkannt. Die Ähnlichkeit bzw. Gemeinsamkeit von sensorisch wahrnehmbaren Merkmalen zwischen den zur jeweiligen Kategorie gehörenden Exemplaren ist hier stark ausgeprägt, weshalb das Exemplar einer Gattung sehr rasch der jeweiligen Kategorie zugeordnet werden kann. Auch Begriffe für Exemplare, welche dem subordinate level zugeordnet sind, wie z.B. Dackel, Rose oder Schreibtisch, werden rasch erkannt, da auch hier die Ähnlichkeit zwischen den einzelnen Exemplaren einer Gattung stark ausgeprägt ist. Demgegenüber fällt die Beurteilung einer Zugehörigkeit zum superordinate level schwerer. Hierunter fallen Oberbegriffe wie Tier, Pflanze oder Möbel.

Von diesen Ebenen zu unterscheiden sind nun die Kriterien – die perzeptuelle und die konzeptuelle Kategorisierung –, die zur Bildung von Objektkategorien führen. Mit dem Kriterium der perzeptuellen Kategorisierung ist die Klassifizierung nach Merkmalen der äußeren Erscheinung und Beschaffenheit von Objekten gemeint.

Demgegenüber geht es bei der konzeptuellen Kategorisierung um die Klassifikation nach Verhaltensmerkmalen und funktionalen Eigenschaften. Wie Pauen (1996) ausführt, ist offen, ob eine erste Formierung bei Kleinstkindern auf der Basis einer perzeptuellen oder einer konzeptuellen Kategorisierung erfolgt. Die Kategorisierung, also die Fähigkeit, Kategorien bilden zu können, ist kein willkürlicher Akt, sondern gehört nach meiner These zu den Funktionen des Ichs. Diese Funktion, die genannten Kategorien zu bilden, ist determiniert durch die Ergebnisse der Perioden im System des neuronalen Geschehens und vollzieht sich, nach dem erfolgreichen ersten Ablauf zum Konzepterwerb innerhalb aller drei Perioden, im bewussten Erleben mit dem Wiedereintritt in das Geschehen.

Für das System des neuronalen Geschehens soll nun gelten: von der Aufmerksamkeit wird das Muster in der Art erfasst, in der sie zusammengesetzt werden muss, wie dies bereits in Abbildung 3 S. 97 gezeigt wurde: als (prädikative) Beziehungenmuster. Der Fokus der Aufmerksamkeit liegt daher auf dem Beziehungengefüge der Muster. Diese Art, die Wirklichkeit zu konstruieren, hat im bewussten Erleben zur Folge, dass die Beachtung perzeptuell wahrnehmbarer Eigenschaften Vorrang besitzt. In der Auseinandersetzung mit Sachverhalten und im Handeln prägt sich dies aus durch eine Konzentration auf einen zentralen Sachverhalt; durch die Notwendigkeit, auf Details - vor allem auf invariante, statische Merkmale - genau zu achten und sie zueinander in Beziehung zu setzen; in einem schrittweisen Vorgehen zur Zielerreichung. Deshalb besitzt die perzeptuelle Kategorisierung den Vorzug vor der konzeptuellen, wobei „Vorzug" keine Wertung enthält und auch kein zeitliches Nacheinander meint, sondern die Präferenz für diese bestimmte Art der Wahrnehmung und des Umgangs mit den Dingen in dieser Welt.

Wenn Du Dich nun an das Verhalten der nicht von AD(H)S betroffenen Personen beim Vergleich von Bleistift und Kugelschreiber erinnerst, dann lag hier der Schwerpunkt bei der Art der Wahrnehmung und der Beachtung auf der äußeren Erscheinung und der Beschaffenheit der Objekte. Mit dieser Vorgehensweise wird ihre Identifikation, nicht aber die Einsicht in ihre Funktion möglich. Die Beschreibung für eine normgerechte Art der Aufmerksamkeit durch Lauth und Schlottke zeigt ebenfalls diese Präferenz für eine Beachtung invarianter, statischer Merkmale, die zu einer Identifikation des gesuchten Objekts führen. Daraus folgt, dass mit der Arbeitsweise nach der prädikativen Regelvariante und der daraus resultierenden Erzeugung prädikativer Muster die Identifikation von Objekten als Ergebnis aus den Prozessen der zweiten Periode hervorgeht.

Diese Erzeugung von Identifikationsmustern erfolgt beim funktionalen Gehirn erst mit der Vollendung der Periode, deren Ergebnis die Einsicht in den Zweck bzw. die Funktion ist. Während dieser Prozess bei funktionalen Personen im allgemeinen problemlos abläuft, scheint es, als läge in der nicht hinreichenden Erzeugung und Integration dieser Muster die Ursache der sogenannten Aufmerksamkeitsdefizitstörung. Denn die Erzeugung dieser Muster hat, wie die Beispiele der Teilnehmer an meinen Versuchen zeigen, offensichtlich nicht die Relevanz, die sie für andere – prädikative wie funktionale Personen (ohne AD(H)S) hat.
Dies müsste allerdings noch eingehend untersucht werden.

5. Das dynamische Gedächtnis – die dritte Periode

Lieber Peter,

damit komme ich nun zu den Ereignissen der dritten Periode. Das Ergebnis, welches diese Periode bei prädikativen Personen determiniert, ist die Einsicht in die Funktion eines Objektes bzw. die Einsicht in seinen Zweck. Mit ihrem Abschluss ergibt sich nun aus den Prozessen als neue Qualität die Bedeutung, die wir den Dingen zuschreiben, da sie nun verstanden sind. Bei einem erneuten Kontakt werden sich künftig im System des neuronalen Geschehens die zu Signalen kodierten Reize in Bruchteilen von Sekunden ausbreiten, da nun die Basis vorhanden ist. Mit der Geschwindigkeit, in der sie sich im Gehirn ausbreiten, ergibt sich das unmittelbare Erkennen eines Objekts in seiner Identität und in seiner Bedeutung, in der wir es erleben. Dieses unmittelbare Erkennen ist erst mit dem Abschluss der dritten Periode vollständig gegeben. Ein in dieser Weise erworbener Sachverhalt steht nun für das Erinnern, das Assoziieren und Kombinieren zur Verfügung.

Ein weiteres Mal stellt sich die Frage, durch welches Ereignis sich die Überleitung von der zweiten zur dritten Periode ergibt. Die Antwort hierauf liefert die Systemtheorie mit der Figur des Beobachters der Beobachtung und schließlich dem Begriff des Re-Entry, der Verdoppelung einer Unterscheidung, mit welcher der Beobachter in das Beobachtete wieder eintritt. Dies bedeutet konkret, dass zum Handeln als dem besonderen Ereignis, welches den Übergang in die zweite Periode einleitet, etwas hinzutreten muss. Kehren wir noch einmal zu den Experimenten Rochats zurück. Sie zeigen, dass die Auseinandersetzung mit den Objekten in Form eines immer häufigeren Wechsels zwischen Anschauen und Betasten mit dem Alter der Kinder zunimmt. Zur Unterscheidung von Gegenständen anhand ihrer äußeren Erscheinung kommt nun aber auch eine andere Art des Umgang mit ihnen hinzu. Wie ich im letzten Brief erwähnte, resultiert dieser andere Umgang aus der Erfahrung, die auf den Prozessen der zweiten Periode basiert. Das eigene Verhalten wird an die Anforderungen der Umgebung angepasst, wenn diese sich nicht an die eigenen Vorstellungen angleichen lässt. Die einzelne Handlung wird wiederholt, mit dem Effekt der Konsolidierung der erzeugten Muster im System des neuronalen Geschehens, um im System Bewusstsein diese als Erfahrung zu bewahren. Mit dieser Wiederholung einher geht eine erneute Differenzierung, denn beobachtet werden nicht allein der Gegenstand selbst und das eigene Verhalten, sondern über diese Beobachtung erfolgt eine Reflexion auf das Verhalten und die Überpüfung des Zutreffens der eigenen Beobachtungen in Bezug auf die in der Umwelt mit dem Handeln ausgelösten Veränderungen. Diese erneute Differenzierung kommt über zirkuläre Prozesse zwischen den drei Systemen zustande.

Betrachten wir den gesamten Vorgang: Reizeinwirkungen ins System der neuronalen Verschaltung lösen Prozesse aus, die im System des neuronalen Geschehens zu Veränderungen führen, welche von der Aufmerksamkeit beobachtet werden. Hier reagiert das System mit der Erzeugung von Mustern. Zugleich beeinflusst die Aufmerksamkeit über die von ihr geschaffene Kopplung an das System der neuronalen Verschaltung die Selektion der Reizeinwirkungen durch die Rezeptorsysteme. Auf der anderen Seite emittieren die erzeugten Muster ins System Bewusstsein, wo sie vom Ich transformiert, und vom Ich-Selbst als Objekte und Sachverhalte wahrgenommen werden. Über die gedankliche Verarbeitung führt dies zu einer Reaktion, dem Handeln. Diese Handlungen wiederum bewirken Veränderungen in der Außenwelt, welche nun als neue Reizeinwirkungen im System der neuronalen Verschaltung abermals in bioelektrische Signale umgewandelt und als solche im System weitergeleitet werden. Im System des neuronalen Geschehens lösen diese Vorgänge die Erzeugung weiterer Teilmuster sowie den Um- oder Abbau bestehender Muster aus. Diese werden vom Ich im Bewusstsein registriert mit dem Effekt, dass das Ich nun eine weitere Unterscheidung vornimmt: es unterscheidet zwischen dem Vorher und Nachher – dem, was es als Ich-Selbst erlebt und dem, was es als Ich-Selbst an Veränderungen in seiner Umwelt ausgelöst hat. Diese Unterscheidung macht Rückschlüsse über die Beschaffenheit des Außen möglich. Das heißt, mit der Zirkularität der Prozesse wird über die Reflexion des eigenen Verhaltens - einer Funktion des Ich im System Bewusstsein - eine Verhaltensänderung in Gang gesetzt, die auf der einen Seite mit der Anpassung an die äußeren Bedingungen weitere Veränderungen in der Außenwelt hervorruft und auf der anderen Seite im System des neuronalen Geschehens die Umstrukturierung bestehender und/oder die Erzeugung neuer Muster bewirkt. Mit dem Wiedereintritt des Ich-Selbst in das Geschehen wird nun das eigene Verhalten reflektiert.

Die Integration der Muster aus den Prozessen der verschiedenen Sinnessysteme führt mit ihrer wiederholten Erfahrung zu einer neuen Qualität im Prozess des Erkennens. Die Manipulation der Objekte dient nun nicht mehr allein der Erforschung ihrer perzeptuellen Merkmale. Über den Vorgang des wiederholenden Handelns kommt nun die funktionelle Komponente hinzu: dem Objekt wird ein Zweck beigemessen, der mit seiner Funktion verbunden ist. Dieser Zweck eines Objekts ist über die statischen, invarianten Merkmale, die zu seiner Identifizierung führen, nicht zu erfahren. Er ergibt sich mit der Einsicht in seine Funktion über das handelnde Ausprobieren. Eigenschaften wie die Verwendbarkeit einer Tasse als Trinkgefäß oder die eines Stuhls als Sitzgelegenheit lassen sich nicht aus den perzeptuellen Merkmalen herleiten, wohl aber, indem man sowohl selber in erprobender Weise mit ihnen umgeht, als auch, indem man andere Personen in ihrer Art des Umganges mit den Objekten beobachtet. Mit dem Ausprobieren und Untersuchen wird das eigene Verhalten an die Eigenschaften des Objekts angepasst. So werden Funktion und Zweck eines Objekts erfahren durch unterschiedliche Ergebnisse, die sich mit seiner Manipulation ergeben. Im System des neuronalen Geschehens wird diese neue Qualität im Erkennen – das Verstehen – bewirkt durch die Erzeugung hochkomplexer Muster, denen nun auch Muster hinzugefügt werden, welche identisch sind mit Funktionsmerkmalen. Diese komplexen Muster werden hervorgebracht von zu Funktionseinheiten formierten Neuronengruppen, wobei nun Nervenzellen Funktionseinheiten bilden, welche über den gesamten Cortex verteilt sind. Für diese Art des Erkennens eines Gegenstandes in seiner Funktion ist beim prädikativen Gehirn auch in der dritten Periode die Beachtung der invarianten Details Voraussetzung, anhand derer er identifiziert werden kann. Die Folge der Variablen der prädikativen Regelvariante bestimmt dabei den Ablauf des Prozesses innerhalb der drei Perioden: zu den in den ersten beiden Perioden erzeugten Mustern als Bedingungen, die im Bewusstsein anhand ihrer invarianten Merkmale zu identifizierbaren Objekten werden, kommt mit dem Ausprobieren in der Konsequenz die Einsicht in den Zweck des Objektes hinzu.

Wenn Du Dir nun die im letzten Brief erwähnte Aussage von Sabina Pauen (1996) zur Frage nach den Kriterien zu einer Formierung von Objektklassen in Erinnerung rufst, dann lässt sich annehmen, dass beim prädikativ arbeitenden Gehirn die perzeptuelle Kategorisierung den Vorrang vor der konzeptuellen hat. Das heißt, die Kategorisierung anhand funktioneller Eigenschaft folgt – bedingt durch die Regelvariante - der Kategorisierung anhand perzeptueller Eigenschaften. Im Gegensatz dazu hat beim funktional arbeitenden Gehirn durch die regelbedingte Vertauschung der Perioden die konzeptuelle Kategorisierung Vorrang vor der perzeptuellen.

So lässt sich die Kategorisierung funktioneller Eigenschaften bereits bei 11 Monate alte Kindern feststellen. In der Wiederholung eines Versuchs von Mandler & McDonough (1993) konnte Pauen zeigen, dass Kleinkinder in diesem Alter zum Erkennen eines Unterschiedes zwischen kontrastierenden Objektklassen in der Lage sind. Pauen stellte fest, dass in diesem Alter bei der Präsentation von Spielzeugmodellen einerseits von Tieren, andererseits von Möbeln bzw. Fahrzeugen, die Kinder eindeutig die Zugehörigkeit zur jeweiligen Objektklasse erkennen können. So konnte ausgeschlossen werden, dass sich die Kinder dazu nur an statischen perzeptuellen Merkmalen wie Farbe, Form oder Oberflächenstruktur orientierten. Anzunehmen sei, so Pauen, dass am Fortbewegungsverhalten von Tieren im Unterschied zu Fahrzeugen, bzw. am Bewegungsverhalten von Tieren im Unterschied zu Möbeln die Zuordnung zu einer Kategorie festgemacht wird. „Ob es sich jedoch um Differenzierungsleistungen auf dem superordinate level (Tiere versus Fahrzeuge bzw. Tiere versus Möbel) oder dem ontological level (Lebewesen versus unbelebte Objekte) handelt, bleibt solange offen, bis geklärt ist, welche Kriterien im einzelnen für das Kategorisierungsverhalten entscheidend waren." (Pauen, S. 619).

Wie ich bereits mehrfach erwähnt habe, ist die Emergenz neuer Qualitäten ein Kennzeichen selbstorganisierender Systeme. Diese neuen Eigenschaften lassen sich nicht auf die Bedingungen, denen sie ihr Entstehen verdanken, zurückführen. Dies habe ich exemplarisch am Prozess dargelegt, der zur Erzeugung der Struktur führt, die mit dem Erlebnis einer Farbe identisch ist. Die Erzeugung der Muster verdankt sich dabei nicht dem Ablauf des Prozesses vom Beginn bis zu einem Ende. Sondern sie verdankt sich dem rekursiven Verlauf der Prozesse, der prozessualen Selbstreferenz. Mit dem Verlauf des Prozesses zum Konzepterwerb ist dies nicht anders. Auch hier ist es die Selbstreferenz, die letztendlich dazu führt, dass aus den Prozessen im Verlauf der drei Perioden eine neue Qualität hervorgeht: den erzeugten Mustern bzw. den mit ihnen identischen Sachverhalten wird nun ihre Bedeutung beigemessen. Dazu ist eine weitere Unterscheidung erforderlich. Simon (2006) beschreibt den Vorgang wie folgt:

> „Gemeint ist damit, dass der Beobachter eine Unterscheidung vollziehen kann, indem er beispielsweise zwischen innen und außen in Bezug auf sich selbst unterscheidet, d. h., zwischen *Selbst* und *Umwelt*. Da die Unterscheidung zwischen innen und außen *(Selbst/Umwelt)*, mit der er intern operiert, von ihm selbst gebildet wird, ist sie in die Unterscheidung (d.h. auf der Innenseite) eingeführt worden. Die Außenseite der Unterscheidung (Umwelt) kann nunmehr auf der Innenseite (d.h. innerhalb des Systems) lokalisiert und beobachtet werden [...]. Das Re-Entry von System-Umwelt-Unterscheidungen ist die Voraussetzung dafür, dass kognitive Systeme sich selbst mit ihren jeweiligen Umwelten und in der Beziehung zu ihnen beobachten können." (S.66)

Im Prinzip haben wir hier die paradoxe Situation, dass der Beobachter – im System Bewusstsein ist dies das Ich - selbst Teil dessen ist, das er beobachtet. In dieser Situation kann das Ich ohne eine weitere Differenz nur zwischen dem Selbst und den Dingen, den Mustern, die es als Erlebnisse in ihrem Zweck und/oder ihrer Funktion erfährt, unterscheiden. Dies geschieht im Vollzug der ersten beiden Perioden. Das Ich muss jedoch eine weitere Unterscheidung einführen, um sich in dieser Beziehung beobachten zu können, um sich nicht nur zu unterscheiden, sondern das Erlebte auch *in Bezug auf sich selbst* unterscheiden und damit das eigene Verhalten beobachten zu können. Diese Unterscheidung als Beobachtung 2. Ordnung kann es, wie Simon weiter ausführt, zumeist nur auf der Ebene der Zeichen und ihrer Bedeutung geben. Und dies bedeutet, zu den Bedingungen muss ein weiterer Faktor hinzukommen: die Sprache. Auch wenn also die dritte Periode mit der Einsicht in die Funktion eines Objekts bzw. den Zweck einer Sache abgeschlossen ist, wird ein Verständnis auf einer höheren Ebene - im sozialen Kontext – erst möglich mit der Fähigkeit, das erworbene Wissen in Form von Begriffen versprachlichen zu können. Dies ist für ein Überleben in einer sozialen Gemeinschaft unabdingbar, da sich nur so, über die Kommunikation, der Geltungsanspruch für das Zutreffen der eigenen Konstruktionen der Wirklichkeit sichern lässt. Die Wahrnehmung von Lauten beginnt vermutlich schon zwischen dem 5. und 6. Schwangerschaftsmonat. Das Verständnis für Sprachverstehen entwickelt sich in den ersten Monaten des Lebens, lange bevor das Kind selbst Sprache in Form von zwei-Wort-Sätzen verwendet. Penner, Weissenborn und Friederici (2002) stellten fest: „Gegen den 10. Monat umfasst so der rezeptive Wortschatz des Kindes etwa 60 Wörter. Diese Abbildung von perzeptuell-konzeptuellen Repräsentationen des Kindes auf lautliche Einheiten unterliegt dabei offensichtlich bestimmten Beschränkungen, die sicherstellen, dass das Kind nicht, wenn es zum ersten Mal in Gegenwart eines Hasen das Wort ´Hase` hört, meint, es würde sich z. B. nur auf die Ohren beziehen. Vielmehr ist es so, dass es die Lautfolge regelmäßig auf den ganzen Gegenstand bezieht." (Penner, Weissenborn & Friederici, S. 679). Das Kind erwirbt, worauf die Autoren hinweisen, bis zum 9. Lebensmonat das Lautvokabular und die Betonungsmuster seiner Muttersprache. Bis zum Alter von 6 Jahren verfügen Kinder dann über einen Wortschatz mit rund 14.000 Items. Eigentlich wird erst dann, mit dem Erwerb auch eines Wort- und Sprachschatzes, möglich, die Dinge in ihrer Bedeutung zu erkennen, indem ihnen Begriffe zugeordnet werden, die mit ihnen identisch sind. Joachim Hoffmann wies bereits 1982 auf die Bedeutung des begrifflichen Erfassens von Objekten hin, indem er feststellte: „Zum Beispiel kann das Bild [eines Hammers, Anmerk. v. d. Verf.] nur dann als Werkzeug erkannt werden, wenn zuvor der Begriff HAMMER identifiziert und die Zugehörigkeit von HAMMER zu WERKZEUG aus dem Gedächtnis reproduziert wurde." (Hoffmann, S. 153) Mit dem Erwerb von Sprache wird der Wiedereintritt in die Unterscheidung möglich. Damit kann das eigene Verhalten reflektiert und im Austausch mit anderen der eigene Geltungsanspruch überprüft werden.

Dem Verständnis von Sprache folgt die Produktion von Sprache, der ihre Wahrnehmung vorausgeht. Dabei muss die Verarbeitung des Frequenzmusters der akustischen Signale zur Erzeugung akustischer Muster der Regelvariante des Gehirns entsprechen. Von Bedeutung ist hier – und ich werde im nächsten Brief darauf noch einmal eingehen, dass auch die Art und Weise, in der Sachverhalte geschildert, Anweisungen erteilt und Wissen vermittelt wird, der Variante des jeweiligen Gehirns folgen. Dies wirkt sich insbesondere bei von AD(H)S betroffenen Personen nachteilig für ein Verständnis dessen aus, was vermittelt wird. Denn mit der Folge der Variablen, die der prädikativen Variante entspricht, ist es im System des neuronalen Geschehens nicht möglich, komplexe Muster zu erzeugen, da die Funktionseinheiten für die Konsequenz nicht gebildet werden können. Die durch diese Prozesse erzeugten Teilmuster müssen aber, der funktionalen Variante gemäß, von der Aufmerksamkeit *gemeinsam* mit den Mustern erfasst werden, die von den Konditions-Funktionseinheiten erzeugt werden. Ist dies nicht möglich, können auch nur einzelne Bruchstücke der von den Konditions-Funktionseinheiten erzeugten Teilmustern ins System Bewusstsein gelangen, ohne vom Ich verwendet werden zu können. In der Praxis zeigt sich dies in der von Schulkindern mit AD(H)S berichteten Unfähigkeit, auf einem Angabenblatt die Symbole als bestimmbare Buchstaben und /oder Zahlen entziffern und in einen sinnvollen Kontext stellen zu können.

6. Anmerkungen zur funktionalen Variante und zur Aufmerksamkeitsdefizitstörung

Lieber Peter,

da die Arbeitsweise des funktionalen Gehirns sich von der des prädikativen Gehirns insofern unterscheidet, als zum einen Muster in Form eines Wirkungengefüges erzeugt werden und zum anderen die konzeptuelle Kategorisierung den Vorrang vor der perzeptuellen hat, ist es sinnvoll, auf die funktionale Variante und damit auch auf die Ursache der vermeintlichen Aufmerksamkeitsstörung AD(H)S noch einmal gesondert einzugehen. Denn die Auswirkungen auf die Art der Wahrnehmung, auf die Denkoperationen und im Verhalten sind doch insbesondere für die Personen mit der extremen Ausprägung – die AD(H)S-Personen – beträchtlich. Sie hängen zusammen mit einem wesentlichen Punkt, den ich bislang nicht angesprochen habe: In der Realität liegt zwischen der Ausgangslage mit den in ihr enthaltenen Bedingungen und einer Konsequenz, die sich ergibt, ein zeitlicher Abstand, in dem die Überführung der Ausgangslage in den Endzustand stattfindet. Für ein Gehirn, welches nach einer Variante mit dieser Folge arbeitet, ist die Arbeitsweise daher den realen Gegebenheiten im Verlauf der Zeit angepasst. Dies sollte die Überlebenschancen deutlich erhöhen. Mit der regelbedingten Forderung nach einer Verknüpfung von Bedingung in der Ausgangslage und Konsequenz ergibt sich mit dieser Verfahrensweise jedoch ein Problem. Eine solche Verknüpfung setzt voraus, dass die erwartete Konsequenz auch mit einiger Sicherheit eintreten wird.

Nun gilt für selbstorganisierende Systeme – und wir leben in solchen Systemen –, dass in ihnen, wie Küppers dies formuliert, die Dynamik des Systems ständig auf die Anfangsbedingungen zurückwirkt und diese modifiziert. Das heißt, man findet in der Wiederholung nicht die genau gleichen Bedingungen wieder vor, da aus der Modifikation der Anfangsbedingungen folgt, dass bei aller Wiederholbarkeit von Vorgängen in selbstorganisierenden Systemen einzelne Vorgänge eine Einmaligkeit besitzen können, die dazu führt, dass trotz vergleichbarer Bedingungen zu Beginn das Ergebnis eines Vorgangs ganz anders aussehen kann, als erwartet. Das Kausalitätsprinzip, dem zufolge gleiche Ursachen gleiche Wirkungen haben, kann nicht dahingehend ausgelegt werden, dass ähnliche Ursachen deshalb zu ähnlichen Wirkungen führen werden. Im Gegenteil können in selbstorganisierenden Systemen ähnliche Ursachen aufgrund geringfügiger Unterschiede in den Anfangsbedingungen völlig unterschiedliche Wirkungen zur Folge haben. Selbst im normalen Alltagsgeschehen lässt sich daher nicht mit Sicherheit sagen, dass, wenn in einer einmal erlebten Situation ein bestimmtes Ergebnis die Folge war, nun in einer aufgrund ihrer aktuellen Bedingungen vergleichbaren Situation dasselbe Ergebnis wieder eintreten wird. Unter genau angebbaren Bedingungen kann dies allerdings der Fall sein, beispielsweise bei der Ausführung einer einfachen Rechenaufgabe, bei der die Bedingungen konstant, weil ihre Details invariant sind, und es „nur" auf die immer gleiche Befolgung der jeweiligen Regel ankommt. Die Vorgehensweise nach der prädikativen Regelvariante ist daher in überschaubaren Situationen offensichtlich überlegen: wenn man die Details der Ausgangsbedingungen und die Art, in der sie zueinander in Beziehung stehen, genau und sorgfältig beachtet, um dann auf sie handelnd in einer wiederholbar gleichen Weise einzuwirken – deshalb muss man sie auch üben -, dann ist zu erwarten, dass man so zu gleichen bzw. vergleichbaren Ergebnissen kommt.

Wenn nun die funktionale Regelvariante fordert, generell Bedingungen mit einem Ergebnis als Konsequenz zu verknüpfen - einem Ergebnis, welches nicht zweifelsfrei vorhersagbar ist -, dann muss die Unsicherheit das Ergebnis betreffend reduziert werden können, damit sich die Verknüpfung von Bedingungen und Konsequenz für die Personen, deren Gehirn nach dieser Regelvariante arbeitet, nicht als deutlich schlechteres Konzept erweist: Das setzt voraus, dass die Möglichkeit gegeben ist, ein Ergebnis in Form eines erkennbaren Zweckes und/oder in Form einer Einsicht in die Funktion eines Objekts in die Eingangsbedingungen zu integrieren. Dies gelingt durch die (räumliche und zeitliche) Erweiterung des Wahrnehmungsraumes, der eine Fokussierung auf die darin zeitgleich ablaufenden Prozesse möglich macht. Von AD(H)S betroffene Personen berichten denn auch immer wieder über ihre Schwierigkeiten, einen Sachverhalt als kontinuierlich ablaufendes Ereignis zu schildern, weil nach ihrem Empfinden für ein Verständnis Voraussetzung ist, die verschiedenen, am Zustandekommen des Ereignisses beteiligten Bedingungen *simultan* berichten zu müssen - da sie doch nur in ihrer Wechselwirkung verstanden werden können -, der zeitliche Ablauf von Sprache dies aber nicht zulässt.

Was aber muss getan werden, wenn eine Konsequenz als Ziel nicht unmittelbar in den Ausgangsbedingungen zu erkennen ist? Im Prinzip gibt es hier nur zwei Möglichkeiten: das Ziel muss erfragt oder es muss gesetzt werden. Je weniger aus einer Situation oder einer Anweisung daher hervorgeht, zu welchem Ziel sie führen soll, umso mehr Möglichkeiten ergeben sich für die Zielsetzung. Im Verhalten vor allem von sogenannten AD(H)S-Kindern kann die Notwendigkeit, aus der Bandbreite der Möglichkeiten die richtige wählen zu müssen, diese jedoch aus der Konstellation der gegebenen Bedingungen nicht ermitteln zu können, zur Orientierungslosigkeit, Desorganisation und Unsicherheit führen.

Das Fehlen eines klar erkennbaren Zieles in einer Anforderung oder Anweisung, welches als Konsequenz in die Anfangsbedingungen integriert werden muss, kann sich dabei nachteilig auf die Prozesse der ersten Periode auswirken. Dies lässt sich anhand eines typischen Verhaltens von AD(H)S-Kindern zeigen:

In einer Untersuchung[8], an der 35 Kinder im Alter von vier bis sechs Jahren teilnahmen, sollten die Kinder mit dem Material eines Konstruktionsbaukastens ein Modell nur nach Anweisung bauen. Die Bedingungen waren bekannt: Die Kinder kannten das Material, konnten die Bauteile benennen, kannten die Farben und verfügten über ein elementares Zahlenverständnis. Dies war zuvor geprüft worden. Sie alle nahmen freiwillig an diesen Beobachtungen teil. Sie erhielten schrittweise die Anweisungen für die einzelnen Arbeitsgänge. Es wurde ihnen also nicht gesagt, welches Modell sich am Ende aus ihrer Arbeit ergeben sollte. Während nicht betroffene (prädikative) Kinder problemlos mit dieser Vorgehensweise zurecht kamen, hatten die (funktionalen) AD(H)S-Kinder erhebliche Schwierigkeiten, selbst einfachen Aufforderungen nachzukommen. Sie fielen auf durch erhöhte Unruhe, Unsicherheit, Orientierungslosigkeit und Hektik. Aufgrund der Unkenntnis der tatsächlichen Ursache dieses Verhaltens wird dieses fehlinterpretiert als mangelnde Fähigkeit, aufmerksam zuhören oder hinsehen zu können. Ein sechsjähriger Junge saß minutenlang regungslos vor dem Baukasten, ohne der Aufforderung, vier Rä-

---

[8] Dägling, Elisabeth: „Vom Gewahrwerden zum Bewusstsein", S.46ff.

der[9] aus dem Kasten zu nehmen, nachkommen zu können. Er war auch nicht in der Lage, die Aufforderung zu wiederholen. Hallowell (1998) beschrieb dieses Phänomen einer Verständnislosigkeit, das im Zusammenhang mit AD(H)S häufiger vorkommt, sehr treffend: „Die Lautfolge zerfasert ohne Sinnzusammenhang." (Hallowell, S.115) Das Fehlen der dritten, der Konsequenz-Variablen der Regel, verhinderte über das Ausbleiben der Rückkopplung an die Prozesse der ersten Periode bereits zu Beginn des Konstruktionsprozesses die Erzeugung von Mustern, die mit Wörtern oder Sätzen identisch sind. Es zeigte sich, wie ich bereits in der Beschreibung der Abläufe während der ersten Periode dargelegt habe, dass die Ausgangsbedingungen auch hier von dem Ergebnis abhingen, welches mit den Prozessen erzielt werden soll. Die Frage nach einem Anfang oder einem Ende der Prozesse, nach Ursache und Wirkung, stellt sich nicht, weil beides zusammenfällt.

Im Unterschied zu funktionalen Personen ohne AD(H)S muss bei Personen mit AD(H)S für eine Verknüpfung von Bedingungen und Konsequenz ein Zweck für die gesamte *Aktion* als Konsequenz generiert werden - wie dies beispielsweise beim Kanizsa-Dreieck der Fall war. Das bedeutet, es müssen zusätzlich situative Elemente integriert werden, um einen Zweck generieren, um ihn setzen zu können. Anderenfalls ist es dem Ich nicht möglich, das Interesse auf eine Anforderung zu richten, mit der Folge, dass auch im System des neuronalen Geschehens keine Muster erzeugt werden können, auf welche sich die Aufmerksamkeit richten könnte. Der Konstruktionsprozess kommt zum Erliegen.

Da eine Setzung allerdings auch nicht rein willkürlich erfolgen darf, da sich sonst die Chancen der betreffenden Person, die Situation richtig beurteilt zu haben, drastisch verschlechtern würden, muss eine hinreichend große Menge an Erfahrungen gesammelt werden, auf die zurückgegriffen werden kann. Spontan gesetzt wird dann das sich aus der augenblicklichen Situation am wahrscheinlichsten ergebende Ziel. Dies geschieht jedoch nicht willentlich und bewusst, sondern ergibt sich aus den Mustern, die bereits erzeugt und permanent aufrecht erhalten wurden und nun, mit der neuen Anforderung, entsprechend zusammengesetzt werden.

Hier müssen wir noch einmal auf die Anfänge der kindlichen Entwicklung und die Grundlagen für einen Erwerb von Konzepten zurückkommen. Möglich wird in diesem Alter die Verknüpfung von Bedingung und Konsequenz, indem mit dem Handeln ein Objekt auf seinen Zweck hin untersucht und auf seine Funktion hin ausprobiert wird, wie Schwank dies im Experiment mit der Holzeisenbahn zeigen konnte. Mit dieser Art des Handelns kann die zu erwartende Konsequenz in die Eingangsbedingungen hineingeholt werden, da sich aus dem Ausprobieren und Untersuchen die Einsicht in die Funktion eines Objekts und in den Zweck eines Sachverhaltes ergibt. Die Reduktion der Unsicherheit bezüglich des zu erwartenden Ergebnisses gelingt also durch das ausprobierende und untersuchende Handeln, sowie durch das Beobachten von Prozessen – im Unterschied zum Beachten von Details.

---

[9] Es gab nur diese eine Sorte von Rädern, und zuvor war getestet worden, ob die Kinder mit den Begriffen für die einzelnen Bauteile vertraut waren.

Im System des neuronalen Geschehens ergibt sich diese Reduktion der Unsicherheit mit der Eigenschaft der Aufmerksamkeit, nicht wie beim prädikativen Gehirn auf das Beziehungengefüge, sondern auf das Wirkungengefüge der erzeugten Muster zu fokussieren

Dies hatte ich, wenn Du Dich erinnerst, bereits bei der Präsentation meiner ersten These behauptet: es sind nicht und es können auch nicht die Objekte und Sachverhalte im bewussten Erleben sein, auf welche sich die Aufmerksamkeit richtet. Vielmehr sind es die Muster in der Art, in der die Aufmerksamkeit sie erfasst bzw. überhaupt erst zusammenfasst. Für das Verhalten funktionaler Personen bedeutet dies beispielsweise, dass die Lösung von Problemen einen Vergleich von Wirkungengefügen vorsieht. In der Praxis kann dies so aussehen, dass, auch wenn die Situationen, die spontan miteinander verglichen werden, keine Ähnlichkeit aufweisen in der Art, in der ihre Elemente zueinander in Beziehung stehen, ihr Wirkungengefüge einen solchen Vergleich in Form einer Analogiebildung möglich macht. Für einen Vergleich nach der funktionalen Variante muss daher auf diejenigen Bedingungen in einer Ausgangssituation fokussiert werden, die eine vergleichbare Konstellation aufweisen, welche auf das Wirkungenmuster schließen lässt, das für den Vergleich benötigt wird. Entscheidend ist, dass die Beachtung dieser Konstellationen und der damit verbundene Wirkungenvergleich nicht willentlich hervorgebracht werden können und daher nicht planbar sind. Sie haben ihre Ursache in der Funktion der Aufmerksamkeit als Beobachter der internen Prozesse zur Erzeugung von Mustern: liegt sie auf dem Wirkungengefüge, so werden diese Muster im Bewusstsein vom Ich in dieser Form registriert und erlebt.

Funktionale Personen kommen mit dieser aus der Variante resultierenden Konsequenz vermutlich deshalb besser zurecht und fallen nicht durch ein abweichendes Verhalten auf, weil sie wie prädikative Personen ihr Interesse auf den gleichen Gegenstand zu richten vermögen. Im Unterschied zu diesen fokussieren sie zwar auf die prozesshaften, dynamischen Merkmale. Ihnen gelingt es aber, im Gegensatz zu den AD(H)S-Personen, die Periode der Identifikation mit der Beachtung statischer, invarianter Merkmale problemlos zu integrieren, da sie zur Problemlösung nicht auch auf die aktuelle Gesamtsituation ausgreifen müssen. Die auf der Regelvariante basierende andere Art, die internen Prozesse im System des neuronalen Geschehens zu organisieren, geht daher *nicht* generell mit einer Beeinträchtigung einher. Vermutlich betrifft diese Beeinträchtigung nur die AD(H)S-Personen.

Das ausprobierende und untersuchende Handeln des funktionalen Kindes ist, um der Regelvariante Genüge zu leisten, an dieser Verknüpfung und der mit ihr verbundenen Wahrnehmung einer Situation ausgerichtet. Beim Erwachsenen, der über ein breit angelegtes Wissen aufgrund seiner Erfahrungen verfügt, kann das Handeln optional als Strategie (und als solche gehört sie zum Bewusstsein) auch an der prädikativen Variante orientiert sein. Die Gebundenheit an die Regelvariante gilt aber in jedem Fall für die Art, in der „wahrgenommen" wird, ebenso für den Erwerb von neuem Wissen und für das interne Probehandeln. Wir müssen daher deutlich unterscheiden: Auch wenn die Regelvariante nicht gewechselt werden kann und daher im System des neuronalen Geschehens die erzeugten Muster grundsätzlich das Muster eines Wirkungengefüges besitzen, kann im Bewusstsein mit der Reflexion des eigenen Verhaltens und den daraus resultierenden bewussten Denkoperationen optional die Strategie gewechselt werden und an der anderen Regelvariante ausgerichtet sein. Dennoch bewirkt diese Art der Planung des Vorgehens über die Rückkopplung ins System des neuronalen Geschehens nicht die Erzeugung von Beziehungenmustern.

Im Verhalten zeigt sich die geänderte Reihenfolge der Perioden wie erwähnt darin, dass der Aktionsraum zur Erforschung der möglichen Funktionsweisen und Zwecke eines Objekts erweitert wird. Dies sei noch einmal an einem Beispiel verdeutlicht. Sehen wir uns dazu zunächst die prädikative Variante an und orientieren uns dabei am Beispiel einer basalen Verhaltensweise, dem Anzünden eines Streichholzes. Der Regelvariante gemäß muss dieses Verhalten wie folgt beschrieben werden: „*Weil* **X** (Streichholz und Steichholzschachtel mit Reibfläche) und **Y** (Reiben des Streichholzes an der Reibfläche), *deshalb* **Z** (brennendes Streichholz).“ Das Wesentliche an dieser Abfolge ist, dass mit ihr möglich wird zu prüfen, ob die erwartete Konsequenz eingetreten ist. Eine Prüfung ist der Vergleich zwischen dem, was man an Bedingungen in der Ausgangssituation vorgefunden hat bzw. feststellen konnte und dem, was sich an Veränderungen durch das Handeln ergeben hat. Eine solche Feststellung ist möglich, wenn man die Merkmale der Ausgangssituation und die Merkmale der als Konsequenz eingetretenen Situation vergleicht. Um mit einem Vergleich zu zuverlässigen Aussagen zu kommen, ist die möglichst detaillierte Beachtung der Eigenschaften des Ausgangszustandes notwendig. Dies erfordert eine genaue Beachtung der invarianten Merkmale der Eigenschaften, um sie sinnstiftend zueinander in Beziehung setzen zu können. In gleicher Weise ist die Beachtung der Merkmale der Eigenschaften des Endzustandes notwendig, um vergleichen zu können. Durch den Vergleich, der eine rückwärts gerichtete Prüfung enthält, wird möglich, den Fortschritt beim Handeln festzustellen. Für die prädikative Variante gilt also:

1. das Ziel ist ein Zustand;
2. ein Sachverhalt ist konstituiert durch die Art und Weise, in der seine Elemente zueinander in Beziehung gesetzt werden können.

Interessant ist nun, dass sich dieser Vorgang nach dem Schema der funktionalen Variante imaginieren lässt: „Weil Z (brennendes Streichholz) und X (Streichholz und Schachtel mit Reibfläche), deshalb Y (Reiben des Streichholzes an der Reibfläche). Auch wenn bei oberflächlicher Betrachtung nun der Eindruck entsteht, wir hätten es hier mit der funktionalen Variante zu tun, trifft dies nicht zu. Denn auch im Falle nur der Imaginierung eines Sachverhaltes wird hier immer noch den *Zuständen* und ihren Eigenschaften Beachtung geschenkt. Auch hier gilt, dass im System Bewusstsein, die Strategie optional gewechselt werden kann, ohne dass dies im System des neuronalen Geschehens Einfluss auf den Prozess der Erzeugung prädikativer Muster hätte.

Für die funktionale Variante gilt das jedoch nicht. An einem Beispiel, welches Anderson (1996) zur Erläuterung der Produktionsregel nennt, wird dies bereits deutlich, obwohl es sich um eine konditionale Regel handelt. Dort heißt es: „Wenn das Ziel darin besteht, ein Auto mit Schaltgetriebe zu fahren, und der erste Gang eingelegt ist und das Auto schneller als 20 Kilometer in der Stunde fährt, dann lege den zweiten Gang ein." (Anderson, S.245). Das Ziel, welches Anderson beschreibt, ist kein Zustand, sondern es ist eine Aktion: „ein Auto mit Schaltgetriebe zu fahren." An einem eigenen Beispiel demonstriert kann sich ein Verhalten, welches eine Aktion zum Ziel hat, folgendermaßen zeigen: Mein zweijähriger Sohn leerte mehrere Holzkästen aus, in denen sich sein Spielzeug, und zwei Schubladen, in denen sich seine Wäsche befanden. Aus den Kästen und den Schubladen baute er eine Treppe, auf der er auf seinen Kleiderschrank stieg, um an der Kante des Schranks herunter rutschen zu können. Das Ziel seines Handelns war eindeutig kein Zustand – beispielsweise der Bau einer Treppe aus Kästen und Schubladen – sondern eine Aktion, das Herunterrutschen am Kleiderschrank. Wäre der Zustand das Ziel gewesen, so hätte seine Reaktion der Verweis auf die gebaute Treppe sein müssen: „Schaut, was ich gebaut habe." Wenn nun für die funktionale Regelvariante gilt, dass das Ziel kein Zustand, sondern eine Aktion ist und, im Unterschied zur prädikativen Variante, das Handeln nicht nur von den Ausgangsbedingungen auf ein Ziel *hin*, sondern sowohl von Ausgangsbedingungen als auch von der zum Ziel gesetzten Aktion *her* geplant wird, bringt eine Beachtung der invarianten Details der Ausgangsbedingungen nicht viel. Stattdessen wird auf diejenigen Ausgangsbedingungen fokussiert, die mit einer Funktion verbunden sind. Im Falle der Kästen für den Bau der Treppe waren diese Bedingungen weniger an die Beschaffenheit der Kästen gebunden als vielmehr mit der ihnen inhärenten Möglichkeit verbunden, sie stapeln zu können. Hier wurde infolgedessen auf die *Wirkungen* geachtet, die mit der jeweils möglichen Funktion verbunden sind und die Erreichung des Zieles bewirken können. Für die funktionale Variante gilt daher:

1. das Ziel ist eine Aktion
2. ein Sachverhalt ist konstituiert durch seine Wirkungsweisen

Die Arbeitsweise nach der prädikativen Variante erfordert wie erwähnt die Beachtung der Details der Ausgangsbedingungen und der Art, in der sie zueinander in Beziehung stehen. Dies begrenzt den Bereich dessen, was wahrgenommen werden kann und reduziert ihn auf einen Ausschnitt, den Dörner (1985, S.290) einmal die „zentrale Variable innerhalb des Geflechts abhängiger Variablen eines Systems" nannte. Nur durch eine „Zentralreduktion" wird möglich, ein Gefüge aus Beziehungen zu überblicken, um das Handeln auf ein Ziel hin zu planen. Begrenzt wird damit auch der Bereich, der für die Planung des Handelns auf ein Ziel hin noch beachtet werden kann. Im Unterschied dazu erfordert die Arbeitsweise nach der funktionalen Variante die Erweiterung des Wahrnehmungsbereiches unter Einbeziehung des zeitlichen Faktors, um das Gefüge aus Wirkungen erfassen zu können. Von besonderer Bedeutung ist hier, dass nur mit dem Erfassen von Wirkungen möglich wird, auf eines der möglichen Ziele zu schließen und dieses in die Ausgangsbedingungen zu integrieren, so dass Ursache und Wirkung zusammenfallen. Dies ist eine der Auffälligkeiten im Verhalten der von AD(H)S betroffenen Personen: das plötzliche Erkennen eines Zieles, welches als Ausgangspunkt für ein darüber hinausreichendes Handeln dient. Dieses Verhalten firmiert im DSM unter dem Begriff „Impulsivität" als eines der drei Hauptkriterien zur Diagnose der AD(H)S.

Die jeweilige Fokussierung – entweder auf Beziehungen oder auf Wirkungsweisen – hat damit auch Konsequenzen für den Aufbau der Muster, die mit den bewusst erlebten Sachverhalten identisch sind.

Der Unterschied in der Fokussierung zeigt sich bereits in der Vorliebe für eine bestimmte Art, das auf die eigene Weise „Wahrgenommene" wiederzugeben. Das (bewusste) Wahrnehmen und Denken beim prädikativ arbeitenden Gehirn ist hier vor allem an Zuständen interessiert. Dagegen ist das (bewusste) Wahrnehmung und Denken bei einem funktional arbeitenden Gehirn vor allem an Prozessen interessiert. Dieser Unterschied lässt sich bereits in den beiden Abbildungen von Kinderzeichungen aufzeigen.
Die aktionsreiche Abbildung 8 S. 171 zeigt ein Seeräuberschiff, gemalt von einem funktionalen Kind (6 Jahre, ohne AD(H)S): Enterhaken fliegen durch die Luft; am Heck werden auf einem Fließband Kanonenkugeln ins Schiffsinnere transportiert, wo aus allen Rohren geschossen wird; am Bug passiert das gleiche mittels zweier Maschinen, welche die Kugeln von einem Gestell holen und direkt in die Kanonen befördern; Pulverdampf wabert rund um die Mündungen der Rohre; hier passiert etwas! Das einzige Lebewesen ist ein Hai im wellenbewegten Meer, der auf Beute wartet. Im Ruf: „Klar zum Entern (KLA ZUME NT ARN)" kommt ebenfalls die Präferenz für eine prozessorientierte Wahrnehmung zum Ausdruck.

KLAZUME
NT ARN

Abbildung 8

Pferd

Abbildung 9

Das begriffliche, an Zuständen interessierte Denken zeigt sich dagegen sehr schön in der entzückenden Zeichnung Abbildung 9 eines prädikativen Kindes (7 Jahre): Der Begriff „Pferd" weist auf die zentrale Variable hin, um die es geht. Der

Junge auf dem Pferd hält die Zügel in einer Hand, doch er reitet nicht: das Pferd steht fest mit allen vier Beinen auf dem Boden. Der Junge sitzt nicht rittlings auf dem Pferd, sondern mit geraden Beinen auf seinem Rücken. Auf dem Boden sieht man die Abdrücke der Hufe. Die Palme, die sich in Richtung Pferd neigt, die lächelnde Sonne links oben in der Ecke, der Hut des Jungen auf dem Pferd – alles auf diesem heiteren Bild ist sorgfältig und mit Liebe zum Detail gemalt worden, und alles hat seine feste Position.

Es ist an dieser Stelle sinnvoll, sich noch einmal an das Experiment mit der Holzeisenbahn zu erinnern, welches Frau Schwank mit zweijährigen Kindern durchführte – ich hatte es im ersten Brief erwähnt. In meinen letzten Briefen habe ich dargelegt, wie nach meiner These vom visuellen System Farben, eine Form, eine Entfernung und eine Bewegung konstruiert werden, damit, wie in Schwanks Experiment, überhaupt Lokomotiven gesehen werden können. Dies alles geschieht während der ersten Periode - die mit den Merkmalen identischen Muster werden so „zusammengesetzt", dass bewusst Lokomotiven wahrgenommen werden.

In gleicher Weise muss vom akustischen System das Geräusch des Klingelns konstruiert werden, und dann müssen das Klingeln bzw. nicht Klingeln und das Sehen der Lokomotiven zusammengebracht werden (ansonsten wäre eine Unterscheidung nicht möglich).

Doch nur mit der einmaligen und in einem aktuellen Moment erzeugten Konstruktion von Mustern, die mit Gegenständen identisch sind, die man sehen und hören kann, ist es nicht getan. Sie sollen schließlich auch erinnert werden: „ach ja, das ist ja die Lokomotive, die klingelt, wenn sie über die Brücke fährt", ansonsten „grüßt einen täglich das Murmeltier", man würde jedes Erlebnis zu einem jeden späteren Zeitpunkt noch einmal neu erleben. Das heißt, die Konstruktionen müssen in irgendeiner Weise konsolidiert werden.

Bei allen Kindern muss der Konstruktionsvorgang während der ersten Periode dazu geführt haben, dass Lokomotiven wahrgenommen, ein Klingeln gehört und beides miteinander verbunden wurde – entweder über ein In-zueinander-Beziehung-setzen (prädikativ) oder in Form einer Wirkungenkonstruktion (funktional). Den Unterschied in der Art, wie nun vorgangenen wird, um ein Erinnern möglich zu machen, haben die Kinder in diesem Experiment demonstriert:

Die prädikativen Kinder nahmen die Klingeltöne erzeugende Lokomotive und ließen sie wiederholt (!!!) über die Brücke fahren. Mit dem Vorgang der Wiederholung prägen sich die Merkmale, die zu einem (Wieder-)Erkennen führen, ein – und hier kommt es darauf an, die statischen und invarianten Merkmale zu beachten, an denen sich der Gegenstand wiedererkennen lässt. Im System des neuronalen Geschehens werden durch den Vorgang des Wiederholens die mit den Merkmalen des Gegenstandes identischen Muster permanent erneut aufgebaut, während im System der neuronalen Verschaltung die entsprechenden synaptischen Verbindungen konsolidiert werden.

Am Schema dieser Vorgehensweise orientiert sich der Unterricht an den Schulen. Am Beispiel des Erlernens eines Buchstabens im Grundschulalter sei das demonstriert: Gegeben ist ein Buchstabe des Alphabets – die Bedingung. Vermittelt wird nun die richtige formale Ausführung mit der Anweisung für den Auf- und Abstrich, mit dem Hinweis, bei der Ausführung auf die Begrenzung durch Linien zu achten, innerhalb derer er sich befinden soll. Über die korrekte Befolgung der Anweisung kommt man damit durch wiederholendes Üben zum exakten Ergebnis – die gleiche Ursache führt mit dem immer gleichen Handeln zum gleichen Ergebnis. Mit der Praxis des stetigen Übens eines solchen gleichen Vorganges ergibt sich als neue Qualität das Wissen um die richtige Schreibweise des Buchstabens.

Bei den funktionalen Kindern verlief der Vorgang anders: nach der Periode der Konstruktion der Gegenstände (samt Integration dessen, was vom visuellen und akustischen System unabhängig erarbeitet wurde) folgte die dritte Periode des Ausprobierens, um zu verstehen, wieso die bunte Lokomotive klingelt. Das bedeutet, statische invariante Merkmale wie die Farbe sind erst einmal nachrangig – wichtig ist, die Lokomotive anhand der Art, in der sie funktioniert, zu erkennen und zu verstehen (Bei komplizierteren Abläufen ist die Beobachtung des Prozesses hilfreicher als das spontane Ausprobieren). Die Periode der Identifikation folgt erst danach. Im Endeffekt aber ist es in beiden Fällen, im prädikativen wie im funktionalen so, dass alle drei Perioden durchlaufen sein müssen, um einen Sachverhalt wirklich verstehen zu können. Dann erst kann er auch im Alltag unmittelbar erkannt und erinnert werden.

Und hier liegen die Schwierigkeiten von AD(H)S-Kindern: sie brauchen die Periode der Einsicht vor der Periode der Identifikation. Das stundenlange Üben welches zur Y-Variablen und nicht zur Z-Variablen gehört, bringt hier nichts, die Konstruktionen der ersten Periode bleiben nicht stabil, weil sie auf diese Weise nicht verankert werden können: die erste Periode (Variable X) muss zuerst mit der dritten Periode (Z) verknüpft werden, bevor die Periode zur Identifikation (Y) folgen kann. Fehlt diese Möglichkeit und ist sie nicht gegeben, kommt es zur Konfusion und Orientierungslosigkeit der Kinder: „Was soll ich denn nun?" Unabdingbar ist daher die Möglichkeit, selbst auszuprobieren, wie man am besten zu dem geforderten Resultat kommt, statt einer Vorgabe der normentsprechend *richtigen* Vorgehensweise, die geübt werden muss. Die Kenntnis des gewünschten Resultates ist daher unerlässlich.

Die Vermittlung des Lösungsweges mit der Beschreibung der einzeln und nacheinander zu absolvierenden Schritte erschwert dagegen das Beobachten eines Prozesses, da dieser ständig unterbrochen wird. Kann dazu auch noch nicht einmal der Zweck des Handelns ausgemacht werden, da das Ziel fehlt, zu dem das Handeln führen soll, ist das Versagen vorprogrammiert. Die Notwendigkeit einer Verknüpfung von Bedingung und Konsequenz zwingt in diesem Fall dazu, ein Ziel zu setzen - ein Handikap, das zusätzlich vergrößert wird, wenn mehrere Möglichkeiten zur Wahl stehen. Das eigentliche Problem für AD(H)S-Kinder (und z. T. auch noch für erwachsene AD(H)S-Personen), ihre Schwierigkeiten beim Verständnis, wird verursacht durch diese für sie ungeeigneten Methoden und in ungeeigneter Weise vorgebrachten Anforderungen. Das Problem des Jungen vor dem Baukasten ist kein Einzelfall. Es tritt in unterschiedlichen Situationen auf, nicht selten kombiniert mit der Schwierigkeit, bei mehreren Anforderungen, die gleichzeitig ergehen, diejenige zu ermitteln, die aufgrund ihrer Wichtigkeit vorrangig behandelt werden soll, ohne die anderen darüber zu vergessen. Das von Eltern häufig geschilderte Verhalten, über eine Zurechtweisung in Tränen auszubrechen, um dann im nächsten Moment unbekümmert das soeben monierte Verhalten erneut zu generieren, die impulsive Umsetzung einer Idee in ein Handeln, nachdem diese blitzartig als Ziel in der Ausgangslage aufscheint – sie haben ihren Ursprung in der funktionalen Regelvariante, nach der das Gehirn arbeitet. Auch das auffallende, sprunghafte Erzählen von Begebenheiten, denen Anfang und Ende nicht zu entnehmen sind, sowie der häufige Wechsel der Aktivitäten zur Beobachtung der verschiedenen Prozesse und ihrer Wechselwirkungen, finden ihre Begründung in der Fokussierung auf Prozesse und Wirkungsweisen. Die Verarbeitung nach der funktionalen Variante zur Erzeugung von Wirkungenmuster im System des neuronalen Geschehens, auf welche sich die Aufmerksamkeit richtet, ist der Grund, weshalb die an der prädikativen Arbeitsweise ausgerichteten Anweisungen oft nicht befolgt werden können. Mit dem nachgerade diskriminierenden Kriterium aus dem DSM IV, „....vermeidet häufig, hat eine Abneigung gegen oder beschäftigt sich nur widerwillig mit Aufgaben, die länger andauernde geistige Anstrengung erfordern", wird übersehen, dass die geistige Anstrengung in dcm Moment erbracht wird, da die Darbietung der Aufgabe und die Wahl des Lösungsweges der gehirneigenen Variante entsprechen. Bedenkt man, dass diese andere Art des Seins bereits mit der Vorschrift für den Aufbau und die Entwicklung des Gehirns untrennbar verbunden ist, da die Regelvariante auch diesen Prozessen implizit ist, wird die Unmöglichkeit der Forderung an die betroffenen Personen ersichtlich, sich um ein der Norm angepasstes Verhalten zu bemühen.

Nachdem die Aufmerksamkeit mit der Beobachtung im System des neuronalen Geschehens im bewussten Erleben die Art der Wahrnehmung bestimmt, ist sie zwar nicht die Ursache, aber der Grund für das deviante Verhalten von sogenannten AD(H)S-Personen. Doch kann nicht davon ausgegangen werden, dass man es deshalb schon mit einer Störung oder gar Krankheit zu tun hat. Der Vorrang, den die in der zweiten Periode erzeugten Muster beim prädikativen Gehirn vor denen der dritten haben, prägt das Erleben und Verhalten dieser Menschen und folglich - da sie als Mehrheit die Norm bestimmen - die gesellschaftlichen Muster und Systeme, mit negativen Folgen für die von AD(H)S Betroffenen. Die Norm zu bestimmen berechtigt jedoch nicht zu dem Anspruch, die Deutungshoheit zu besitzen für eine Beurteilung nach richtig oder falsch, gesund oder krank.

Offen ist nun die Frage nach einem Zweck für die Gliederung in zwei verschiedene Arten, die Welt zu sehen. Und vielleicht lässt sich am Ende meiner Ausführungen eine vorsichtige und vorläufige Antwort darauf geben. Sie könnte mit der notwendigen Anpassung an die in der Umwelt vorhandenen Bedingungen, vor allem aber mit der Notwendigkeit zusammenhängen, als sozial lebende Wesen Probleme, die

die Gemeinschaft, in der man lebt, betreffen, gemeinsam lösen zu müssen, um so das eigene Überleben zu sichern.

Die Regelvariante, die der Arbeitsweise des prädikativen Gehirns zugrunde liegt, erfordert die – wie Dörner (1985) dies formulierte - „Reduktion auf eine zentrale Variable". Diese Reduktion zwingt dazu, die einzelnen Details einer Ausgangslage – seien es die Auseinandersetzung mit einem Gegenstand oder die zu einem aktuellen Zeitpunkt gegebenen Bedingungen eines Problems, welches gelöst werden soll - zu identifizieren und sie zueinander in Beziehung zu setzen, um sich ein Bild zu verschaffen. Und für eine Identifikation ist die Beachtung der statischen und invarianten Details der Bedingungen Voraussetzung.

DieVorrangigkeit der Beachtung statischer, invarianter Merkmale kann aber nicht einhergehen mit der zeitgleichen Beobachtung peripherer Ereignisse und deren Wirkungenzusammenhängen. Umgekehrt erschwert die Beobachtung von Wirkungenzusammenhängen mit der Einbeziehung peripher sich vollziehender Ereignisse, die Konzentration auf eine zentrale Variable und ihre sie konstituierenden Details.

Die Art dagegen, mittels der funktionalen Regelvariante zu einem Erkennen zu kommen und von dieser Art des Erkennens ausgehend nun das Handeln zu planen, zeigt sich in der Vorgehensweise der AD(H)S-Personen beim Vergleich von Kugelschreiber und Bleistift. Zwar wurden auch hier invariante Details genannt. Doch waren dies mehrheitlich solche, die mit der Funktion der Stifte im Zusammenhang stehen. Der Satz „Bleistifte sind aus Holz, Kugelschreiber nicht" macht deutlich, wie wenig die Beschaffenheit der Stifte für die betreffende Person von Belang ist. Dagegen zeigt die weit über die mit der Anforderung für einen Vergleich hinausreichende Bemerkung, dass amtliche Schriftstücke nicht mit Bleistift unterschreiben werden dürfen, die bereits genannte Notwendigkeit, die mit der Verarbeitung nach der funktionalen Variante verbunden ist: die Setzung eines Zwecks, um der Anforderung nachkommen zu können. Zu vermuten ist, dass dieses weit ausholende Einbeziehen von Sachverhalten in die aktuelle Situation einer der Gründe ist, weshalb eine gleichzeitige Beachtung aller invarianten Details der zentralen Variable nicht gelingen kann. Andererseits könnte eben diese Fähigkeit, über die unmittelbar mit einer Forderung zusammenhängenden Faktoren hinausgehen zu können, diese Personen für den Umgang mit komplexen Problemen prädestinieren.

Mit seinen Untersuchungen zum Umgang mit komplexen Situationen ging Dörner damals der Frage nach, inwieweit die menschliche Denkfähigkeit den Anforderungen für einen Denkstil gerecht werden kann, der die Lösung von Systemproblemen ermöglicht. Solche Probleme sind gekennzeichnet durch ihre Komplexität, ihre Intransparenz und Eigendynamik sowie durch Vielzieligkeit, wobei das Verhältnis der Teilziele oftmals kontradiktorisch sei (Dörner et al., 1994, S.19 ff). Die Ergebnisse zeigten eine auffallende Unfähigkeit der Personen, die langfristigen Folgen, die sich aus ihren aktuellen Entscheidungen ergeben, antizipieren und ihnen mit flankierenden Maßnahmen begegnen zu können. Eine der Ursachen führt Dörner auf die Neigung zu einer Zentralreduktion zurück, der Fokussierung auf eine zentrale Variable. Dörner meinte zwar, man könne den Umgang mit solchen Situationen lernen, da er von der Annahme ausging, es existiere nur ein uns allen gemeinsames menschliches Gehirn – von individuellen, kulturellen oder männlich/weiblichen Unterschieden abgesehen. Möglich und m.E. sehr viel wahrscheinlicher ist dagegen die Annahme einer Existenz zweier mentaler Geschlechter, die sich hierin ergänzen: in der Art, in der sie Probleme, die in sozialen Gemeinschaften auftreten, aus zwei gegensätzlichen Perspektiven betrachten, um zu geeigneten Lösungen zu kommen.

7. Zusammenfassung

Lieber Peter,

abschließen möchte ich meine Ausführungen mit einer kurzen Zusammenfassung dessen, was ich in meinen Briefen an Dich schrittweise dargelegt habe.

Mit der Beschreibung der funktionalen Variante der Regel im vorangegangenen Schreiben bin ich wieder zum Beginn meiner Briefe an Dich zurückgekehrt, zur These zweier mentaler Geschlechter. Dieser These implizit ist die Annahme, die von der AD(H)S betroffenen Personen gehören zum einen der beiden Geschlechter, und in dieser Zugehörigkeit ist auch die Erklärung für ihre Probleme zu finden.

Ich behaupte mit dieser These die Existenz zweier verschiedener menschlicher Gehirne, die ich in Anlehnung an Schwanks Theorie mit den Begriffen prädikativ und funktional bezeichne. Das heißt, ich unterscheide zwischen einem prädikativ arbeitenden und einem funktional arbeitenden Gehirn.

Es galt nun, diese These zu begründen, und zu erklären, was zwei mentale Geschlechter - oder zwei verschiedene Gehirne - konstituiert.

Ich habe von Beginn an erklärt, dass ein solcher Unterschied, wenn es ihn gibt, *nicht* auf unterschiedliche Denkstile zurückgeführt werden und auch nicht mit Unterschieden in einzelnen Hirnstrukturen oder mit unterschiedlichen Neurotransmitterquantitäten begründet werden kann. Denn nichts in der Materie des Gehirns weist auf Unterschiede hin, die sich mit den Begriffen prädikativ oder funktional beschreiben lassen. Der Unterschied muss, wenn es ihn gibt, folglich mit der Arbeitsweise des jeweiligen Gehirns zusammenhängen. Deshalb war es erforderlich, sich mit dieser Arbeitsweise auseinanderzusetzen, wenn mit ihr die Unterschiede im Verhalten sogenannter gesunder bzw. normaler und von AD(H)S betroffener Personen als eigentlicher Ursache begründet werden sollen.

Derzeit beanspruchen die Neurowissenschaften für sich die Deutungshoheit in Bezug auf die Klärung von Fragen wie der nach der Art und Weise, in der das menschliche Gehirn arbeitet, wie auf der Basis neuronaler Prozesse die Wirklichkeit, die wir erleben, entsteht, und auf welche Weise sich Bewusstsein entwickelt. Es hatte sich für mich jedoch nach den ersten Beobachtungen und Versuchen, die ich durchführte – und auf die ich hier nur am Rande eingegangen bin – gezeigt, dass die Orientierung an der derzeitigen wissenschaftlichen Vorgehensweise nicht zielführend ist, um meine Annahme darlegen zu können. In dieser Weise ist nicht möglich, zu einer These zu gelangen, mit der sich der Unterschied zwischen den beiden Gehirnen bzw. den beiden mentalen Geschlechtern beschreiben und begründen lässt. Ein Wechsel zur Systemtheorie, die inzwischen von nicht wenigen Wissenschaftlern als neues Paradigma bezeichnet wird, in der Art wie sie Maturana und insbesondere Luhmann vertreten, war deshalb unabdingbar.

Der Wechsel zur Systemtheorie allein genügt jedoch nicht, um ein neues Paradigma aufzustellen, mit dem sich die Arbeitsweise des Gehirns und das, was mit ihr bewirkt wird – nämlich unser gesamtes Verhalten und Erleben – erklären lassen. Was noch fehlt und woran alle wissenschaftlichen Erklärungsversuche bislang gescheitert sind, ist eine Regel, mittels derer sich erklären lässt, *wie* aus den Prozessen im Gehirn die Wirklichkeit entsteht, wie es zum Erwerb von Wissen und zu einem Zusammenwirken von Wahrnehmung und Handlung kommt. Und dazu stellt sich die Frage: wie sollte dies mit nur einer Regel zu erklären sein?

Eine grundlegende Voraussetzung, um als Individuum in einer Umwelt zu überleben, in der es mit Nahrung versorgt werden und Gefahren erkennen kann, in der es sich fortpflanzen, sich entscheiden und Absichten generieren kann, ist die Notwendigkeit, kausale Zusammenhänge zu erkennen. Das menschliche (und nicht nur das menschliche) Gehirn muss also in der Lage sein, Annahmen und Vorhersagen machen zu können, um zur Erreichung der genannten Zwecke zielgerichtet vorgehen und gegebenenfalls sehr rasch entscheiden zu können. Zugleich muss ihm die Option offengehalten sein, flexibel auf die unterschiedlichsten Situationen reagieren zu können, ohne dass jede einzelne Situation deswegen schon im Vorhinein bekannt sein muss. Dieses Problem ist, wie ich behauptet und darzulegen mich bemüht habe, zu lösen, wenn man davon ausgeht, dass sich alle Vorgänge im Gehirn mit einer einzigen kausalen Regel beschreiben lassen, da die Notwendigkeit zu einer Vorhersagemöglichkeit der Konsequenzvariablen der Regel implizit ist.

Die Grundthese für das Aufstellen eines neuen Paradigmas lautet deshalb: Es genügt eine einzige kausale Regel, damit unsere Gene mit ihr als „Bauplan" ein Gehirn bauen können, welches seinerseits auf der Basis dieser selben Regel die Wirklichkeit konstruieren kann, die wir erleben. Trifft diese These zu, so ist dies eine fantastische Lösung: sie ist einerseits sehr einfach, andererseits aber viel abstrakter, raffinierter und komplizierter als alle bislang vorgeschlagenen Lösungen. Denn in ihr sind alle Möglichkeiten für ein intelligentes Verhalten enthalten, ohne dass ein Schöpfer von außen eingreifen und ein neues Programm zur Bearbeitung spezifischer Probleme vorgeben muss.

Von dieser Regel gibt es zwei Varianten, und eine weitere meiner Thesen lautet, dass das menschliche Gehirn basierend auf entweder der einen (prädikativen) oder der anderen (funktionalen)Variante aufgebaut ist und deshalb auch nach der jeweiligen Variante arbeitet.

Diese neuartige Sicht, in der das Gehirn nun gesehen wird, hat zur Folge, dass nun auch alle anderen Phänomene neu betrachtet und die bisherigen Ergebnisse neu bewertet werden müssen. Ich habe deshalb die Funktion der Aufmerksamkeit neu bestimmt und eine zusätzliche Funktion der Nervenzellen des Gehirns gefordert und erläutert. Mit dieser Neubestimmung habe ich mich auch auf philosophisches Terrain begeben, denn anders hätte sich nicht darlegen lassen, in welcher Weise Wissen im Gedächtnis vorgehalten wird, einem Gedächtnis, von dem Luhmann (2006) sagte: „Wir haben es nicht mit einer Gedächtnistheorie zu tun, die irgendeine Art von Speicher vorsieht. [...]." (Luhmann, S.103).

Wie das menschliche Gedächtnis nach dieser neuen These funktioniert, darauf bin ich in drei Kapiteln eingegangen. Diese Unterteilung war notwendig, weil die Anwendung der Regel in ihrer jeweiligen Variante Unterschiede in der Art und Weise bedingt, in der Menschen „wahrnehmen", Wissen über die Welt erwerben und sich verhalten. Wissen, so habe ich geschrieben, wird erworben, indem die Prozesse, mittels derer es zunächst konstruiert wird, über drei Perioden verlaufen. In jeder dieser drei Perioden kommt es zu einem Ergebnis, das sich als Erkenntnis von der Wahrnehmung der bloßen äußeren Gestalt über das Erkennen bis zum Verstehen vollzieht, wobei für die funktionale Variante gilt, dass ein Erkennen nur unmittelbar mit dem Verstehen einhergeht. Mit der Vollendung aller drei Perioden ergibt sich als neue Qualität die Erkenntnis der Bedeutung, die wir den Dingen dieser Welt zuschreiben.

Wie dieser Prozess verläuft, habe ich im ersten Kapitel zum Gedächtnis beschrieben und am Beispiel eines spezifischen Prozesses erläutert.

Obwohl zunächst von mir so nicht vorgesehen, erwies es sich als unumgänglich, auf die Entstehung von Bewusstsein und die Funktion des Ichs einzugehen. Anders wäre nicht möglich gewesen, zu erklären, wodurch der Übergang zwischen den drei Perioden vollzogen wird, und wie es dadurch zur Kontinuität unseres bewussten Erlebens und zur Einheitlichkeit unseres Welterlebens kommt.

Es hat sich gezeigt, dass es mit der Spezialisierung auf nur ein einziges Fachgebiet und der Reduktion auf einzelne Phänomene nicht möglich gewesen wäre, zu diesem umfassenden Ansatz zu kommen. Er musste jedoch entwickelt werden, da ich sonst nicht hätte erklären können, worin sich die beiden Gehirne unterscheiden. Und dies deutlich zu machen, war notwendig, weil hierin – in der Art, die Wirklichkeit auf zwei verschiedene Weisen zu konstruieren – die eigentliche, nicht weiter hintergehbare Ursache für das andere Verhalten der von AD(H)S betroffenen Personen liegt. Damit erklären sich die Schwierigkeiten bei einer „Behandlung" der betroffenen Personen, mit der diesen die vermeintlich allein „normale" Art des Verhaltens ermöglicht werden soll: man müsste den „Bauplan" und mit ihm die Arbeitsweise ihres Gehirns ändern, wollte man sie und ihr Verhalten normalisieren".

Wenn meine Annahmen zutreffen, dann müssen wir künftig davon ausgehen, dass

> der Anspruch auf die Deutungshoheit seitens der Mehrheit der Menschen zur Bewertung von Verhalten, und die Forderung nach einer Anpassung an die von ihnen gesetzte Norm nicht gerechtfertigt sind, weil es zwei komplementäre und daher gleichberechtigte Arten des Wahrnehmens und Verhaltens im Umgang mit der Wirklichkeit gibt.

Um dies zu zeigen, waren der Wechsel zur Systemtheorie mit dem Postulat einer universellen *kausalen* Regel als dem neuen wissenschaftlichen Paradigma unumgänglich. Ich hoffe, ich konnte es in nachvollziehbarer Weise darlegen.

III. Anhang

1. Die Aufmerksamkeitsdefizit-Hyperaktivitätsstörung – ein Überblick

Die AufmerksamkeitsDefizit-HyperaktivitätsStörung (AD(H)S), vormals Hyperkinetisches Syndrom (HKS), Minimale cerebrale Dysfunktion (McD) oder auch ganz allgemein Hyperaktivität genannt, ist die Bezeichnung für ein Verhaltensphänomen, welches in den letzten Jahrzehnten des vergangenen Jahrhunderts zunehmend auf öffentliches Interesse trifft. 1937 berichtete Charles Bradley, Medical Director am Bradley Hospital (damals Emma Pendleton Bradley Home) über die Behandlung von Kindern, die an Kopfschmerzen in Folge einer Pneumoencephalographie litten, mit Benzedrin. Das Medikament bewirkte jedoch wenig zur Linderung der Kopfschmerzen. Dagegen stellten die Lehrer bei der Hälfte der behandelten Kinder, die wegen einer nervösen Störung in Bradley Home aufgenommen worden waren, fest, dass sich die schulischen Leistungen der Kinder mit der Einnahme des Medikamentes signifikant verbesserten. Diese Entdeckung führte zunächst in den USA und schließlich in den achtziger Jahre auch in Deutschland zu einer intensiven Beschäftigung mit diesem Verhaltensphänomen. Zu diesem Zeitpunkt war die Problematik in der bundesrepublikanischen Öffentlichkeit noch weitestgehend unbekannt, obwohl sie bereits seit Beginn des 19. Jahrhunderts dokumentiert ist. Mit Büchern wie „Der Struwwelpeter" des Kinderarztes Heinrich Hoffmann, den Geschichten von Wilhelm Buschs „Max und Moritz" oder Astrid Lindgrens „Michel aus Lönneberga" wurde dem kindlichen Verhalten zwar ein Denkmal gesetzt. Dennoch brachte kaum jemand die Figuren und deren Verhalten mit einer Störung oder gar Krankheit in Verbindung. Betroffene Kinder waren eben schwer erziehbar, und das Mitleid galt ihren Eltern und Erziehern: „Ein solches moralisch krankes Kind ist der Schrecken der Schule, die Qual der Familie (...)", wie es in einer Beschreibung Scherpfs, zitiert nach Eichlseder (1992, S. 57) heißt. Zu Beginn des letzten Jahrhunderts begann sich die Sicht auf das Problem zu verschieben. Nun nahm man an, das elterliche Verhalten und die familiären Umstände seien die Ursache des devianten Verhaltens. Das änderte sich hierzulande mit der Verbreitung einer anderen vermeintlichen Ursache: den chemischen Zusatzstoffen in unseren Nahrungsmitteln. Die Anschuldigung, diese Zusatzstoffe - allen voran die diversen Phosphatverbindungen - seien Verursacher des Verhaltens, kam von einer Apothekerin, Hertha Hafer. Sie verbreitete diese Überzeugung, nachdem sie Erkundigungen in den USA eingeholt und eine erfolgreiche Nahrungsumstellung beim eigenen Kind durchgeführt hatte.

Ihre Botschaft fiel auf fruchtbaren Boden. Mitte der achtziger Jahre war die Bevölkerung in Deutschland sensibilisiert für Themen wie den Schutz der Umwelt und die gesunde Ernährung. So erschien einleuchtend, das unruhige und störende Verhalten der Kinder mit einer falschen Ernährung in Verbindung zu bringen, dies jedoch nicht den Eltern, wohl aber den Praktiken der Lebensmittelindustrie anzulasten. Hafers Annahme ließ sich im Verlaufe der wissenschaftlichen Forschungen nicht mehr halten, die Zusatzstoffe und ganz allgemein die Ernährung zählen inzwischen zu den sekundären Faktoren, von denen man annimmt, sie seien an der Entstehung des Verhaltensphänomens mit beteiligt. Das Problem selbst aber rückte nun in den Blickpunkt des öffentlichen und, was von größerer Wichtigkeit war, auch verstärkt in den des wissenschaftlichen Interesses. Das ehemals durch seine Unruhe auffallende Verhalten wurde im Verlauf der Forschungen als Störung der Wahrnehmung und vor allem als defizitäre und daher behandlungsbedürftige Form der Aufmerksamkeit identifiziert und gab damit die Möglichkeit zu seiner medikamentösen Behandlung auf breiter Basis. AD(H)S wurde zur am häufigsten diagnostizierten psychiatrischen Störung im Kindes- und Jugendalter. Mit der Intensivierung der Forschungen stellte sich heraus, dass der Kreis der betroffenen Personen größer war als bis dahin angenommen. Nun wurde man auch aufmerksam auf Kinder, die bisher nicht aufgefallen waren, auf die stillen, verträumten, ängstlichen Kinder, die zur Unterscheidung als *hypo*aktiv bezeichnet werden. Sie kämpfen mit den gleichen (vermeintlichen) Wahrnehmungs-, Aufmerksamkeits- vor allem aber den Verständnisproblemen wie die hyperaktiven. In unserer Gesellschaft ist dies zu einem Kampf ums Überleben geworden, da insbesondere die Verständnisprobleme im schulischen Alltag ein immenses Handikap für die betroffenen Kinder darstellen. Ebenso musste die Annahme revidiert werden, bei dieser Störung handele es sich um eine, die vorwiegend im Kindes- und Jugendalter auftritt, sich aber im Verlaufe der Entwicklung verliert, von einem Residualtyp abgesehen.

An der Entstehung der Störung, die in Deutschland seit Ende 2002 als behandlungsbedürftige Krankheit[10] gilt, sind nach dem derzeitigen Stand der Forschung verschiedene Faktoren gemeinsam beteiligt, wobei primäre und sekundäre „Ursachen" häufig vermengt werden. Diskutiert werden als primäre Faktoren die genetische Disposition, neuroanatomische Unterschiede und Stoffwechselanomalien. Durch Untersuchungen mit bildgebenden Verfahren wurde u.a. die erhöhte Dichte einer chemischen Substanz, dem Dopamintransporter, im mittleren Hirnbereich nachgewiesen. In wieder anderen Studien stellte man fest, dass bei betroffenen Personen im Unterschied zu Personen mit normalem Verhalten verschiedene Strukturen der rechten Hirnhemisphäre ein um 4,7 % kleineres Volumen aufweisen als die Gehirne der Kontrollpersonen (Hynd et al. 1993; Castellanos et al. 1996; Filipek et al. 1997; Berquin et al. 1998; Nopoulos et al. 2000). Es führten jedoch nicht alle der Studien, die zur Untersuchung dieser Annahme gemacht wurden, zu diesem Ergebnis.

Fragen der Sozialisation, der Ernährung, sowie prä-, peri- und postnatale Störungen usw. gelten als sekundäre Faktoren, die ein bestehendes Krankheitsbild verstärken. Keiner der genannten Faktoren wird aber als verursachend angesehen. Insgesamt geht man von einer komplexen Symptomatik mit vielen Erscheinungsbildern aus. Die eigentliche, dem Verhalten zugrunde liegende Ursache, die

---

[10] s. Eckpunktepapier des Bundesministeriums für Gesundheit

ich erstmals in diesem Buch vorgestellt habe - was haben alle AD(H)S-Personen bei aller individueller und kultureller Unterschiedlichkeit miteinander gemeinsam im Unterschied zu all denen, die nicht betroffen sind - ist nicht bekannt.

Die Diagnose erfolgt im Ausschlussverfahren. Zur Beurteilung des Verhaltens wurden von der APA (American Psychiatric Association) Diagnosekriterien entwickelt. Sie sind aufgelistet im Diagnostischen und Statistischen Manual Psychischer Störungen, DSM IV.
Kennzeichnend sind als Leitsymptome:

Unaufmerksamkeit : eine kurze (Dauer-)Aufmerksamkeitsspanne; hohe Ablenkbarkeit durch äußere Reize; geringe Ausdauer und häufiger abrupter Wechsel bei Spielen oder Aufgaben; oberflächliche und unvollständige Anfertigung von Arbeiten; Tagträumen; Vergesslichkeit.

Hyperaktivität : erhöhte Unruhe und Zappeligkeit; übermäßiger und häufig ungesteuerter Bewegungsdrang; Unfähigkeit, längere Zeit still zu sitzen; Rastlosigkeit, vor allem bei Erwachsenen; Umtriebigkeit; geringes Schlafbedürfnis; hohes Mitteilungsbedürfnis.

Impulsivität: spontanes, unreflektiertes Handeln; Ungeduld; häufiges Unterbrechen von Gesprächen; vordrängeln (auch „dynamisches" Anstellen genannt); Neigung zur Waghalsigkeit; Schwierigkeiten, planvoll zu handeln.
Der Auszug aus dem DSM IV / 314 steht am Ende dieses Kapitels.

Unter dem Kriterium Unaufmerksamkeit werden neun, unter Hyperaktivität sechs und unter Impulsivität drei Einzelsymptome genannt, bei den beiden letzteren zusammen also ebenfalls neun beschrieben, von denen jeweils sechs oder mehr zutreffen müssen, um die Diagnose AD(H)S stellen zu können. Zusätzlich gilt, dass die Symptome seit mindestens sechs Monaten andauern und in mehr als einem Bereich auftreten müssen (daheim, im Kindergarten, in der Schule). Sie sollten in der Regel vor dem siebten Lebensjahr aufgetreten sein und dürfen nicht auf eine tiefgreifende Entwicklungsstörung zurückzuführen sein, wobei Entwicklungsstörungen und andere Krankheiten, so genannte Komorbiditäten, hinzukommen können.

Die Weltgesundheitsorganisation, WHO, unterscheidet in der ICD (International Classification of Impairments, Disabilities and Handicaps) wie das DSM drei Formen der Störung: Unaufmerksamkeit, Hyperaktivität, Impulsivität, listet aber zusätzlich noch den Punkt „Störung des Sozialverhaltens" mit auf.

Zusätzliche Diagnoseinstrumente sind Fragebögen für Eltern und Lehrer. Die bekanntesten sind die *Connors-Rating-Skala*, die bis zu 40 Punkte aufweist, und der Test von Brown (1999). Hier werden weitere Verhaltensauffälligkeiten vermerkt wie häufige geistige Abwesenheit; Verträumtheit; die Unfähigkeit, Regeln einzuhalten; Stimmungslabilität; Lernschwierigkeiten und Teilleistungsschwächen; grob- oder feinmotorische Probleme, sowie dissoziale Störungen, usw.

Erforderlich zu einer gesicherten Diagnose sind außerdem eine Anamnese, EEG-Messungen, Beobachtungen, Elterngespräche, Tests, usw.

Zusätzlich abgeklärt werden müssen sogenannte Komorbiditäten und / oder Teilleistungsschwächen, ebenso wie Verhaltensauffälligkeiten, die aus Problemen im sozialen Umfeld des Kindes resultieren.

Als Komorbiditäten werden u. a. Tic-Störungen, Tourette-Syndrom, Allergien und Neurodermitis genannt. An psychischen Störungen kommen vor: Depressionen, Angststörungen, oppositionelles und dissoziales Verhalten.

Zu den Schwächen, die mit einer AD(H)S häufig auftreten, zählen vor allem fein- und/oder grobmotorische Schwierigkeiten. Manche Kinder haben Probleme beim Ausmalen oder Ausschneiden, Stifte werden verkrampft gehalten, die Schrift wirkt ungelenk. Große Schwierigkeiten bereitet das Einhalten von Zeilen und Reihen beim Schreiben. Andere Kinder wieder wirken tollpatschig, stoßen überall an, fallen häufiger hin – bei den Mahlzeiten fällt ständig etwas um oder auf den Boden.

Ein großes Handikap stellen Verständnisschwierigkeiten bei scheinbar einfachen Anforderungen dar. Sie treten vor allem auf, wenn der Zweck der Anweisung oder Anforderung nicht erkennbar ist und wenn mehrere Anweisungen zugleich erteilt werden. Letzteres führt häufig zur Reaktion: „Was soll ich denn nun?" Diese Schwierigkeiten wirken sich vor allem im schulischen Alltag extrem nachteilig für die betroffenen Kinder aus. Der leitende Schuldirektor eine Privatschule, Hans Biegert (2000), stellt fest: „Kinder und Jugendliche mit AD(H)S verfügen signifikant über weniger qualifizierte Schulabschlüsse, [...]. Während 30 % Nicht-AD(H)S-Kinder einmal in ihrem Schulleben eine Klasse wiederholen, ist dieser Prozentsatz bei den AD(H)Slern fast 3-mal so hoch, nämlich 80 %. Fünf mal so hoch wird das Ausmaß massiver Schulprobleme beziffert, während bei den Nicht-AD(H)Slern 6 von 100 Grundschulprobleme haben, sind es bei den AD(H)Slern 30 von 100. Und schließlich werden von Nicht-AD(H)S-Kindern gerade mal 4% auf eine Sonderschule für Lernbehinderte überwiesen, während von den AD(H)S-Kindern fast acht mal so viel, nämlich 30 % die Überweisung in eine Sonderschule für Lernbehinderte hinnehmen müssen."(S.42) Die Vermutung, dies läge an einem geringeren Intelligenzquotienten der Betroffenen, trifft nicht zu.

Zur *Prävalenz*: Betroffen sind nach derzeitigem Kenntnisstand etwa 5 % der Kinder, andere Quellen nennen 6 bis 12 Prozent, wieder andere auch nur 1%. In Deutschland gelten rund 500.000 Kinder und Jugendliche im Alter zwischen 6 und 18 Jahren als betroffen. Angaben aus anderen Ländern weltweit nennen ähnliche Zahlen, wobei die Divergenz zwischen einzelnen Ländern vermutlich auf die immer noch etwas uneinheitlichen Standards zurückzuführen sein dürfte. Auffallend ist das Verhältnis im Geschlechtervergleich – danach sind Jungen weitaus häufiger betroffen als Mädchen, etwa im Verhältnis 4:1. In einem vom Bundesverband Aufmerksamkeitsstörung BV-AH herausgegebenen Fachheft heißt es:

„Langzeitstudien haben gezeigt, dass von AD(H)S Betroffene sehr häufig die Schul- (32-40%) und Universitätsausbildung (90%) abbrechen, beruflich unter ihren Möglichkeiten tätig sind (70-80%), kaum Freunde haben (50-70%), zu antisozialen Aktivitäten (40-50%) und Drogensucht neigen, häufiger Unfälle erleiden, riskanter und unfallträchtiger Auto fahren, Depressionen (20-30%) und Persönlichkeitsstörungen (18-25%) im Erwachsenenalter entwickeln, häufig bereits im Jugendlichenalter schwanger werden." (vgl. International Consensus Statement on ADJD, 2002, S.9)

Zur *Behandlung*: Der derzeit wirksamste und von Kinderpsychiatern empfohlene Behandlungsansatz ist der multimodale. Darunter versteht man eine Kombination von medikamentöser Behandlung, Verhaltenstherapie und Elterntraining und, bei Bedarf, begleitenden Therapien.

Medikamentöse Behandlung: Als Mittel der Wahl gilt nach wie vor Methylphenidathydrochlorid, bekannter unter den Handelsnamen Ritalin, Medikinet oder Concerta (gleicher Wirkstoff in anderer Konzentration, andere Firmen) Es fällt als Stimulans unter die Betäubungsmittelverordnung; eine weitere Indikation neben AD(H)S ist die Narkolepsie, die anfallartige Schlafsucht. Es gibt noch einige andere Medikamente mit ähnlicher Wirkung, wie D-Amphetamin, das auf Rezept angefertigt werden muss. Dieses ist wie Methylphenidat gut untersucht. Andere, die nicht unter das Betäubungsmittelgesetz fallen, sind in der Regel sehr wenig untersucht worden oder können leichter zu Komplikationen führen. In Studien (Cook et al. 1995; Dresel et al. 2000) ließ sich zeigen, dass unter der Wirkung von Methylphenidat die Konzentration der Dopamintransporter geringer wurde und sich bei kontinuierlicher Einnahme auch auf diesem Niveau hielt – weshalb von medizinischer Seite davon abgeraten wird, die Einnahme zu unterbrechen.

Eine *Dosierungsanweisung* erfolgt individuell und sollte ausgetestet werden. Bei Kindern tritt die Wirkung in der Regel eine Viertel- bis halbe Stunde nach der Einnahme ein, Erwachsene sollten einschleichen, d.h. mit einer sehr niedrigen Dosis über einen gewissen Zeitraum hinweg beginnen und dann allmählich steigern.

Für die Dauer der Wirksamkeit sind die behandelten Kinder in der Lage, sich ruhiger zu verhalten (bei Erwachsenen lässt das Gefühl der Unruhe oder Rastlosigkeit nach), die Aufmerksamkeit der Norm entsprechend zu fokussieren, bei einer Sache zu bleiben und diese zu Ende zu bringen. Die Ablenkbarkeit lässt deutlich nach. Diese Wirkung hält im allgemeinen drei bis vier Stunden an, bei der Einnahme von Concerta genügt eine einmalige Gabe pro Tag. Die häufigste Nebenwirkung ist Appetitlosigkeit, nicht ganz so häufig sind Müdigkeit und depressive Verstimmungen. In regelmäßigen Abständen sollten außerdem das Blutbild kontrolliert und weitere Untersuchungen (Leber-, Nierenfunktion, Blutdruck, Puls usw.) durchgeführt werden.

Seit kurzem ist mit *Strattera* (Wirkstoff Atomotexin) ein weiteres Medikament auf dem Markt, welches im Unterschied zu den obengenannten Medikamenten nicht unter das Betäubungsmittelgesetz fällt. Die Informationen aus der Praxis über die Wirksamkeit sind noch nicht einheitlich. Das Medikament muss ebenfalls individuell eingestellt werden, die Einstellung ist aber bislang schwieriger als bei den oben genannten Psychopharmaka. Es bewirkt auch nicht die Reduktion der Dichte der Dopamintransporter, sondern hat Einfluss auf den Neurotransmitter Noradrenalin. Strattera muss allerdings nur ein- bis höchstens zweimal am Tag eingenommen werden. Die Nebenwirkungen sind denen von Ritalin sehr ähnlich. Da der Wirkstoff ein Antidepressivum ist, könnte das Medikament auch bei depressiven Verstimmungen, die im Zusammenhang mit AD(H)S auftreten können, hilfreich sein.

Spezielle Trainings, z. B. zur Förderung der Aufmerksamkeit und Konzentration: Sie werden entweder allein oder im Rahmen einer multimodalen Therapie eingesetzt. Es sind dies Therapien wie das *Neurofeedback-Verfahren*, bei denen die Kinder am Computer unterschiedliche Aufgaben mittels Konzentration bewältigen müssen und bei Nachlassen der Aufmerksamkeit sogleich die entsprechende Rückmeldung erhalten. Beim *Blicktraining* lernen die Kinder, auf dem Monitor die schnell wechselnde Stellung eines Buchstabens zu verfolgen, wobei sie einen Punkt am Bildschirm, an dem die Buchstaben erscheinen, fixieren müssen. Das Ziel ist, die Kinder zu befähigen, ihre Aufmerksamkeit zu steuern und zu lernen, durch willentliche Kontrolle störende Reize zu ignorieren (sich also nicht ablenken zu lassen).

Einen wesentlichen Bestandteil des multimodalen Ansatzes stellt das *Elterntraining* dar. Die Eltern werden zunächst über die Krankheit ihres Kindes informiert. Es werden ihnen Tipps zur Strukturierung des Alltags vermittelt, pädagogische Hilfen aufgezeigt (z. B. klare Anweisungen geben, aber jeweils nur eine zur Zeit), das eigene Fehlverhalten angesprochen (Teufelskreis durchbrechen), und sie lernen den Umgang mit einem Verstärkersystem (Tokensystem): für richtiges Verhalten, das anhand einer Liste aufgezeigt wird, werden Punkte vergeben, die dann nach einiger Zeit, abhängig vom Alter des Kindes eingelöst werden. Erreicht werden soll damit zum einen eine Entspannung der familiären Situation. Wichtig ist auch, den Eltern durch Umstrukturierung des eigenen Verhaltens zu helfen, Fehler zu vermeiden, die das Zusammenleben belasten und beim Kind zusätzliche Verhaltensstörungen hervorrufen. Das bekannteste Therapieprogramm bei uns ist das von Döpfner, Schürmann und Frölich entwickelte „Therapieprogramm bei hyperkinetischem und oppositionellem Problemverhalten THOP". Es enthält neben einer ausführlichen Beschreibung der Problematik eigenständige Programme für Eltern, Kinder, Therapeuten und Lehrer.

Für die jeweiligen spezifischen Probleme – fein- und grobmotorische Schwierigkeiten, mangelnde Körperwahrnehmung, Bewegungskontrolle usw. - gibt es dann unterschiedliche Möglichkeiten der Behandlung, z.B. die Ergotherapie, die Motopädagogik, die Logopädie oder auch psychomotorische Therapien. Zweck der verhaltenspsychologischen Behandlung ist es, die Aufmerksamkeitsspanne zu verlängern, die Konzentration auf den aktuellen Gegenstand zu fördern, den Wahrnehmungsstil zu systematisieren und den Kindern Fertigkeiten zu vermitteln, damit sie den an sie gestellten Anforderungen gewachsen sind. Dies geschieht mit Hilfe übender Verfahren, mit Selbstinstruktionstrainings, der Vermittlung von Strategien, Token – bzw. Tausch-Verstärker-Systemen und (computergestützten) Konzentrationsübungen.

Nach wie vor werden immer noch *Diäten* als Hilfen genannt, z. B. die oligoantigene Ausschlussdiät nach Egger. Für sie gilt, dass nur diejenigen Kinder von ihnen profitieren, die nachweislich an einer Allergie leiden. Generell aber gelten sie als wirkungslos. Dennoch gibt es immer wieder einzelne Stimmen, die von einer Stoffwechselerkrankung als Ursache ausgehen und entsprechende Behandlungen empfehlen.

Homöopathische Mittel, Kinesiologie, Bachblüten, esoterische Ansätze: Über die Wirksamkeit dieser Mittel und Methoden liegen keine klinisch untersuchten Erkenntnisse vor. Berichte über helfende oder gar heilende Wirkung liegen nur in Form von Einzelfallberichten vor. Dennoch geht momentan der Trend bei Betroffenen und Eltern betroffener Kinder dahin, das Verhalten mit diesen Mitteln aufgrund ihres „ganzheitlich" orientierten Anspruchs zu behandeln.

Selbsthilfeorganisationen:
Die Verbreitung der These, Nahrungsmittelzusätze seien Ursache des devianten Verhaltens führte im Jahre 1980 zur Gründung einer Selbsthilfeorganisation, die sich *Phosphatliga* nannte. 1988 wurde sie in *Arbeitskreis Überaktives Kind (AÜK)* umbenannt. Mit dieser Umbenennung ging eine Änderung der Ausrichtung einher, die nun wieder vermehrt wissenschaftliche Erkenntnisse berücksichtigte.

1986 wurde in München die Elterninitiative zur Förderung hyperaktiver Kinder e.V. gegründet. Sie war die wissenschaftlich orientierte Alternative zur Phosphatliga, da deren Hilfsangebote neben den Empfehlungen zur Nahrungsumstellung zunehmend auch esoterische Elemente enthielten. Die Elterninitiative hatte von Beginn an einen wissenschaftlichen Beirat
1993 wurde die Elterninitiative in „Bundesverband Elterninitiative" umbenannt und schließlich, 1999/2000, zum „Bundesverband Aufmerksamkeitsstörung/Hyperaktivität (BV-AH)".

Im März 2007 gelang nach vielem Ringen die Verschmelzung von AÜK und BV-AH zum Verband AD(H)S Deutschland e. V.

Der Verein AD(H)S e. V. wurde 2001 gegründet. Er ist neben den zuvor genannten der drittgrößte Verband in Deutschland, der sich dieser Problematik widmet.

Neben den genannten gibt es eine Reihe weiterer Verbände mit unterschiedlicher Ausrichtung, darunter TOKOL e.V (The other kind of life), Juvemus und McD-Verband (Minimale cerebrale Dysfunktion).

2. Diagnosekriterien nach dem DSM IV- 314:

Unaufmerksamkeit: Der Betroffene...
- kann oftmals seine Aufmerksamkeit nicht auf Details richten oder macht Flüchtigkeitsfehler bei den Schularbeiten, Hausaufgaben oder anderen Aktivitäten.
- hat oft Schwierigkeiten, längere Zeit die Aufmerksamkeit bei Aufgaben und Spielaktivitäten aufrechtzuerhalten.
- scheint oft nicht zuzuhören, wenn andere es ansprechen
- führt häufig Anweisungen anderer nicht vollständig durch und kann Schularbeiten, andere Arbeiten oder Pflichten am Arbeitsplatz nicht zu Ende bringen (nicht aufgrund oppositionellen Verhaltens oder von Verständnisschwierigkeiten).
- hat häufig Schwierigkeiten, Aufgaben und Aktivitäten zu organisieren
- vermeidet häufig, hat eine Abneigung gegen oder beschäftigt sich nur widerwillig mit Aufgaben, die länger andauernde geistige Anstrengung erfordern (wie Mitarbeit im Unterricht oder bei den Hausaufgaben)
- verliert häufig Gegenstände, die er für Hausaufgaben oder Aktivitäten benötigt (z.B. Spielsachen, Hausaufgabenhefte, Stifte, Bücher oder Werkzeug)
- lässt sich öfter durch äußere Reize leicht ablenken
- ist bei Alltagstätigkeiten häufig vergesslich.

Hyperaktivität: Der Betroffene...
- zappelt häufig mit Händen und Füßen oder rutscht auf dem Stuhl herum
- steht in der Klasse oder in anderen Situationen, in denen Sitzenbleiben erwartet wird, häufig auf
- rennt häufig umher oder klettert exzessiv in Situationen, in denen dies unpassend ist (bei Jugendlichen oder Erwachsenen kann dies auf ein subjektives Unruhegefühl beschränkt bleiben)
- hat häufig Schwierigkeiten, ruhig zu spielen oder sich mit Freizeitaktivitäten ruhig zu beschäftigen
- ist häufig „auf Achse" oder handelt oftmals, als wäre er „getrieben"
- redet häufig übermäßig viel.

Impulsivität: Der Betroffene...
- platzt mit Antworten heraus, bevor die Frage zu Ende gestellt ist
- kann nur schwer warten, bis er an der Reihe ist
- unterbricht und stört andere häufig (platzt z.B. in Gespräche oder Spiele anderer hinein).

Außerdem werden im DSM-IV drei Typen der Störung unterschieden.
314.00 Aufmerksamkeitsdefizit-/Hyperaktivitätsstörung, vorwiegend unaufmerksamer Typ
314.01 Aufmerksamkeitsdefizit-/Hyperaktivitätsstörung, Mischtyp

314.01 Aufmerksamkeitsdefizit-/Hyperaktivitätsstörung, vorwiegend hyperaktiv-impulsiver Typ

Die medizinischen Richtlinien wurden von Psychiatern und Psychologen aus mehreren europäischen Ländern unter dem Titel *European clinical guidelines for hyperkinetic disorder* überarbeitet.

3. Literaturverzeichnis

Anderson, J. R. (1996). *Kognitive Psychologie* (2. Aufl.). Heidelberg: Spektrum Akademischer Verlag

Anderson, J.R., Bothell, D., Byrne, M. D., Lebiere, Ch. (2002). An Integrated Theory of Mind. Verfügbar unter: act-r.psy.cmu.edu/papers/403/Integrated theory.pdf 10/17/02

Armstrong, T. (1995). The Myth of the A.D.D. Child. New York: Plume, PenguinGroup.

Atkinson & Shiffrin (1968). Human memory. A proposed system and its control processes. In: K.W. Spence & J.T. Spence (Eds.). The psychology of learning and motivation: Advances in research and theory (Vol.2). New York: Academic Press

Baillargeon, R. (1994). Physical reasoning in young infants: Seeking explanations for impossible events. British Journal of Developmental Psychology, 12, 9-33

Barkley, Russell A. (1998). Attention-deficit hyperactivity disorder – a handbook for diagnosis and treatment, 2nd edition. New York: Guildford Press

Berquin PC, Giedd JN, Jacobson LK, Hamburger SD, Krain AL, Rapoport J, Castellanos FX (1998). „Cerebellum in attention-deficit hyperactivity disorder: a morphometric MRI study" In:Neurology 50, S. 1087-93

Biederman, I. (1987). Recognition-by-components: A theory of human image understanding. Psychological Review, 94, 115 -145

Biegert, H. (2002). "Superschlau und doch gescheitert? Müssen ADSler trotz Hochbegabung häufiger scheitern?" In: BVAH, Jahrbuch 2002

Birbaumer, N. Schmidt, R.F. (2001). Kognitive Funktionen und Denken. In: R. Schmidt & H.G. Schaible (Hrsg.). Neuro- und Sinnesphysiologie (4. überarbeitete Aufl.). (S.477 – 493) Berlin: Springer

Birbaumer, N., Schmidt, R.F. (2001). Wachen, Aufmerksamkeit und Schlafen. In: R. Schmidt & H.G. Schaible (Hrsg.). Neuro- und Sinnesphysiologie (4. überarbeitete Aufl.) (S.411 – 433). Berlin: Springer

Bischof, N. (1995). Struktur und Bedeutung. Eine Einführung in die Systemtheorie.Bern: Hans Huber

Carter, K.C. (1983). Infantile hysteria and infantile sexuality in late nineteenth-century German-language medical literature. April; 27(2): 186–196. verfügbar unter: http: // www. pubmed central.gov/pagerender. fcgi? artid= 1139306 & pageindex =4

Castellanos F.X., Giedd J.N., Marsh W.L., Hamburger S.D., Vaituzis A., Dickstein D.P., Sarfatti S.E., Vauss Y.C., Snell, J.W., Lange N., Kaysen D., Krain A.L., Ritchie G.F., Rajapakse J.C., Rapoport J. (1996). „Quantitative brain magnetic resonance imaging in attention-deficit hyperactivity disorder". In: Archives of General Psychiatry , 53 S.607 - 16

Chalmers, D. (1990). Consciousness and Cognition. Verfügbar unter: http:// consc.net/conscpapers. Html

Cook, EH; Stein, MA; Krasowski, MD; Cox, NJ; Olkon DM; Kieffer, JE; Leventhal, BL (1995). Association of attention-deficit disorder and the dopamine transporter gene. In: American Journal of Human Genetics, 56 (4), p.993 - 998

Crick, F. (1994). Was die Seele wirklich ist – Die naturwissenschaftliche Erforschung des Bewußtseins. München: Artemis & Winkler

Čuplinskas, R. (2000/2001). Dimensionen des Selbst und deren biologische Grundlagen. In: Newen. A. & Vogeley, K. (2000/2001). Selbst und Gehirn. (Hrsg). Paderborn: Mentis

Dägling, E. (2004). Vom Gewahrwerden zum Bewusstsein. Die Integrationsformel und ihre prädikative und funktionale Variante. Norderstedt: Books on Demand.

Damasio, A. (2000/2001). Eine Neurobiologie des Bewußtseins. In Newen, A.Vogeley, K. (Hrsg.) Selbst und Gehirn. (S.315 - 331). Paderborn: Mentis

Descartes, R. : Discours de la méthode. Von der Methode des richtigen Vernunftgebrauchs und der wissenschaftlichen Forschung. Philosophische Bibliothek, 2.Ausgabe 1997. Hamburg, Felix Meiner Verlag.

Dehaene, S.(1997). Der Zahlensinn oder Warum wir rechnen können. Basel: Birkhaeuser.

Derrington, A. M., Krauskopf, J. und Lennie,P. (1984). Chromatic mechanisms in lateral geniculate nucleus of macaque. J. Physiol. 357: 241 - 265.

Deutsch, J.A. & Deutsch, D. (1963). Attention: Some theoretical considerations. Psychological Review,70, 60 - 90

Dörner, D. (1985). Die Logik des Mißlingen., Strategisches Denken in komplexen Situationen. Reinbek: Rowohlt

Dörner, D. (1997). Über die Gefahren und die Überflüssigkeit der Annahme eines „propositionalen" Gedächtnisses. Memorandum. Institut für Theoretische Psychologie der Universität Bamberg.

Dörner, D. (1998). Bauplan für eine Seele. Reinbek: Rowohlt

Dörner, D. Hofinger, G., Tisdale, T. (1999). Forschungsvorhaben: Umweltbewußtsein, Umwelthandeln, Werte, Wertwandel. Endbericht.Memo 18 - 21. pdf

Dresel S, Krause J, Krause KH, LaFougere C, Brinkbaumer K, Kung HF, Hahn K, Tatsch K, (2000). „Attention deficit hyperactivity disorder: binding of (99mTc) TRODAT-1 to the dopamine transporter before and after methylphenidate treatment" in: European Journal of Nuclear Medicine, 27, S.1518 - 27

Droll, W. (2000). ADD kann man sichtbar machen – neurophysiologische und neuropsychologische Aspekte bei Attention Deficit Disorder (ADD). In: Fitzner Th., Stark, W. (Hrsg.) ADS: verstehen – akzeptieren – helfen. Weinheim. Beltz

Edelman, G. & Tononi, G. (2004). Gehirn und Geist. Wie aus Materie Bewusstsein entsteht.München: C.H. Beck

Eichlseder, W. (1992). Unkonzentriert? Hilfen für hyperaktive Kinder und ihre Eltern Weinheim: Beltz: Quadriga

Engel, A. (2000/2001). Zeitliche Bindung und phänomenales Bewußtsein. In Newen, A., Vogeley, K.(Hrsg.). Selbst und Gehirn (S.417 – 445). Paderborn: Mentis

Engelkamp, J., Zimmer, H.D. (2006). Lehrbuch der Kognitiven Psychologie. Göttingen. Hogrefe

Eysel, U. (2001). Sehen. In R. Schmidt & H.G. Schaible (Hrsg.). Neuro- und Sinnes-physiologie (4. überarbeitete Aufl.). (S.273 – 316). Berlin: Springer

Filipek, PA; Semrud-Clikeman, M; Steingard, RJ; Renshaw, PF; Kennedy, DN; Biederman, J. (1997). Volumetric MRI analysis comparing subjects having attention-deficit hyperactivity disorder with normal controls. In: Neurology. 48 (3), p. 589 - 601

Fischer, B., Mokler, A., Fischer, B. (2002). Die Blicksteuerung bei Kindern mit einem Aufmerksamkeits-Defizit-Syndrom: Wirkung von Ritalin und Trainingsmöglichkeiten. In: die Akzente, 55 /56

Fischer, E.P. (2004). Die Bildung des Menschen. Berlin: Ullstein

Foerster, H.v. (1973). Über das Konstruieren von Wirklichkeiten. In: Sicht und Einsicht. Heidelberg: Carl-Auer Verlag, 2006. ebook. pdf

Foerster, H.v. (1985). Sicht und Einsicht. Heidelberg: Carl-Auer Verlag, 2006. ebook. Pdf

Friederici, A. (2002). Neurobiologische Grundlagen der Sprache. I. H.O. Karnath & P. Thiers (Eds.). Neuropsychologie. Heidelberg, Springer

Fröhlich, W.D. (1968 / 2002). Wörterbuch Psychologie. München. dtv

Gibson, J.J. (1973). Die Sinne und der Prozeß der Wahrnehmung. Bern: Huber

Glasersfeld, E. v. (1990). Die Unterscheidung des Beobachters: Versuch einer Auslegung. Verfügbar unter: www. univie.ac.at / constructivism/EvG

Goldstein, E.B. (1996). Wahrnehmungspsychologie. Eine Einführung. Heidelberg: Spektrum Akademischer Verlag

Hallowell, E., Ratey, J. (1998). Zwanghaft zerstreut – ADD – Die Unfähigkeit, aufmerksam zu sein. Reinbek: Rowohlt

Handwerker, H.O. (2001). Somatosensorik. In R. Schmidt & H.G. Schaible (Hrsg.). Neuro- und Sinnesphysiologie (4. überarbeitete Aufl.). (S.227 – 256). Berlin: Springer

Herrmann, Ch., Pauen, M., Rieger, J., Schicktanz, S..(Hg.). (2005). Bewusstsein. München: Wilhelm Fink Verlag UTB

Helmchen, F., Nimmerjahn, A. (2005). Neue Einblicke ins Gehirn – Beobachtung von Gliazellen in der intakten Hirnrinde. Verfügbar unter: www.mpg.de/ bilderBerichteDokumente/ dokumentation/jahrbuch/2005/ medizinische_forschung/forschungsSchwerpunkt/ index.html

Hesse, H. (2005). Was können wir wissen? In: Herrmann, Ch., Pauen, M., Rieger, J., Schicktanz, S.(Hg.). (2005) Bewusstsein. München: Wilhelm Fink Verlag UTB

Hoffman, D. D. (2000). Visuelle Intelligenz. Stuttgart: Klett-Cotta

Hoffmann, J. (1982). Das aktive Gedächtnis. Psychologische Experimente und Theorien zur menschlichen Gedächtnistätigkeit. Berlin: VEB Deutscher Verlag der Wissenschaften

Hoffmann, J. (1993). Vorhersage und Erkenntnis. Göttingen: Hogrefe

Hofstadter, D. (1991). Gödel, Escher, Bach ein Endloses Geflochtenes Band. München: dtv Klett-Cotta

Houweling, A.R., Brecht, M. (2007). Behavioural report of single neuron stimulation in somatosensory cortex. Nature, online publiziert am 19. Dez 2007, doi:10.1038/nature06447

Hynd, GW; Hern, KL; Novey, ES; Eliopulos, D, Marshall, R. Gonzales, JJ; Voeller, KK. (1993). :Attention deficit-hyperactivity disoreder and asymmetry of the caudate nucleus. Journal of Child Neurology.8 (4). P. 339 - 349

Kagan, J. (1966). Reflection – impulsivity: The generality an dynamics of conceptual tempo. Journal of Abnormal Psychology, 71, 17 - 24

Kassmann, c.M., Lappe-Siefke,C., Baes, M., BrüggerB., Mildner, A.. Werner, H.B., Natt,o., Michaelis,Th., Prinz, M., Frahm, J., Nave. K.A. (2007). Axonal loss and neuroinflammation caused by peroxisome-deficient oligodendrocytes. Nature Genetics. Verfügbar unter: www.mpg.de/ bilderberichteDokumente/dokumentation/pressemitteilungen/2007/pressemitteilung 20070730/

Koechlin, E. Dehaene, S. & Mehler, J. (1997). Numerical transformations in five month old human infants. Mathematical Cognition, 10, 253 - 269

Krause, K.H., Dresel, St. & Krause, J. (2000). Neurobiologie der Aufmerksamkeitsdefizit-/Hyperaktivitätsstörung. Psycho 26 (4) 199 - 208

Küppers, B.-O. (2000). Die Strukturwissenschaften als Bindeglied zwischen Natur- und Geisteswissenschaften. In: Die Einheit der Wirklichkeit. München. Wilhelm-Fink Verlag

Küppers, B.-O. (2003). Information und Kommunikation als Organisationsprinzipien des Lebendigen. In: Kommunikation und Netzwerke. Wien 2003, S.12 - 25. Organisationsprinizpien.pdf

Kuhn, Th. S. (1962 / 1976). Die Struktur wissenschaftlicher Revolutionen. Frankfurt a.M., Suhrkamp

Lange,J., Georg, K.& Lappe, M. (2006). Visual perception of biological motion by form: A template-matching analysis. Journal of Vision. 6, S.836 - 849

Lauth G.W.& Schlottke, P.F (2002). Training mit aufmerksamkeitsgestörten Kindern. 5. Aufl.. Weinheim: Beltz PVU

Lee, D. N. & Aronson, E. (1974). Visual proprioceptive control of standing in human infants. Perception and Psychophysics, 15, 529 – 532

Luhmann, N. (1991/2-2006). Einführung in die Systemtheorie. Heidelberg. Carl-Auer-Verlag

MacLeod, C., Hunt, E.B., Mathews, N.N. (1978). Individual Differences in the Verification of Sentence-Picture Relationships. Journal of Verbal Learning and Verbal Behavior, 17, 493 - 507

Malsburg, v.d. Ch. (1981). The Correlation Theory of Brain Function. Interner Report 81-2, Dept. of Neurobiology, Max-Planck-Institut for Biophysical Chemistry

Mandler, J.M., McDonough, L. (1993). Concept formation in infancy. Cognitive Development, 8, 291 - 318

Markowitsch, H.J. (1992). Neuropsychologie des Gedächtnisses.Göttingen: Hogrefe

Mausfeld, R. (2005). Vom Sinn in den Sinnen. Wie kann ein biologisches System Bedeutung generieren? Verfügbar unter: www. psychologie. uni- kiel.de/psychophysik/mausfeld/ Bedeutung.pdf 03/ 17/06

Mausfeld, R. (2005). Wahrnehmungspsychologie. verfügbar unter: www.psychologie.uni-kiel.de /psychophysik/mausfeld/ Wahrnehmung_Theorieperspektiven.pdf

Melloni L, Molina C, Pena M, Torres D, Singer W, Rodriguez E., (2007). Synchronization of neural activity across cortical areas correlates with conscious perception. Journal of Neuroscience. 14;27(11):2858 - 65.

Mertens, K. (2001). „Hyperaktivität – Aufmerksamkeitsstörung oder Kreativitätszeichen?" In: Skrodzki, K., Mertens, K.: Praxis interdisziplinär; München, Forchheim BV-AH

Metzinger, Th. (1995a). Das Problem des Bewusstseins. In Bewusstsein -Beiträge aus der Gegenwartsphilosophie. Paderborn. Mentis. Verfügbar unter: www.philosophie.uni-mainz.de /metzinger /publikationen/

Metzinger, Th. (2005). Die Selbstmodell-Theorie der Subjektivität. In: Herrmann, Ch., Pauen, M., Rieger, J., Schicktanz, S..(Hg.). (2005) Bewusstsein. München: Wilhelm Fink Verlag UTB

Neuhaus, C. (1996). Das hyperaktive Kind und seine Probleme. Ravensburg: Ravensburger

Neumann, O. (1992). Theorien der Aufmerksamkeit: von Metaphern zu Mechanismen. Psychologische Rundschau. 43, S.83 - 101

Newen, A.; Vogeley, K. (2000 / 2001, Hrsg.). Selbst und Gehirn. Paderborn: Mentis

Nopoulos, P; Castellanos, FX; Delgado, A; Andreasen, NC; Rapoport; J. (2000). Developmental brain anomalies in children with attention-deficit hyperactivity disorder. In: Journal of Child Neurology. 15 (2) p.102 - 108

Pauen, S. (1996). Kategorisierung im Säuglingsalter: die Unterscheidung globaler Objektklassen. Zeitschrift für Experimentelle Psychologie, 43, 600 - 624

Pauen, S. (2000/2001). Wie werden Kinder Selbst-bewusst? In: Newen, A. & Vogeley, K. (Hrsg): Selbst und Gehirn.Paderborn. Mentis

Penner, Z., Weissenborn, J.& Friederici, A. (2002). Sprachentwicklung. In: Karnath, H.-O.& Thier, P. (Eds). Neuropsychologie. Heidelberg, Springer

Prinz, W. (1990). Wahrnehmung. in: H. Spada. (Hrsg.). Allgemeine Psychologie. Bern: Huber

Rochat, P. (1989). Object Manipulation and Exploration in 2 – to 5-Month-old Infants. Developmental Psychology, 25, 871 - 884

Roloff, D. (2005). Hermann Hesse, ein beispielhafter Fall? In: die Akzente: Bundesverband AÜK. 1. und 2. Quartal. 5 - 14

Rosch, E. (1975). Cognitive Representations of Semantic Categories. Journal of Experimental Psychology: General, 104 (3), 192 – 233

Saß H, Wittchen H.U., Zaudig M (1998). Diagnostisches und Statistisches Manual Psychischer Störungen DSM IV, Göttingen: Hogrefe

Schnabel, U. & Sentker, A. (2004). Wie kommt die Welt in den Kopf? Reise durch die Werkstätten der Bewußtseinsforscher. Reinbek, Rowohlt Taschenbuch

Schurz, J. (2006). Systemdenken in der Naturwissenschaft. Von der Thermodynamik zur Allgemeinen Systemtheorie. Heidelberg, Carl-Auer Verlag für systemische Forschung

Schwank, I. (1986). „Cognitive Structures of Algorithmic Thinking" In: Proceedings of the 10th Conference for Psychology of Mathematics Education, University of London

Schwank, I. (1998/2002). Kognitive Mathematik .(e-book). Verfügbar unter: www. fmd.uni-osnabrueck.de/ebooks/cognitive_mathemathics/schwank_inge/kognitive_mathematik10.htm. 11/14/02

Schwank, I. (2003). Einführung in prädikatives und funktionales Denken. Zentralblatt für Didaktik der Mathematik,35 (3), 70 - 78

Searle, J. R. (2006). Geist. Eine Einführung. Frankfurt/Main. Suhrkamp

Semrud-Clikeman, M, Filipek, P.A; Biederman, J; Steingard, R; Kennedy, D; Renshaw, P; Bekken, K. (1994). Attention-deficit hyperactivity disorder: magnetic resonance imaging morphometric analysis of the corpus callosum. Journal of the American Academy of Child and Adolecent Psychiatry.33 (6). p.875 - 881

Seth, A., Izhikevich, E., Reeke, G.N., Edelman, G.M. (2006). Theories and measures of consciousness: An extended framework. Proceedings of the National Academyof Sciences of the United States of America

Simon, F.B. (2006). Einführung in Systemtheorie und Konstruktivismus. Heidelberg: Carl Auer Verlag

Simon, H., Newell, A. (1974). „Informationsverarbeitung und Problemlösen", in. Die Psychologie des 20. Jahrhunderts, Piaget und die Folgen". Bd. 7. 1978

Simon, T.J., Hespos, S.J. & Rochat, P. (1995). Do infants understand simple arithmetic? A replication of Wynn (1992) Cognitive Development, 10, 253 – 269

Singer, W. (2001). Consciousness and the binding problem. In:Trends Cogn Sci. 2001 Jan 1;5(1):16-25.MID: 11349422 [PubMed – indexed for MEDLINE]

Singer, W. (2000/2002). Vom Gehirn zum Bewusstsein. In: Elsner, N. Lüer, G. (Hrsg., 2000): Das Gehirn und sein Geist. Göttingen: Wallstein Verlag, S.189 - 204

Smith, E., Grabowecki, M., Suzuki, S. (2007). Auditory-Visual Crossmodal Integration in Perception of Face Gender. Current Biology, 17, 1680 - 1685

Sternberg, R.(1999). Thinking Styles, Cambridge: University Press

Tanaka, K. (1993). Neuronal mechanisms of object recocognition. Science, 262, 684 - 688

Treisman, A. (1964). Monitoring and storage of irrelevant messages and selective attention. Journal of Verbal Learning and Verbal Behavior, 3, 449 - 459

Treisman, A. (1993). The perception of features and objects. In: A. Baddeley & L. Weiskrantz (Hrsg.), Attention: Selection, awareness, and control (S. 5 – 34). Oxford: Clarendon

Treisman, A. (1996). The Binding Problem. Current Opinion in Neurobiology, 6, 171 – 178

Windmann, S. (2005). Was phänomenales Erleben so unerklärlich macht: Brief an einen Zombie. In: Herrmann, Pauen, Rieger, Schicktanz (Hrsg). Bewusstsein München. Wilhelm Fink Verlag UTB

Wynn, K. (1992). Addition and Subtraction by Human Infants. Nature, 358, 749 - 750

4. Namensregister

5. Sachregister

6. Verzeichnis der Abbildungen

MIX
Papier aus verantwortungsvollen Quellen
Paper from responsible sources
FSC® C105338

If you have any concerns about our products,
you can contact us on
ProductSafety@springernature.com

In case Publisher is established outside the EU,
the EU authorized representative is:
Springer Nature Customer Service Center GmbH
Europaplatz 3, 69115 Heidelberg, Germany

Printed by Libri Plureos GmbH
in Hamburg, Germany